浙江省一流课程立体化教材

普通高等教育新型规划教材
工商管理专业

人力资源管理

HUMAN RESOURCE MANAGEMENT

张翠英 ◎ 主编

首都经济贸易大学出版社
Capital University of Economics and Business Press
·北 京·

图书在版编目（CIP）数据

人力资源管理/张翠英主编. --北京：首都经济贸易大学出版社，2022.8

ISBN 978-7-5638-3368-9

Ⅰ. ①人…　Ⅱ. ①张…　Ⅲ. ①人力资源管理　Ⅳ. ①F243

中国版本图书馆 CIP 数据核字（2022）第 099882 号

人力资源管理

张翠英　主编

责任编辑　王玉荣

封面设计　砚祥志远·激光照排 TEL：010-65976003

出版发行　首都经济贸易大学出版社

地　　址　北京市朝阳区红庙（邮编 100026）

电　　话　（010）65976483　65065761　65071505（传真）

网　　址　http://www.sjmcb.com

E-mail　publish@cueb.edu.cn

经　　销　全国新华书店

照　　排　北京砚祥志远激光照排技术有限公司

印　　刷　唐山玺诚印务有限公司

成品尺寸　170 毫米×240 毫米　1/16

字　　数　305 千字

印　　张　17

版　　次　2022 年 8 月第 1 版　2023 年 1 月第 2 次印刷

书　　号　ISBN 978-7-5638-3368-9

定　　价　43.00 元

前　　言

人力资源管理不仅是企业必须面对的问题，也是各类事业单位、政府部门、公益组织及社会团体管理工作的重要内容。当前组织不仅需要应对科学技术和市场需求的动态变化，也面临着外部劳动力市场人口老龄化和内部员工职业观的不断变化。在人力资源管理实践中，如何快速有效地适应内外部环境变化以提高人力资源管理效率，对组织生存与发展具有至关重要的作用，这也是人力资源管理关注的焦点。

在高等教育改革和新文科建设的背景下，本书融入课程思政元素，坚持知识传授和价值引领相结合，将理想信念、爱国主义、职业道德以及传统文化融入专业知识中。全书共分 10 章，首先介绍了人力资源管理的相关概念，分析了人力资源管理理论和环境基础，进而依次对职位分析、人力资源规划、人员招聘、职业生涯规划和管理、培训与开发、绩效管理、薪酬管理和劳动关系管理进行论述。

在“互联网+”教育背景下，本书作为浙江省一流课程建设成果，提供了 30 多个配套教学视频供扫码观看；同时，还提供了丰富的习题（并配有参考答案）作为学习资料，读者可以充分利用这本立体化教材的优势，将课程内容与本章要点、学习用典、课后习题、案例分析等充分结合后用于课堂教学或自主学习。

面对同类教材以国外案例为主的现实，本书积极落实新文科建设宗旨，强化学生人文精神培养，以本土案例取代西方案例，以中国先贤名言替代外国名人名言，在中国传统智慧和本土案例中，同步传授人力资源管理知识并强化本土文化教育。

本书是笔者长期在人力资源管理领域教学研究的成果，在此对浙江水利水电学院人力资源、国际商务和商务英语等专业的同仁表示感谢。在本书的编写过程中，参考了国内外同行的许多成果，在此表示衷心的感谢。由于笔者时间、经验有限，书中难免有不足之处，敬请读者、学者专家及业界同行不吝赐教。

最后，要特别感谢首都经济贸易大学出版社的编辑为本书的出版付出的大量心血，他们在本书构思、写作和出版过程中提出了许多宝贵的意见和建议。

2022 年 6 月 30 日

目　　录

第一章　人力资源管理概述

本章要点

- 人力资源的含义及特征
- 人力资源与人力资本
- 人力资源管理的概念
- 人力资源管理的职责
- 人力资源管理的主要观点及演变

学习用典

2018 年 11 月 26 日，十九届中央政治局就中国历史上的吏治举行第十次集体学习。习近平总书记在主持时引用“为政之要，惟在得人”等经典，指出我国历朝历代都重视官吏选拔和管理，在吏治方面留下了很多思想和做法，其中有许多真知灼见。

“为政之要，惟在得人”是唐朝典籍《贞观政要》中的一句名言，意思是说，治理国家的关键在于得到人才。这句经典指出了人才对于治国经邦的重要性。

第一节　人力资源概述

人力资源的概念

现代组织人力资源管理的对象是组织所拥有的人力资源。因此，要研究人力资源管理，必须首先对人力资源的概念进行明确界定。由于不同的学者从不同的角度来对其进行界定，因而各自界定的概念呈现出较大的差异。在了解人力资源之前，我们需要先掌握资源的概念；而对人力资源概念的把握，可以从其内涵、结构、特点，以及其与人口资源、劳动力资源、人才资源的关系等角度来进行。

一、人力资源的含义

（一）资源的概念

组织人力资源管理的对象是组织所拥有的人力资源。因此，要研究人力资源管理，首先要对人力资源的概念进行明确界定。而人力资源属于资源的范畴，它是资源的一种具体形式。所以，我们先来了解一下资源的概念。

在《辞海》中，资源是“资财的来源”，它是人类生存和发展的源泉。从经济学的角度来说，资源是能给人们带来新的价值和使用价值的客观存在物，是社会财富的源泉。现代社会中，资源主要分为以下两类。

1. 自然资源

自然资源是来自自然界的、未经人类加工的、对人类有用的能源和物质，例如阳光、空气、草地、河流、森林等。一般来说，自然资源可以免费使用。

但是，随着社会经济的发展，一些原来免费使用的自然资源也变成了有偿使用的资源。

2. 社会资源

社会资源是人类创造的资源，可以分成资本资源和人力资源。资本资源是人类通过对自然资源的开发或加工，所创造的物质资源，例如机器、厂房、道路等。社会资源中另一类是人力资源，目前，这也是生产力要素中最积极、最活跃的资源，尤其在知识经济时代，人力资源已经成为组织获取持续竞争优势的战略性资源。

自然资源曾经在很长一段时期内，一直是财富形成的主要来源。但是，随着科学技术的发展，人力资源对财富形成的贡献越来越大，逐渐占据了主导地位。有研究表明，当前的实物资本收益只有人力资本收益的1/4，科技进步对经济增长的贡献，已经从20世纪初的5%~20%，提高到了目前的70%~80%。从这些数据我们不难看出，具备劳动能力的人力资源是财富创造中不可或缺的重要资源。

（二）人力资源的概念

什么是人力资源？“人力资源”（human resource，HR）概念的最早使用者是约翰·康芒斯（John Commons），他曾先后于1919年和1921年在其著作《产业信誉》和《产业政府》中使用这一概念。

从内涵的角度来看，学者们将人力资源作为一种特殊资源来进行研究。管理学大师彼得·德鲁克（Peter Drucker）于1954年在《管理的实践》（*The Practice of Management*）一书中正式提出并明确界定了人力资源的概念。德鲁克认为，和其他所有资源相对比而言，这种资源是“人”，是一种“特殊”的资源，具有管理者必须考虑的特性。德鲁克明确指出，人力资源，即组织所雇用的整个人，是所有资源中最富有生产力、最具有多种才能，同时也最丰富的资源。其他许多学者也都描述了人力资源管理的概念，例如伊万·伯格（Ivan Berg）认为，人力资源是人类可用于生产产品或提供各种服务的活力、技能和知识。

在我国，最早使用“人力资源”概念的是毛泽东。1956年，毛泽东在《中国农村的社会主义高潮》这本书的按语中写道：“中国的妇女是一种伟大的人力资源，必须发掘这种资源，为建设一个社会主义中国而奋斗。”

1995年，国内学者郑绍廉从整个社会经济发展的宏观角度，对人力资源进行了界定。郑绍廉认为：人力资源是指能够推动整个经济和社会发展的，具有智力劳动和体力劳动能力的人们的总和，包括数量和质量两个方面。

随着人力资源管理理论和实践的发展，人力资源的研究成果也越来越丰富。对人力资源的含义，可以概括成“能力观”和“人员观”两种解释。能力观从能力的角度来界定人力资源的含义，认为人力资源就是指人的能力或潜力。而人员观则从人口或人员的角度来界定人力资源，认为人力资源就是具有劳动能力的全部人口或人员。

本书将人力资源定义为：人力资源是一种特殊资源，是一定时期区域内的人所具有的对价值创造起贡献作用的，能推动整个经济和社会发展的智力和体力的总和。

二、人力资源的构成

（一）人力资源的数量

从宏观上来说，人力资源的数量就是一个国家或者地区显示或者潜在的劳动人口数量。在微观上，人力资源的数量是一个组织的员工数量。但是，人力资源的数量不是静态的，从长期看是处于变化中的。

1. 人口总量

从静态视角看，人力资源数量就是劳动人口的总量。但从长远来看，还需要考虑人口出生和人口死亡导致的人口总量变化。一般来说，我们可以用以下公式来表示人口总量。

$$人口总量=人口基数\times（1+出生率-死亡率）$$

人口总量是人力资源数量的基础，只有人口总量高了，人力资源的数量才可能多。而为了增加人口总量，在人口基数不变的情况下，可以通过鼓励生育等措施提高人口出生率，或者采用加强医疗保健等方法来降低死亡率，以达到增加人口总量的目的。

2. 人口年龄结构

尽管人口总量是人力资源数量的基础，但是人口数量并不等于人力资源数量，人力资源数量还和人口的年龄结构有密切关系。在人口总量相同的条件下，不同的年龄结构会有不同的人力资源数量，只有当劳动适龄人口在人口总量中所占的比重较大时，人力资源的数量才会相对比较多；反之，人力资源的数量就会比较少。

在中国现行的劳动年龄规定中，16~60 岁的男性和 16~55 岁的女性是劳动适龄人口。低于劳动年龄下限的称为未成年人，高于劳动年龄上限的称为老年人口，一般不把未成年人和老年人口这两类人口纳入劳动适龄人口的范围，但是不排除这两类人口具有一定的劳动能力。

3. 人力资源的构成

一个国家或地区的人口，除了适龄就业人口、未成年人和老年人口之外，在劳动适龄人口中，还存在一些失业人口、暂时不参加社会劳动的人口和其他人口。实际上，除未成年人和老年人口外，16～60 岁的男性和 16～55 岁的女性所构成的劳动适龄人口还可以进一步分成适龄就业人口、失业人口、暂时不参加社会劳动的人口、病残人口和其他人口，如图 1-1 所示。

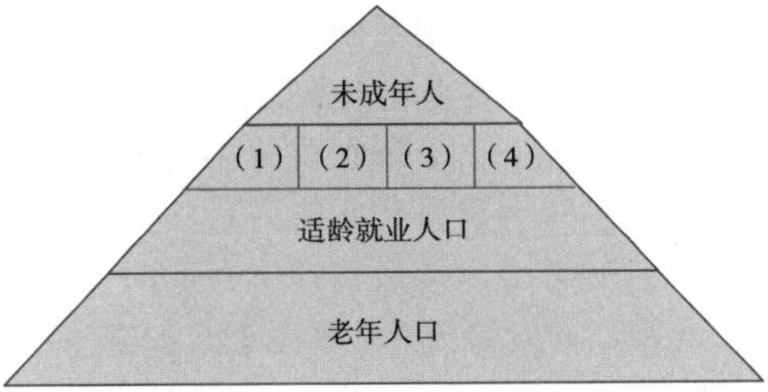

图 1-1　人口构成示意图

注：（1）表示失业人口；（2）表示暂时不参加社会劳动的人口；（3）表示病残人口；（4）表示其他人口。

在劳动适龄人口中，有一部分人虽然有就业意向和需求，但是因为各种原因处于失业状态；还有一些群体由于某些原因暂时不能参加社会劳动，例如在学校就读的学生；当然，也存在一些丧失劳动能力的病残人口。这些都会影响劳动力市场的供给。当然，在劳动适龄人口之外也存在一些具备劳动能力且正在从事劳动的人口，例如退休返聘人员，在老龄化严峻的国家和地区，这部分人口也为经济发展贡献着力量。

（二）人力资源的质量

人力资源是一定时期区域内的人所具有的对价值创造起贡献作用的，能推动整个经济和社会发展的智力和体力的总和。在分析了人力资源的数量后，我们还需要掌握人力资源的质量。

人力资源的质量，也就是劳动者所拥有的智力和体力，即劳动者的素质。通俗地说，人力资源的质量就是劳动者的体质水平和文化程度，当然也包括劳动者的心理素质能力、道德水平等。人力资源的质量一般可以用每百万人口当中接受高等教育的人数、人均受教育年限的长短、专业技术人员占全体劳动者比重等经济社会统计指标来表示。

劳动者的质量可以细分为三个方面：体力素质、智力素质和非智力素质。其中，体力素质主要受先天的遗传因素、后天的营养水平、体育锻炼、健康保健等影响。智力素质除了先天遗传外，在很大程度上受后天接受教育的影响，个体只有通过坚持不懈的学习，才可能具备一个高素质劳动者的智力。另外，在非智力素质当中，积极的进取心、较强的抗压和抗挫折等心理因素也很重要。

随着人类社会历史的发展，在人力资源对社会经济的贡献中，体力素质的作用不断降低，而智力素质的作用不断提升，科学技术和知识经验正在取代体力素质，在经济建设中发挥越来越重要的作用。当然，在竞争日益加剧、生活节奏不断加快的社会环境下，心理素质的作用也不断凸显。卓越的人力资源个体必然在体力素质、智力素质和非智力素质三方面兼具优势。伴随着经济社会的发展，劳动者的类型也从最初的体力型向一般文化型转变，进而转化为较高的一般文化型，并发展为专业技术型，如表 1–1 所示。

表 1–1　劳动者的类型及特征

劳动者的类型	体力特征	智力特征
体力型	完全依靠体力工作	具备极少的文化知识
一般文化型	以体力劳动为主	具备较少的文化知识
较高的一般文化型	劳动不是以体力为主，而是通过机械技术	具有较高的知识和经验
专业技术型	摆脱了体力劳动，而以专业技术为主	具备极高的专业技术知识

在人力资源数量和质量之间，质量更重要。一般来说，低质量的人力资源只能从事简单的劳动，而复杂的劳动只能由高质量的人力资源来从事。随着经济和技术的不断发展，对人力资源的质量也提出了新的要求，在现代化背景下，人力资源的质量也应该不断提高。同时，从替代性的角度来看，人力资源质量对数量的替代性较强，高质量的人力资源可以弥补人力资源数量的不足，但人力资源数量几乎无法替代人力资源质量。

（三）人力资源与人口资源、劳动力资源、人才资源的关系

“人力资源”“劳动力资源”“人口资源”“人才资源”是四个常见且相关的概念，理解这四个概念的关系，有助于更准确地理解人力资源。

1. 人口资源

人口资源是指一个国家或地区所拥有的人口的总量。人口资源是这四个概念的基础，人力资源、劳动力资源、人才资源都是从人口资源产生的。人

口资源代表了一定时期、一定空间内的人口总量，是一个国家或地区进行社会生产不可缺少的基本物质条件。根据联合国人口机构的统计数据，截至2022年3月，全球人口总数攀升至75亿，中国的人口数量超过14亿，印度的人口数量超过13亿。中国和印度都是世界上的人口资源大国。人口资源是一个国家经济和社会发展的基础，一些因人口较少而影响经济发展的国家，都在想方设法增加人口数量。

2. 劳动力资源

劳动力资源是指一个国家或地区，在一定时点或时期内拥有的具有体力劳动和脑力劳动等劳动能力的劳动适龄人口的总和。劳动力资源数量也就是指劳动力人口数量。在总人口资源一定的条件下，有两个因素对劳动力资源产生影响：第一，具有劳动能力的人口数量；第二，劳动适龄人口数量。具有劳动能力的人口数量与人口年龄结构有关，而劳动适龄人口的数量取决于劳动年龄上下限的界定。世界各国根据自身国情的不同对劳动年龄进行了不同的规定，这些规定既取决于各国低龄和高龄人口的生理状况，也受社会经济发展水平和相应社会道德标准的制约。

现实的劳动力资源数量不仅低于人口资源数量，还低于理论上的劳动适龄人口数量。原因是劳动适龄人口中，有一部分人丧失了劳动能力，有一些群体由于特殊原因不能参加劳动，例如在校学生、家务劳动者等，还有一些群体短期或者长期没有就业意愿，这些人尽管属于劳动适龄人口，但是他们并不构成实际的劳动力人口。

3. 人才资源

人才是指具有一定的专业知识或专门技能，进行创造性劳动并对社会作出贡献的人，是人力资源中能力和素质较高的劳动者。从这个描述我们可以看出，人才是优质的人力资源，是人力资源的一部分。但是，随着社会的进步，人类不断发展，尤其是进入21世纪以后，掌握科技文化知识和专业技术的人才资源是人力资源中的精华，其对经济发展和社会贡献的作用日益凸显。当今社会国家之间的竞争，实质上是知识和人才的竞争。人力资源中最核心、最高层次的人才资源的数量和质量，是这场全球规模的经济和科技竞争的焦点所在。

我国在《国家中长期人才发展规划纲要》中提出了12项重大人才工程，分别是：创新人才推进计划，青年英才开发计划，企业经营管理人才素质提升工程，高素质教育人才培养工程，文化名家工程，全民健康卫生人才保障工程，海外高层次人才引进计划，专业技术人才知识更新工程，国家高技能人才振兴计划，现代农业人才支撑计划，边远贫困地区、边疆民族地区和革命老区人才支持计划，高校毕业生基层培养计划。

4. 四者之间的关系

通过上述介绍，我们知道人口资源、人力资源、劳动力资源和人才资源虽然内涵上有所差异，但在数量上是依次递减的。人口资源的数量最多，而人才资源的数量最少但质量最高。一般来说，一个国家或地区的人力资源丰富，其人才资源可能也会丰富，但并不是绝对的。受经济社会发展状况、教育的普及程度和社会文化传统等因素的制约，人口资源大国并不都是人力资源和劳动力资源大国，更不一定是人才资源大国。

我们用图 1-2 来表示人力资源与人口资源、劳动力资源和人才资源的关系，最外边的大圆表示人口资源，其次是人力资源，再次就是劳动力资源，最里边的就是人才资源。人口资源、人力资源、劳动力资源和人才资源在概念上是包含关系，在数量上是依次递减的。

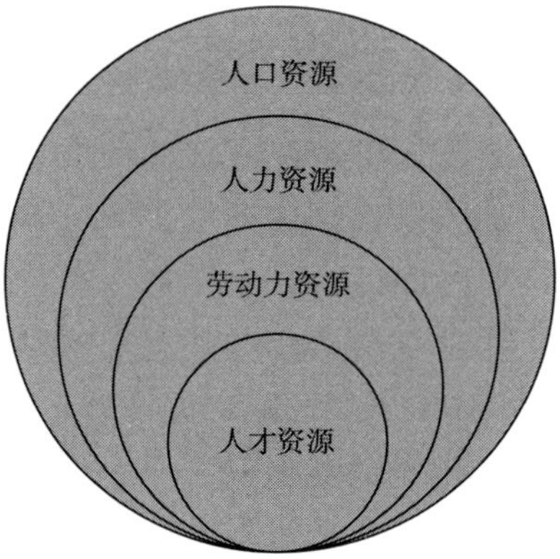

图 1-2　人力资源与人口资源、劳动力资源、人才资源的关系

我们知道人才资源是人口资源中最重要、也最有价值的资源，那如何才能把人口资源培养或者转化成人才资源呢？借鉴学者提出的人口、人力、劳动力和人才的转化发展路径，可以通过教育、保健和卫生等手段将人口资源发展成人力资源，而通过培训、配置等方式可以将人力资源发展成劳动力资源，再通过培训和开发将劳动力资源发展成人才资源。

三、人力资源的特点

作为最有价值的一类资源，人力资源除了具有其他资源共同的特点之外，还具有自身独特的特点。

(一)能动性

与其他资源相比，人力资源具有能动性。作为劳动者的人力资源，能够根据自身所处的环境，主动地适应和改造社会。人与其他生物的不同之处在于，他们对自身和外部世界有着清晰的认识和看法，这种认识使得人类在社会生活中处于主导地位，同时也成为最活跃和最积极的主动性生产要素。人类从直立行走开始，就具备了思考和创造能力，能够主动利用自己的体力、智力和自然资源进行生产活动，为社会创造财富。

人力资源的能动性集中体现在自我强化、职业选择和积极劳动三个方面。自我强化是指人们通过努力学习和积极的教育发展，不断提高自身劳动能力；职业选择是指个体可以主动地选择职业，将人力资源和物质资源有效结合，以最大限度地发挥自身才能；而积极劳动是指个体在劳动过程中产生敬业精神，积极主动地利用自身知识和能力推动生产力的进步，促进经济增长和人类社会的发展。正是因为人力资源自我强化、职业选择和积极劳动的能动性，所以在人力资源管理和开发过程中，不仅要关注人力资源的数量和质量，更要采取积极措施，调动人力资源的主观能动性。

(二)社会性

人力资源的基础是人，而人也是构成社会的基础，所以人力资源也具有了社会性。人力资源处于一定的时空范围，它形成和依赖于社会，人们的劳动思想、价值理念和精神文化都产生于所在的社会环境，当然也会随着社会的发展而不断变化。

人力资源的社会性充分体现在人的社会关系中。人既是社会性动物，也是群体性动物，人不可能离开社会群体完全孤立存在，个体的人必然要在群体中生存和发挥作用。在进行人力资源管理时，要注重个体与群体、群体与社会之间的关系协调，不仅要追求企业和组织的发展，也要注重社会的精神文明建设。

(三)时效性

人力资源是有时效的，也就是人力资源的时效性。可以从两个方面来理解时效性。第一，作为人力资源载体的人，其生命具有周期性。人力资源在其青年、中年、老年时期的劳动能力是不同的，其劳动能力和年龄之间呈现出一种“倒U形”关系，从长期来看，一代人和另一代人之间就在不断重复这种周期性。第二，人力资源所掌握的知识、技能也是有时效性的。尤其是当今世界技术发展日新月异，劳动者如果不及时学习和更新知识，就无法适应外部环境变化的要求。

所以，在人力资源开发过程中，要根据时效性规律，做到及时利用、适时开发、不断更新劳动者的知识和技能，最大限度地发挥人力资源的作用。

（四）再生性

从再生性角度来说，资源可以划分为可再生性资源和不可再生性资源。一般来说，森林、草地等可再生性资源被合理利用后，经过一段时间的恢复就可以再生。但是，矿产等不可再生性资源因为消耗而不断减少，并且很难再生。人力资源也是一种可再生性资源。人力资源的再生性以人的生物性为基础，表现为人口的再生产和劳动力的再生产。

人口的再生产表现为当人口繁衍出生时，人口资源就得到了不断的补充。而劳动力的再生产，是通过个体"劳动力耗费—劳动力生产—劳动力再次耗费—劳动力再次生产"的不断重复过程，实现人力资源再生产的。当然，也必须意识到人力资源在使用过程中无法避免地会出现损耗或磨损，也就是身体的疲劳衰老、知识技能的老化，以及因此导致的劳动能力下降。但是，通过培训学习、全面的营养、积极的体育锻炼等手段可以有效减少磨损，实现人力资源的自我更新和再生。

（五）双重性

人力资源的双重性是指，人力资源既是社会财富的生产者，又是社会财富的消费者，兼具生产性和消费性的双重特征。人力资源是社会财富的创造者，组织使用人力资源是一种生产性行为。而为了保持人力资源的价值，又需要消耗一定的社会财富。当然，不具备劳动能力的人口也会消耗社会财富。

人力资源的生产性和消费性是相辅相成的，生产性为社会创造物质财富，消费性则保障劳动力的生存和发展。同时，消费性也是人力资源生产和再生产的基础。因此，组织在管理和开发人力资源时，需要把握人力资源生产、消费双重性的平衡，不能因单纯地过度强调生产性而忽视消费性，要考虑人力资源的长期可持续性。

四、人力资源与人力资本的关系

人力资源和人力资本是比较容易混淆的两个概念，很多人甚至将它们混用，其实这两个概念是有一定的区别的。

（一）资本和人力资本

资本，在语义上有三种解释：一是掌握在资本家手里的生产资料和用来雇用工人的货币；二是指经营工商业的本钱；三是指牟取利益的凭借。马克思认为，资本是指那些能够带来剩余价值的价值。

对于人力资本的含义，“人力资本之父”西奥多·舒尔茨认为，人力资本是劳动者身上所具备的两种能力：一种能力是通过先天遗传获得的，由个人与生俱来的基因所决定；另一种能力是后天获得的，由个人努力经过学习而形成，而读写能力是任何民族人口的人力资本质量的关键成分。

人力资本这种体现在具有劳动能力的人身上的，以劳动者的数量和质量表示的资本，是需要通过投资才能获得的。按照劳动经济学的观点，人力资本的投资主要有三种形式：一是教育和培训；二是迁移；三是医疗保健。与其他类型的投资一样，人力资本的投资也包含着这样一种含义：在当前时期付出一定的成本，并希望在将来能够带来收益。因此，人们在进行人力资本的投资决策时主要考虑收益和成本两个因素，只有当收益大于成本时，人们才愿意进行人力资本的投资，否则人们将不会进行人力资本的投资。

（二）人力资本和人力资源的关系

1. 二者的联系

人力资本和人力资源是既有联系又有区别的两个概念。人力资源和人力资本都是以人为基础而产生的概念，研究的对象都是人所具有的智力和体力，从这两点看两者是一致的。现代人力资源理论也大多以人力资本理论为依据。人力资本理论是人力资源理论的重点内容和基础部分，人力资源经济活动及其收益的核算是基于人力资本理论进行的，两者都是在研究人力作为生产要素在经济增长和经济发展中的重要作用时产生的。

2. 二者的区别

虽然人力资本和人力资源两个概念有紧密的联系，但它们之间还是存在下列区别：

（1）在与社会财富和社会价值的关系上，二者是不同的。人力资本由投资形成，强调以某种代价获得能力或技能的价值，投资的代价可以在提高生产力的过程中以更大的收益收回，因此劳动者将自己拥有的智力和体力投入到生产过程中参与价值创造，就要据此来获取相应的劳动报酬，与经济价值和社会价值的关系应当说是一种由因索果的关系。而人力资源则不同，作为一种资源，劳动者拥有的智力和体力对价值创造起到了重要的贡献作用，人力资源强调人力作为生产要素在生产过程中的生产创造能力，它在生产过程中可以创造产品，创造财富，促进经济发展，它与社会价值的关系应当说是一种由果溯因的关系。

（2）二者研究问题的角度和关注点不同。人力资本是通过投资形成的，存在于人体中的资本形式，是形成人的智力和体力的物质资本在人身上的价值凝结，是从成本收益的角度来研究人在经济增长中的作用的。它强调投资付出的代价及其收回，考虑投资成本带来多少价值，研究的是价值增值的速度和幅度，关注的重点是收益问题，即投资能否带来收益以及带来多少收益。人力资源则不同，它将人作为财富的来源来看待，是从投入产出的角度来研究人对经济发展的作用，关注的重点是产出问题，即人力资源对经济发展的贡献有多大，对经济发展的推动力有多强。

（3）二者的计量形式不同。众所周知，资源是一个存量概念，而资本则是一个兼有存量和流量的概念，人力资源和人力资本同样如此。人力资源是指在一定时间一定空间内人所具有的对价值创造起贡献作用，并且能够被组织所利用的体力和脑力的总和。而人力资本，如果从生产活动的角度看，往往与流量核算相联系，表现为经验的不断积累、技能的不断增进、产出量的不断变化和体能的不断耗损；如果从投资活动的角度看，又与存量核算相联系，表现为投入教育培训、迁移和健康等方面的资本在人身上的凝结。

第二节　人力资源管理概念与职责

人力资源管理的概念

一、人力资源管理的概念

（一）人力资源管理概念的提出

1958年，美国耶鲁大学工业关系和社会学教授怀特·巴克（E. Wight Bakke）在《人力资源功能》这本书中，首次把人力资源管理作为管理的普通职能来加以讨论。怀特·巴克在这本书中从七个方面说明了为什么人力资源管理职能超出了人事或工业关系经理的工作范围。

（二）人力资源管理的主流观点

随着人力资源管理理论和实践的不断发展，各种人力资源管理流派也不断产生，在这个过程中，学者们也很难在人力资源管理的概念上达成一致。下面，选择一些比较具有代表性的观点，来阐释人力资源管理的基本内涵和主要特征。

美国著名人力资源管理专家雷蒙德·A. 诺伊等在其《人力资源管理：赢

得竞争优势》一书中提出：人力资源管理是指对员工的行为、态度以及绩效会产生影响的各种政策、管理实践以及制度的总称。

而苏珊·E. 杰克逊和兰德尔·S. 舒勒在《管理人力资源：合作伙伴的责任、定位与分工》一书中提出：人力资源管理，是采用一系列管理活动，来保证对人力资源进行有效的管理，目的是实现个人、社会和组织的利益。

加里·德斯勒（Gary Dessler）和曾湘泉提出：人力资源管理是指获取人员、培训员工、评价绩效和给付报酬的过程，同时也关注劳资关系、工作安全与卫生以及公平事务。

迈克·比尔则提出：人力资源管理包括会影响到公司和雇员之间关系的所有管理决策和行为。

中国台湾地区著名人力资源管理专家黄英忠提出：人力资源管理是将组织所有人力资源作最适当的获取、开发、维持和使用，以及为此所规划、执行和统制的过程。

中国大陆学者赵曙明则将人力资源管理界定为对人力这一特殊的资源进行的有效开发、合理利用与科学管理。

综合起来，可以把这些概念归纳为以下四类：

第一类，从人力资源管理的目的出发来解释它的含义，认为它是借助对人力资源的管理来实现组织目标。

第二类，从人力资源管理的过程或承担的职能出发来进行解释，把人力资源管理看成是一个活动过程。

第三类，主要解释人力资源管理的实体，认为它是与人有关的制度、政策等。

第四类，从目的、过程等方面出发综合进行解释，持这种观点的学者所占比例比较大。应该肯定，从综合角度出发解释人力资源管理更加有助于解释它的内涵。

综合国内外学者各种不同的观点，本书把人力资源管理定义为：人力资源管理是指组织通过各种政策、制度和管理实践，吸引、保留、激励和开发员工，调动员工工作积极性并充分发挥其潜能，进而促进组织目标实现的管理活动的总和。

二、人力资源管理与人事管理

正确地理解人力资源管理的含义，必须正确理解人力资源管理和人事管理的关系。首先要强调，人力资源管理与人事管理是一种继承和发展的关系。

一方面，人力资源管理是对人事管理的继承，是从人事管理演变过来的；另一方面，人力资源管理仍然要履行人事管理的很多职能。

全面理解人力资源管理与人事管理，还应该关注二者在管理视角、管理目的、管理活动等方面的区别。我们通过表 1–2 来对比两者之间的区别。

表 1–2　人力资源管理与人事管理的对比

对比项目	人事管理	人力资源管理
管理视角	视员工为负担、成本	视员工为资源
管理目的	组织短期目标的实现	组织和员工利益的共同实现
管理活动	重使用，轻开发	重视培训与开发
管理内容	简单的事务管理	非常丰富
管理地位	执行层	战略层
部门性质	单纯的成本中心	生产效益部门
管理模式	以事务为中心	以人为中心
管理方式	命令式、控制式	强调民主、参与
管理性质	战术性、分散性	战略性、整体性

在表 1–2 中，人力资源管理与人事管理的区别主要表现在九个方面：第一，从管理视角来看，人事管理把员工视为负担和成本，而人力资源管理认为员工是资源；第二，在管理目的上，人事管理关注短期目标的实现，而人力资源管理则关注组织和员工利益的共同实现；第三，在管理活动方面，人事管理重使用、轻开发，而人力资源管理则非常重视培训和开发；第四，在管理内容上，人事管理只进行简单的事务管理，而人力资源管理的内容非常丰富；第五，在管理地位上，人事管理处于执行层，而人力资源管理位于战略层；第六，从部门性质上看，人事管理部门是单纯的成本中心，而人力资源管理部门则是生产效益部门；第七，从管理模式上看，人事管理以事务为中心，而人力资源管理以人为中心；第八，在管理方式上，人事管理多采用命令式或控制式，而人力资源管理则强调民主和参与；第九，从管理性质上说，人事管理表现出战术性、分散性，而人力资源管理则突出战略性和整体性。

三、人力资源管理的职责

（一）人力资源管理在组织中扮演的角色

人力资源管理已经成为组织取得竞争优势的根本源泉，在这一点上，大家已经达成共识。在这种认识下，实现人力

人力资源管理的职责

资源管理从传统专业职能角色向基于战略的人力资源管理的转变，需要重新定位人力资源管理在组织中的角色。

关于人力资源管理在组织中所扮演的角色，国内外有三种观点值得关注。

第一种观点是雷蒙德·A. 诺伊的四角色论。在诺伊看来，在现代组织中，人力资源管理主要扮演下列四种角色：战略伙伴、行政专家、员工激励者和组织的变革推动者（如表 1-3 所示）。

表 1-3 雷蒙德·A. 诺伊的人力资源管理四角色论

角色	内　容
战略伙伴	人力资源管理战略与组织的战略保持一致，帮助组织战略的执行
行政专家	人力资源管理能够设计和执行效率较高且效果较好的人力资源管理制度、流程以及管理实践，其中包括对员工的甄选、培训、开发、评价以及报酬等
员工激励者	人力资源管理承担着对员工的组织承诺和贡献进行管理的任务
变革推动者	人力资源管理能够帮助组织完成转型和变革，以使组织能够适应新的竞争条件

第二种观点是美国国际公共人力资源管理协会的四角色论。这种观点认为，人力资源管理除了作为人事管理专家要发挥传统的专业职能作用之外，还扮演着组织的业务伙伴、领导者和变革推动者这三种角色（如图 1-3 所示）。

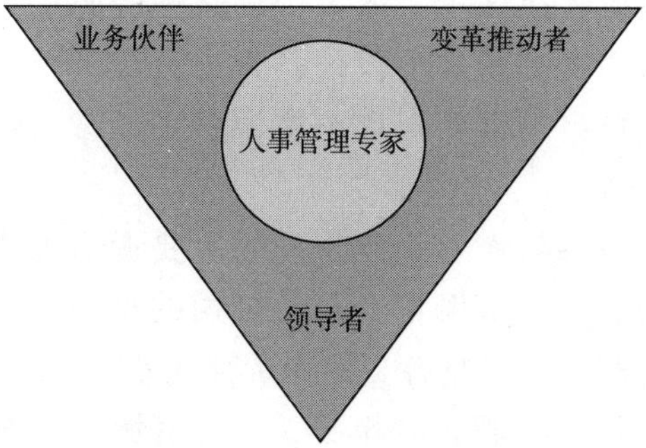

图 1-3 人力资源管理的四角色论

第三种观点。在国内，华夏基石管理咨询公司在研究本土人力资源管理的过程中，提出人力资源管理必须在组织中扮演专家、战略伙伴、业务伙伴、变革推动者、知识管理者和员工服务者六种角色。这也就是我们所说的华夏基石六角色理论（如图 1-4 所示）。

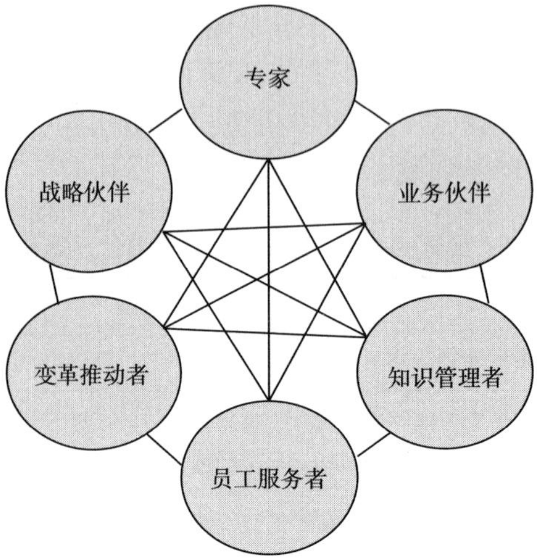

图 1-4　华夏基石六角色

通过以上三种观点，我们不难看出，人力资源管理在组织中不仅担任人事管理专家、战略伙伴，同时还承担着组织变革的推动者、领导者等角色。可以说，随着组织的发展，人力资源管理的角色正日益丰富起来。

（二）组织中承担人力资源管理职责的群体

在组织中，哪些群体应该承担人力资源管理的职责？现代人力资源管理越来越多地强调，人力资源管理不仅仅是人力资源部门的事情，更是各类各层管理者的职责，因此，就需要对人力资源管理的参与者有明确的认识，并对其职能进行合理定位。

事实上，在组织中参与人力资源管理的主要责任主体包括公司的高层管理者、直线管理人员、人力资源部，以及公司的每一位员工，他们都应承担一定的人力资源管理职责，只是各自的职责存在差异。

在公司人力资源管理的职责分担中，人力资源部门发挥着至关重要的作用。也就是说，人力资源部是整个组织人力资源管理系统设计和实施的组织者和监控者。

（三）人力资源管理部门的职责

组织的人力资源管理部门应该承担以下职责：第一，人力资源战略规划；第二，雇用与招募；第三，培训与开发；第四，绩效管理；第五，薪酬和福利管理；第六，员工关系管理。此外，有学者认为人力资源管理部门的职责还应包括人事记录管理、知识与信息管理等内容。

综合来看，人力资源管理者和部门所从事的活动可以分为三大类：第一类是战略性和变革性的活动；第二类是业务性的职能活动；第三类是行政性的事务活动。

在这三类活动中，战略性和变革性的活动涉及整个组织，包括战略的制定和调整、组织变革的推动等内容。严格来说，这些活动都是组织高层的职责，但是人力资源管理者和人力资源管理部门必须参与到这些活动中来，要从人力资源管理的角度为这些活动的实施提供有力的支持。业务性的职能活动，主要就是前面我们所说的人力资源管理的职能。而行政性的事务活动的内容则相对简单，员工福利的发放、工作纪律的监督、员工档案的管理、人力资源信息的保存等都属于这一类活动。

根据学者帕特里克·赖特和加里·麦克马汉的研究，人力资源管理者和人力资源管理部门在各类活动中的时间投入及其产生的附加值并不是正相关的。人力资源管理者耗费60%的时间在行政事务上，但这部分活动所产生的附加值大约占总附加值的10%；业务性活动耗费的时间占比和产生的附加值占比大致持平，都是30%左右；战略性和变革性活动只耗费10%的时间，但产生的附加值却高达60%（如图1-5所示）。由此我们可以看出，人力资源管理部门想要提升自己的价值和作出更大的贡献，就必须提升自己的工作层次，压缩行政性事务的投入时间，增加战略性和变革性活动的投入时间。

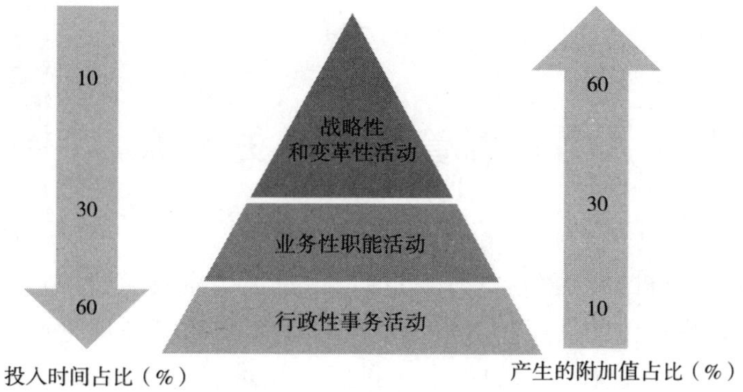

图1-5　人力资源管理活动的类型及投入产出

技术的发展为这种变革提供了可能。随着计算机网络技术的发展和专业人事代理服务公司的出现，人力资源管理可以压缩大量的行政事务性工作，也可以把一部分业务性职能工作剥离出来交给专业公司完成。在实践中，计算员工薪酬、统计人力资源信息、办理各种手续、收集应聘简历等这些以前需要人力资源管理者来完成的工作，现在可以由其他部门以自助的方式完成，或者借助信息技术来完成。员工招聘和培训等常规性的职能活动也可以委托给专业的人力资源服务公司。通过这些手段，人力资源管理部门可以节省大量的时间和精力来从事附加值较高的活动，以使自己的工作层次发生根本性的变化。

如图 1-6 所示，人力资源管理者和人力资源管理部门的工作层次已由过去的三角形转化为菱形。

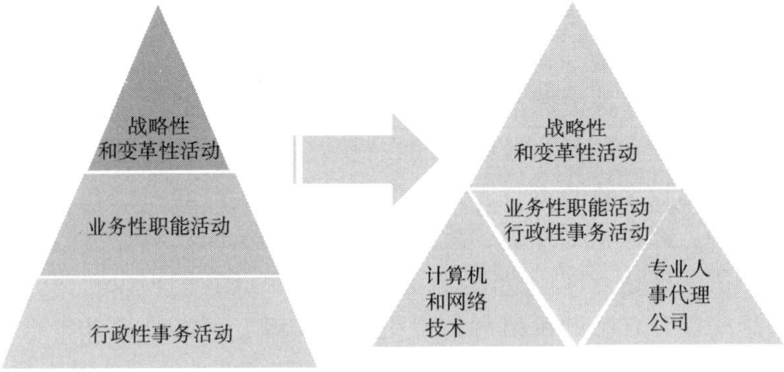

图 1-6　人力资源管理工作的变化

人力资源管理的
历史沿革

第三节　人力资源管理的历史沿革

人力资源管理的发展包括两个方面：一是人力资源管理实践的发展；二是人力资源管理理论的发展。但是，由于管理实践和管理理论两者之间相辅相成、相互促进，这种密切的关系让我们往往难以将两者截然分开，因此，通常所说的人力资源管理的发展历史往往都综合了理论和实践两方面的内容。

一、人力资源管理的主要观点

国内外学者们在研究人力资源管理的发展历史时，从不同的角度提出了各自的观点。

以美国华盛顿大学的温德尔·弗伦奇（Wendell French，1998）为代表的学者从管理的历史背景出发，将人力资源管理的发展分为科学管理运动、工业福利运动、早期的工业心理学、人际关系运动、劳工运动、行为科学与组织理论六个阶段。

以美国科罗拉多大学丹佛分校的韦恩·卡肖（Wayne Cascio，1995）为代表的学者从管理的功能出发，将人力资源管理的发展分为档案管理、外部政府职责、内部组织职责及战略伙伴四个阶段。

以福姆布龙、蒂奇和德瓦纳（Fombrun，Tichy and Devanna）为代表的学者从管理者的角色出发，将人力资源管理的发展分为操作性角色时代、管理性角色时代及战略性角色时代三个阶段。

还有学者从管理的技术出发，认为人力资源管理的发展分为非独立的综合管理、专业的技术化管理、专业的人性化管理、专业的综合化管理四个阶段。也有的从管理的目的出发，把人力资源管理的发展分为工作中心、人员中心及人员工作互动三个阶段。还有的从管理的内容出发，将人力资源管理的发展分为现场事务管理、档案业务管理及指导协作三个阶段。

二、人力资源管理的六阶段理论

美国华盛顿大学的温德尔·弗伦奇于1998年提出六阶段理论，把人力资源管理的发展划分为以下六个阶段。

（一）科学管理运动阶段

这一阶段自20世纪初开始，比较著名的理论是泰勒的“科学管理理论”和吉尔布雷斯夫妇的动作研究和动作经济原则。这个阶段的主要成果有五个：第一，注重通过科学的工作设计来提高工人的生产率；第二，用科学的方法招聘和挑选员工；第三，用组织的系统培训来取代以往的自我培训，以提高生产率；第四，创造了“计件工资制”；第五，提出了把生产率改进所获得的利益在组织和工人之间一起分享。

（二）工业福利运动阶段

工业福利运动几乎与科学管理运动同时展开。1897年，美国全国现金公司设立的福利工作的部门开创了现代企业管理中福利主义的人事管理的先河。此后，“福利部”“福利秘书”“社会秘书”等名称相继出现。工业福利运动主要包括改善工人的境遇、处理工人的意见、提供娱乐和教育活动等。这些基于关心工人福利的主张，构建起了一套有关员工管理的思想体系。这种福利主义的人事管理观点，也成为现代组织人事管理的来源之一。

（三）早期的工业心理学阶段

在第一次世界大战和第二次世界大战期间，根据雨果·闵斯特伯格的《心理学与工业效率》一书选拔的军方人员和安置人员大获成功。这样，工业心理学就得到了飞速的发展，开始用于商业中的人事选拔和测评。工业心理学也从人与工作的关系、人员选拔和测评等方面对人事管理产生了极大的影响，人事管理开始从规范化步入科学化的轨道。

（四）人际关系运动阶段

20 世纪 30 年代，著名的霍桑实验证明，员工的情绪和态度受到工作环境的强烈影响，并进一步对生产率产生强烈影响。换句话说，采用行为科学理论，改变员工的情绪和态度将对生产率产生巨大的影响。这一发现推动了人力资源管理开始从以工作为中心转变为以人为中心。在这一阶段，人力资源管理发生了很多变革，包括在组织中设置培训主管、强调对员工的关心和支持、增进管理者和员工之间的沟通等，这些都作为新的人事管理方法被组织所采用。

（五）劳工运动阶段

雇佣者和被雇佣者的关系，一直都是人力资源管理的重要内容之一。以美国为例，从 1842 年开始，美国工会运动快速发展起来，到 1869 年推广至全国；继续发展到 1886 年，美国劳工联合会成立。当然，工会活动在后来的大萧条时代也处于低潮；再到 1935 年，出现了集体谈判。到 20 世纪 60 ~ 70 年代，美国颁布了促进劳工运动发展的法案，体现了对工人利益、权利的重视。直到今天，在西方国家的人力资源管理中，处理劳工关系，使组织避免劳动纠纷诉讼，仍然是人力资源管理的重要职能之一。

（六）行为科学与组织理论阶段

进入 20 世纪 80 年代，由于竞争日趋激烈，企业更注重变革，越来越强调对外部环境的反应能力和根据外部环境进行变革的组织弹性，并以此为基础增强组织的竞争力。这一时期，把个人放在组织中进行管理，强调文化和团队的作用，成为人力资源管理的新特征。

三、人力资源管理在中国的发展

（一）中国古代的人力资源管理

中国历史源远流长，五千年华夏史积淀了丰富的历史典籍，其中也蕴含着丰富的管理思想。中国传统文化强调以人为本，要重视人才，认为在一切活动中，人的重要性居于首位，《论语·为政》中说："为政以德，譬如北辰，居其所而众星拱之。"这可以说是人本思想的萌芽。《荀子》中有"水火有气而无生，草木有生而无知，禽兽有知而无义，人有气、有生、有知，亦且有义，故最为天下贵也"。从这里不仅可以看出人是社会活动中的主体，人是世间万物中最宝贵的，其他的生物都不及人的作用大，而且指出了人"有气、有生、有知，亦且有义"，即人的能动性。在中国古代，官场就是最重要的职场，古代贤明的君主也都十分重视用人的问题，例如唐太宗李世民就曾经指出："为政之要，惟在得人，用非其才，必难致治。"可见人才作用之重要。

今天我们在讨论人力资源管理时，很多理论和案例都来自西方国家，但实际上我们中国传统文化中也包含着丰富的人力资源管理思想和管理理论，中国古代典籍中对人才的重要性、如何选拔人才、如何用好人才等经典论述，还需要我们继续深入学习和研讨。

（二）现代人力资源管理的发展

中华人民共和国成立以后，随着社会主义制度的建立，相应的管理制度也逐步完善。国内许多专家学者对我国人力资源管理的理论和实践进行了探讨，提出了一些具有价值的理论，例如彭剑锋等把中国人力资源管理的发展划分为以下四个阶段。

1. 人事行政管理阶段

人事行政管理阶段是从20世纪40年代到70年代。这一阶段的工作重点以人事、行政、事务为主要内容，主要关注"事务"。这一时期，我国的经济发展实行计划经济制度，在农村实行集体经济，城市中的企业是国家所有，员工是企业的主人。因此，这一时期的人力资源管理本质上是人事管理，人力资源的概念尚未普及。

2. 人力资源专业职能管理阶段

这一阶段是20世纪70年代到80年代。这时，人力资源管理真正作为一个专业职能，以人力资本理论、行为科学等原理为基础开始发挥它的专业作用。这一时期的关注点，逐步从以"事"为中心转向以"人"为中心。在这一阶段，随着党的十一届三中全会的召开，特别是改革开放以后，随着我国经济体制改革的不断深入，劳动人事工作也在不断进步。

3. 战略人力资源管理阶段

这一阶段是20世纪80年代以后。这一时期，人力资源管理逐步关注自身如何支持企业的战略成功和竞争优势，关注点上升到了整个企业的战略层面。因此，这一时期的人力资源管理以组织战略与竞争优势原理为基础，以人力资源管理如何系统支持组织的战略成功和竞争优势为核心命题。这时的人力资源管理不仅仅是一个专业职能，它已经开始成为组织的战略合作伙伴。

4. 人力资源价值管理阶段

进入21世纪后，随着知识经济的发展，人力资源管理也进入了一个新的阶段，它开始逐步增强对人的价值的关注和管理效率的提升。众所周知，知识经济已经成为当今和未来世界经济的主要形式，作为知识经济微观基础的知识型企业，应该更加重视知识的创造、整合与利用，重视知识的管理。知识管理能力开始成为企业核心的竞争能力，知识成为企业竞争优势的源泉。因此，人力资源管理的重点，不再是简单地对员工行为进行管理，而是要对员工的智慧进行有效的管理，要借助知识系统和知识管理提升人力资源价值和组织的竞争优势。

本章小结

管理是在特定的环境下，对组织所拥有的各种资源进行计划、组织、领导和控制，保证以有效的方式实现组织既定目标的过程。人力资源管理的对象是组织所拥有的人力资源。人力资源是一定时期区域内的人所具有的对价值创造起贡献作用的、能推动整个经济和社会发展的智力和体力的总和。人力资源的本质是劳动能力，而且这个能力可以被组织所利用。作为一种资源，人力资源具有量和质的规定性。可以用劳动者的数量和质量反映人力资源的数量和质量。人力资源具有能动性、社会性、再生性、时效性、双重性，它是财富形成的关键要素，是经济发展的主要力量，是组织的首要资源。

人力资源管理是指组织通过各种政策、制度和管理实践，吸引、保留、激励和开发员工，调动员工工作积极性并充分发挥其潜能，进而促进组织目标实现的管理活动的总和。人力资源管理的基本职能可以概括为人力资源规划、职位分析与胜任素质模型、员工招聘、绩效管理、薪酬管理、培训与开发、职业生涯规划和管理以及员工关系管理等，它们之间相互联系、相互影响，共同构成一个有机的系统。

人力资源管理理论与实践密不可分，不同学者从不同视角对人力资源管理的发展提出了相应的观点。中国传统文化中蕴含着丰富的人力资源管理思想，在学习西方人力资源管理理论的同时，也应该关注和学习中国的人力资源管理思想。

本章习题

本章扩展习题及答案

1. 人力资源的含义是什么？
2. 描述人力资源的构成。
3. 人力资源具有哪些特点？
4. 描述人力资源和人力资本的关系。
5. 如何理解人事管理与人力资源管理？
6. 组织中哪些群体承担人力资源管理职责？
7. 简述人力资源管理的发展历程。

案例学习

中国优秀传统文化的内涵

学者李宗桂对中国优秀传统文化做过专门研究，从内容、范围、功能、特征等方面系统梳理了前人的观点。

张岱年先生说，“中国文化的优秀传统有丰富的内容，其中最主要的是两个基本思想观点，一是人际和谐，二是天人协调”，“这类优秀传统文化在今天应该得到进一步的阐扬”。在《中国古典哲学中的优良传统》一文中，他指出：古代唯物主义与无神论传统、辩证思想、人本思想、坚持民族独立的爱国传统，都是“中国文化中的优良传统”。他还认为，“中国文化的优秀传统的核心是关于人生意义、人生价值、人生理想的基本观点，可以称为人本观点”。在《传统文化的精华》一文中，他提出：“中国文化的优秀传统的核心就是关于人的自觉的思想。”此外，天人合一、知行合一、以和为贵等，也是中国文化优秀传统中的精湛思想，但最重要的是关于人们道德自觉性的思想，“这确实是传统文化的精华”。

钱逊先生认为，传统文化中的仁爱精神、自强不息精神，富贵不淫、贫贱不移、威武不屈的独立人格精神，忧国忧民、竭诚尽忠的爱国精神，“慎独”的高度自觉的道德精神以及敬老爱幼、尊师重道和温、良、恭、俭、让等，都是“传统美德”。

罗豪才认为，中华民族在长期发展过程中形成了以“天下一统的国家观、人伦和谐的社会观、兼容并蓄的文化观、勤俭耐劳的生活观等为主要特征的中华优秀传统文化”。中华优秀传统文化为中华民族的生存与发展提供了巨大的心灵支撑和强大的内在动力，在中华民族五千年文明史上发挥了重要作用。

杨翰卿、李保林认为，中国传统文化中具有积极意义和当代价值、应当在思想内容上进行转换的，主要有两个方面。其一，体现和表达民族精神的内容。如：“天下兴亡，匹夫有责”的忧患意识和爱国主义；“兴利除弊”的改革精神；重民、贵民的民本思想；“自强不息”、不畏强暴、不怕困难的独立自主、自力更生、吃苦耐劳精神；注重和谐的“和合”思想；“厚德载物”的宽容精神和关于吸收异质文化的“会通精神”；等等。其二，扬善抑恶，注重人格和道德修养的伦理精神和人生价值观念。如：“己所不欲，勿施于人”的“仁爱”精神；“勿以恶小而为之，勿以善小而不为”的律己观念；“三军可夺帅，匹夫不可夺志”的人格思想；“杀身成仁”、无私奉献、“以天下为己任”的重气节和大公无私的人生价值观念；“立己立人，达己达人”的重道德精神；等等。这些都是中国传统文化中“具有积极意义和当代价值”的思想内容。

李宗桂对优秀文化传统进行探讨，认为优秀文化传统应当具备的特征是：反映中国文化健康的精神方向；能够鼓舞人们前进，无论在历史上还是在当代中国文化的建设中，都具有激发民族自信心和自豪感的作用；具有民族文化认同功能；具有历史继承性和稳定性；是中华文化的活精神，在今天仍然具有强大的生命力。优秀文化传统在当代的主要表现是：自强不息的奋斗精神，和谐统一的博大胸襟，崇德重义的高尚情怀，整体为上的价值取向。

李宗桂还曾探讨过中华民族精神与中国文化精神的关系，认为中国文化精神的积极方面构成中华民族精神，而中华民族精神“是中华文化优秀传统的集中体现”，其主要内容是：爱国主义的民族情怀、团结统一的价值取向、贵和尚中的思维模式、勤劳勇敢的优良品质、自强不息的进取意识、厚德载物的博大胸襟、崇德重义的高尚情怀、科学民主的现代精神。

（资料来源：李宗桂．试论中国优秀传统文化的内涵［J］．学术研究，2013（11）．）

思考和讨论：

1. 你还知道哪些中国古代关于人力资源的论述？有相关的例子吗？
2. 和你身边的人分享中国人力资源管理的论述及案例。

第二章　人力资源管理基础

本章要点

- 人性假设的主要理论
- 激励理论的主要观点
- 人力资源理论对人力资源管理工作的意义
- 人力资源管理的外部环境
- 人力资源管理的内部环境

学习用典

在《史记》《人物志》等古籍中，都记载了“陶朱公救子”的故事。陶朱公就是历史上著名的谋臣范蠡。范蠡曾帮助越王勾践称霸天下，后弃官而去成为富商。然而天下之事不可预料，陶朱公在享受丰富物质生活的同时，却听到了自己的二儿子被楚王囚禁的消息。为此，陶朱公心急如焚，商量着让小儿子带金子前去赎人。但是陶朱公的大儿子听到父亲让三弟营救二弟，心中顿时不满，于是吵闹着要去亲自营救二弟。陶朱公明白，大儿子此去必然会让二儿子葬身他乡。果不其然，大儿子去了楚国之后，楚王就杀了陶朱公的二儿子。

查找资料，了解这个故事的详情，结合本章所学知识，思考并讨论为什么一开始陶朱公不让大儿子去救人。

第一节　人力资源管理理论

人力资源管理理论

人力资源管理的相关理论主要包括两类：一类是人性假设理论；另一类是激励理论。

一、人性假设理论

人力资源管理是对人进行的管理，因此，对人的看法不一样，采取的管理政策和管理措施就会有所不同，对人性与其行为的假设，就是人力资源管理中的人性假设理论。

“人性假设”这一概念于 1957 年由美国学者麦格雷戈（McGregor）在《企业的人性方面》一文中首次提出。麦格雷戈将人性进行分类，并提出了 X 理论和 Y 理论。之后，学者进一步提出了超 Y 理论。

（一）X 理论、Y 理论、超 Y 理论

1. X 理论

X 理论的观点非常类似于我国古代的性恶论，认为人之初性本恶。在中国传统管理思想史上，荀子是性恶论的集大成者。荀子认为性恶才是人所固有的本性。根据荀子的观点，“人之性恶，其善者伪也”。可见，人性本来就是恶的，而人性中的善是后天社会环境影响的结果，并非先天的良知。人性的本能就是追求舒适和安逸，具体表现在“目好色，耳好声，口好味，心好利，骨体肤理好愉佚”。

与性恶论相似的X理论把人分成了两类：一类是多数人；另一类是少数人。多数人具备了性恶论的特点：第一，天生是懒惰的，他们尽可能逃避工作；第二，没有雄心大志，不愿负任何责任，而心甘情愿受别人的指导；第三，以个人为中心，这就导致个人目标和组织目标相互矛盾，为了达到组织目标，必须依靠外力严加管制；第四，缺乏理智，不能克制自己，很容易受他人影响；第五，欺软怕硬，畏惧强者，习惯于保守，安于现状，反对变革，因此必须对他们进行惩罚，迫使他们服从指挥；第六，这些人工作是为了满足物质和安全的需要，金钱和地位才能激励他们。这是X理论对多数人的假设，和荀子性恶论的假设比较相似。

X理论中，还有一类人，他们和多数人不同，这类少数人是能克制自己、克制感情冲动的人，这些人应负起管理的责任。

在X理论和性恶论的指导下，必然会形成严格控制的管理方式，以金钱作为激励人们努力工作的主要手段，对消极怠工的行为会采取严厉的措施，以权力或控制体系来保护组织本身和引导员工。《荀子·礼论》也写道：“人生而有欲，欲而不得，则不能无求；求而无度量分界，则不能不争。争则乱，乱则穷。先王恶其乱也，故制礼义以分之，以养人之欲，给人之求。使欲必不穷乎物，物必不屈于欲，两者相持而长。”

2. Y理论

Y理论和X理论相反，它认为人性本善。在中国传统文化中，孔子和孟子都是人性善论的支持者。《三字经》开篇即称“人之初，性本善”，这一观点几乎妇孺皆知，家喻户晓。孔子也认为“性相近，习相远也”。可见孔子也是偏向于人性善的理论。孟子对人性善论做出了许多论述，例如《孟子·告子上》除了认为恻隐之心、羞恶之心、恭敬之心、是非之心人皆有之外，还谈道：“仁、义、礼、智，非由外铄我也，我固有之也，弗思耳矣。”可见，孟子认为仁、义、礼、智是人与生俱来的，人性本善是人之为人的内在规定性。这与西方Y理论的基本假设是一致的。

Y理论的基本假设有六点：第一，一般来说，人都是勤奋的，如果环境条件有利，工作就像游戏或休息一样自然；当然了，如果环境不利，人们就把工作看作一种处罚而只想逃避。第二，人们是愿意负责的，外来的控制和惩罚不是实现组织目标的唯一方法。第三，人具有自我指导和自我控制的愿望，如果有适当的机会，就能把个人目标和组织目标统一起来。第四，在正常情况下，一般人不仅会接受责任，而且会主动寻求责任，逃避责任只是经验的结果而不是人的本性。第五，所谓的承诺与达到目标后获得的报酬是直接相关的，它是达成目标的报酬函数。第六，在人群中广泛存在着高度的想象力、智谋和解决组织中问题的创造性；但在现代工业条件下，一般人的潜力只发挥了一部分。

从这些基本假设中可以看出，Y 理论应用在人力资源中，就是要告诉管理者施行“仁政”，要尊重和相信下属员工，要为他们提供工作和发展的条件和机会，要想办法激励和调动员工的工作积极性，使人的智力、才能得到充分的发挥，在满足个人需求和目标的同时完成组织的目标。

3. 超 Y 理论

麦格雷戈认为 Y 理论较 X 理论更为优越，建议管理者按照 Y 理论来行事。但是约翰 · J. 莫尔斯（John J. Morse）和杰伊 · W. 洛尔施（Jay W. Lorsch）两位学者于 1970 年在《哈佛商业评论》上发表了《超 Y 理论》一文，提出了超 Y 理论（theory super Y）。超 Y 理论是对麦格雷戈的 X 理论和 Y 理论的进一步完善。

超 Y 理论的主要观点如下：第一，人们抱着各种各样的愿望和需要加入组织，不同人的愿望和需要是不同的。有的人愿意在正规化、有严格规章制度的组织中工作；有的人却需要更多的自治和更多责任，需要有更多发挥创造性的机会和空间。第二，组织形式和管理方法要与工作性质和人们的需要相适应，不同的人对管理方式的要求是不一样的。对上述的第一种人应当以 X 理论为指导来进行管理，而对第二种人则应当以 Y 理论为指导来进行管理。第三，对组织机构和管理层次的划分、员工的培训和工作的分配、工资报酬等安排都根据工作性质、工作目标和员工素质等方面综合考虑，在不同组织和针对不同的人时是不可能完全相同的。第四，当一个目标达到以后，可以激起员工的胜任感和满足感，使之为达到新的更高的目标而努力。

总之，超 Y 理论强调，在进行人力资源管理活动时要根据不同的情况，采取不同的管理方式和方法。

（二）四种人性假设理论

美国行为科学家埃德加 · 沙因在 1965 年出版的《组织心理学》一书中，把前人对人性假设的研究成果归纳和总结为四种假设：经济人假设、社会人假设、自我实现人假设和复杂人假设。

1. 经济人假设

经济人假设又称“实利人”或“唯利人”假设。这一假设类似于麦格雷戈提出的X理论。经济人假设理论产生于早期科学管理时期，其理论来源是西方享受主义哲学和亚当·斯密的劳动交换的经济理论。

沙因将经济人假设的观点总结如下：第一，人是由经济诱因来引发工作动机的，人们工作的目的在于获得最大的经济利益。第二，经济诱因处于组织的控制之下，所以人们总是被动地在组织的激励和控制下工作。第三，人们以一种理性、精打细算的方式工作，且总是力图用最小的投入获得满意的回报。第四，人的情感是非理性的，会干预人对经济利益的合理追求，组织必须设法控制人的感情。归纳起来，经济人假设认为人的行为动机源于经济诱因，人们都在追求自身利益最大化。也就是说，员工工作的动机是获得经济报酬。

经济人假设把金钱看作激励员工努力工作的主要手段，同时创造一种促使人们只关心个人利益的竞争环境。客观地说，经济人假设可能在短期内有利于充分利用经济杠杆来刺激人的行为。基于经济人假设的管理主张用金钱等经济因素去刺激人们的积极性，用强制性的严厉惩罚去处理消极者，即把奖惩建立在“胡萝卜加大棒”政策的基础上。

2. 社会人假设

社会人假设源于霍桑实验。霍桑实验是一项以科学管理的逻辑为基础的实验，由心理学家乔治·埃尔顿·梅奥（George Elton Mayo）主持，在美国西部电气公司坐落在芝加哥的一间工厂进行。霍桑实验从1924年开始到1932年结束，通过第一阶段的照明实验及第二阶段的福利实验、访谈研究和群体实验，来研究工作环境的照明变化、工作时间对工作效率的影响，以及非正式组织对员工工作态度的影响。

基于霍桑实验的社会人假设的基本观点如下：第一，人们工作的主要动机是社会需要，人需要一个良好的工作氛围，需要和同事之间建立良好的人际关系并获得基本的认同感。第二，工业革命和工作合理化的结果使工作变得单调且无意义，因此需要从工作的社会关系中寻求工作的意义。第三，非正式组织有利于满足人们的社会需要，相比较而言，非正式组织的社会影响比正式组织的诱因对人有更大的影响力。第四，人们对领导者的最强烈的期望是能够承认并满足自己的社会需要。

从社会人假设的基本观点可以看出，这一观点认为人的最大需要是社会性需要，员工工作的动机是建立良好的人际关系，并获得认同感，因此，管理的重点是建立参与式的管理制度，营造和谐融洽的人际关系。

3. 自我实现人假设

自我实现人假设是在总结了马斯洛的需要层次理论、阿吉里斯的不成熟—成熟理论以及麦克雷戈等人的理论后提出的，这种假设与麦克雷戈的 Y 理论假设是一致的。自我实现是指人的潜能得到充分发挥，只有人的潜能得以表现和发展，人才会有最大的满足。

沙因将自我实现人假设的观点总结为四点：第一，人的需要有低级和高级的区别，从低级到高级可以划分为多个层次，人的最终目的是满足自我实现的需要，寻求工作的意义。第二，人们努力追求工作上的成就，实现自治和独立，发展自己的能力和技术，以便富有弹性，能适应环境。第三，人们能够自我激励和自我控制，外部的激励和外部的控制会对人产生威胁，产生不良的后果。第四，个人自我实现的目标和组织的目标并不是冲突的，而是能够达成一致的，在适当的条件下，个人会自动调整使自己的目标与组织目标相契合。

自我实现人假设认为自我实现是最高层次的需要，这个需要和组织目标并不矛盾。如果创造适当的条件，满足员工的自我实现需要，个体的积极性就会被充分调动起来，员工就会自愿地把个人目标和组织目标协调一致。所以，这一理论强调促进员工自我实现也就是潜能的发挥，强调通过工作本身的因素也就是运用内在激励因素调动职工的积极性。

4. 复杂人假设

复杂人假设类似于约翰·莫尔斯和杰伊·洛尔施提出的超 Y 理论。沙因认为，经济人假设、社会人假设和自我实现人假设都不是绝对的，它们在不同情境下、针对不同的人具有一定的合理性，但由于人的需要是复杂的，因此并不能单纯地使用一种假设。于是，沙因提出了复杂人假设。

复杂人假设的主要观点如下：第一，每个人都有不同的需要和能力，人的工作动机非常复杂，变动性也很大，人的动机层级的形成因人而异，对同一个人来说，不同情境下的动机也是不一样的。第二，人的很多需要并非与生俱来的，而是在后天环境下形成的，个体在组织中可以形成新的需要和动机，因此一个人在组织中表现出的动机是他原有的动机模式与组织经验交互作用的结果。第三，个体在不同组织或者不同部门中可能有不同的动机模式，同一个体在正式组织中要满足物质需要，而在非正式组织中要满足人际关系需要。第四，个体在组织中是否满意和能否为组织做贡献，取决于组织状况和个体动机之间的相互关系，在这个过程中，工作性质、同事关系、个体工作能力和动机强弱等都可能对员工的工作态度产生影响。第五，个体会按照自己的动机、能力及工作性质，对管理方式做出不同的反应。

根据复杂人假设，不存在一种适合于任何时代和任何人的、通用的管理方式和方法，实际上管理必须是权变的，需要根据不同的人、不同的需要和不同情况，采取相应的管理方式。

二、激励理论

激励是一个来自心理学的概念，指激发人的动机的心理过程。激励理论也是人力资源管理的重要理论之一。在人力资源管理中，激励就是确保员工个人努力、需要的满足和组织目标保持一致的过程。激励理论可以分成内容型激励理论和过程型激励理论。

（一）内容型激励理论

内容型激励理论主要关注导致个人动机和行为产生的内在需求，聚焦于激发人们动机和行为的诱因，即什么样的刺激因素会激励人们。内容型激励理论主要包括马斯洛的需要层次理论、ERG 理论、麦克利兰的成就需要理论和赫茨伯格的双因素理论等。

1. 需要层次理论

美国心理学家亚伯拉罕·H. 马斯洛（Abrabam H. Maslow）于 1943 年提出了需要层次理论。这一理论认为人有五个层次的需要，从低到高依次为：①生理需要，这是维持人体生存状况的最基本需要，包括食物和水、睡眠等健康、身体需要，以及运动、休息和性等需要；②安全需要，也就是人获得生理和心理上的安全的需要，包括没有人身威胁或危险、有工作保证和安全、应有的舒适和安宁、整齐和简洁的环境等；③社交需要，也就是归属、爱与被爱的需要，具体包括被接纳、获得归属感、获得社团成员的资格、获得爱与关心、参与社团活动等；④尊重需要，包括自我尊重和尊重别人的需要，具体表现为获得赏识和声望、确立自信和领导权、具有自主和成就感、拥有力量和智慧等；⑤自我实现需要，也就是让自己的能力、兴趣和潜力得到充分发挥的需要，具体表现为个体潜力的实现、迎接挑战、有求知欲、有创造力和审美欣赏力、有接受现实的能力等。

在这五个层次的需要中，生理需要和安全需要是低级的需要，也可以叫做物质需要，主要通过外部物质条件获得满足。而社交需要、尊重需要和自我实现需要这三个层次构成了高级需要，也就是精神需要，它们主要通过个体内在的感受使人得到满足。马斯洛认为需要的满足是由低到高依次实现的，只有当低层次的需要得到满足后，才会产生更高一级层次的需要。

必须注意的是，这五种需要是普遍意义上的，并非适合所有的人，一个人的需要往往会受到职业、性格、年龄、经历、社会背景及受教育程度的影响。但是无论如何，马斯洛的需要层次理论给我们提供了一个普遍意义上的参考。

2. ERG 理论

美国耶鲁大学的克莱顿·奥尔德弗（Clayton Alderfer）于 1969 年提出了 ERG 理论，该理论是对马斯洛需要层次理论的修改和完善。奥尔德弗认为，人的需要主要有三种：生存需要（existence）、关系需要（relatedness）和成长需要（growth）。其中，生存需要类似于马斯洛需要层次理论中的生理需要和安全需要；关系需要是指与他人进行交往和联系的需要，相当于需要层次理论中的社交需要和尊重需要；成长需要是人们希望在事业上有所成就，在能力上有所提高，不断发展和完善自己的需要，类似于需要层次理论中的自我实现需要及尊重需要中自我尊重的那部分需要。

ERG 理论认为，人们在需要得到满足的过程中，既存在需要层次理论中提到的“满足-上升”趋势，也存在“挫折-倒退”趋势。ERG 理论还强调，人们所有的需要并不都是天生就有的，有些需要是经过后天学习和培养得到的，尤其是较高层次的需要。

尽管 ERG 理论假定激励行为沿类似于马斯洛需要层次理论的层次而上升，但两者间还是有两个区别：第一，ERG 理论认为可以同时有两种或两种以上需要占主导地位。例如，生存需要所表现的对金钱的欲望、关系需要所表现的友情和成长需要所表现的对学习新技能的追求，这三种需要可以同时并存。第二，ERG 理论中存在“挫折-倒退”的机制，也就是当需要迟迟不能得到满足时，个体会感受到挫折并退回较低层次的需要。

ERG 理论为人力资源管理提供了一个新视角，当员工的成长需要不能顺利满足时，可使他转向满足关系需要或者生存需要。在人力资源管理过程中，为了调动员工的工作积极性和主动性，管理者必须首先了解员工的哪些需要没有得到满足以及员工最希望满足的是哪些需要，然后有针对性地去满足员工的这些需要，这样才能最大限度地激发员工的动机，发挥激励效果。

3. 双因素理论

双因素理论也叫激励-保健因素理论，是美国行为科学家弗雷德里克·赫茨伯格（Frederick Herzberg）提出的一种激励理论。20 世纪 50 年代末，赫茨伯格通过在美国匹兹堡地区的访谈，研究使人们在工作中得到快乐和满足的因素，以及造成人们不愉快和不满足的因素。通过研究总结，赫茨伯格提出了双因素理论。

双因素理论把影响工作态度的因素分为保健因素和激励因素两类。保健因素是指与工作条件、他人关系、工作稳定性、工作环境等外在因素相关联的因素，例如公司政策、薪水高低、人际关系好坏、办公室的环境等。保健因素得不到满足时，人们会对工作产生不满意感；但即使保健因素得到了满足，人们也仅仅是消除了不满意感，并不会出现积极的、满意的态度。

激励因素是指与工作成就、工作内容、工作责任、工作兴趣等内在因素相关联的因素，例如工作取得了进步、工作受到了认可、工作过程中充满了乐趣、在工作中有晋升机会、在工作中有个体成长的机会等。具备了激励因素，就能对人产生更大的激励；但即使不具备这些因素，也仅是没有满意，并不会从本质上不喜欢或者否定工作。

双因素理论修正了传统的关于满意与不满意相互对立的观点。在满意和不满意之间，还有“没有满意”和“没有不满意”。双因素理论的管理意义在于，当管理者实施激励时，应注意区分保健因素和激励因素。保健因素的缺乏会导致员工不满意，但增加保健因素并不会使员工受到激励。要想充分发挥员工的潜力，就要通过改进工作任务，进行工作再设计，使工作内容丰富化和扩大化，通过工作的内在激励促使员工提高工作效率。

4. 成就需要理论

美国心理学家大卫·麦克利兰（David McClelland）等人自20世纪50年代开始，经过大量的调查研究，尤其是对企业家等高级人才的激励进行了广泛的研究之后，提出了成就需要理论。麦克利兰的研究主要集中于在人们的生理需要得到满足的前提下的需要。成就需要理论将人的需要归纳为权力需要、归属需要和成就需要。

根据成就需要理论，权力需要就是对他人施加影响和控制他人的欲望，相比归属需要和成就需要来说，权力需要往往是决定管理者取得成功的关键因素。归属需要是与别人建立良好的人际关系，寻求别人接纳和保持友谊的需要，这也是人们保持社会交往和维持人际关系的重要条件之一。成就需要是人们实现具有挑战性的目标和追求事业成功的愿望。

麦克利兰认为，不同的人对这三种需要的排列次序和所占比重要求是不同的。高成就需要者愿意为自己设立明确的目标并力求有所建树，他们喜欢能即时提供反馈信息的工作，也喜欢长时间、全身心地工作，并且他们能从工作的完成中得到很大的满足。当然，如果这类人的成就需要得不到满足，他们就会不愉快、不满意，觉得没有工作效率。高权力需要者则更关心自己在群体中的威望和对他人的影响力，他们喜欢让他人按照自己的意愿行事，即有强烈的影响和控制他人的愿望，常常表现出健谈、坚强、直率、头脑冷静和好争辩的特点。高归属需要者通常有强烈的归属感和被他人喜欢的愿望，他们喜欢保持融洽的人际关系，喜欢合作性的工作环境。

成就需要理论对于管理者把握员工的高层次需要具有积极的参考性作用。人力资源管理者可以通过测量员工的需要体系并以此为依据分派工作和安排职位，同时，对需要体系的测量也有利于建立合理的激励机制。由于麦克利兰认为动机是可以训练和激发的，所以就可以通过训练和提高员工的成就需要以激发他们提高生产率。总之，人力资源管理者应当充分挖掘和培养员工的成就需要，给员工安排有挑战性的工作，激发员工的内在工作动力。

（二）过程型激励理论

过程型激励理论关注激励是如何发生的，它并不试图去弄清楚有哪些激励因素，而是重点研究人的动机从产生到行动的心理过程，关注为什么人们选择特定的行为来满足其需要，以及管理者为了激励员工而在激励过程中应该如何做。代表性的过程型激励理论有期望理论与公平理论。

1. 期望理论

在对期望理论的研究中，美国心理学家维克多·弗洛姆（Victor Vroom）于 1964 年在《工作与激励》一书中提出的理论极具代表性。弗洛姆的期望理论认为，个体以某种方式采取活动的强度，即个体在组织中所受到的激励程度，取决于三种关系：第一，用期望来表示的个人努力和个人绩效之间的关系，也就是个体感到通过一定程度的努力达到某种绩效水平的可能性，即有没有可能成功。第二，用工具性来表示的个人绩效和奖赏之间的关系，也就是个人相信达到一定绩效水平后即可获得理想结果的程度，即绩效能否得到报酬的信念。第三，用效价来表示的组织奖励和个人目标之间的关系，组织的奖赏可以满足个人目标或个人需要的程度以及这些潜在的奖励对个人的吸引力，也就是奖赏对个人有没有价值。可以用以下公式来表示：

激励=期望×工具性×效价

期望理论运用在人力资源管理当中，要求人力资源管理者既要正确认识目标的价值，又要重视目标难度的设计。换句话说，管理者既要让员工觉得实现目标的价值很高，即效价很高，同时也要给员工设置切实可行的目标，也就是目标设置的“跳一跳摘果子”原则，让员工认为通过自身的一番努力达成绩效的期望值较大。另外，人力资源管理者还要设计合理的制度以保证员工绩效可以转化为报酬，也就是使工具性较大。这样，才可能取得好的激励效果。

2. 公平理论

美国心理学家约翰·斯塔希·亚当斯（John Stacy Adams）在1965年提出了公平理论。这一理论认为，员工经常将自己与他人进行横向比较，或与自己的过去进行纵向比较，因为比较而产生的公平感或不公平感将影响他们在工作中的努力程度。

公平理论中有两个重要的概念：投入和产出。投入指员工为工作或组织所作出的贡献，包括特殊的技能、教育、工作的努力、时间等。产出指员工从工作和组织中所得到的，包括报酬、福利、工作满意感、地位等。用O（outcome）表示产出，用I（Input）表示投入，则员工比较的实质是自身（用a表示）的投入产出比O_a/I_a和参考对象（用b表示）的投入产出比O_b/I_b。

显然，这种对比会有三种结果：第一，当$O_a/I_a<O_b/I_b$时，a员工会觉得不公平，因此就会采取一些方法来消除不平衡，通常降低不公平感的方法可能是：改变投入，例如怠工、早退或者迟到等；改变报酬，例如要求加薪或者侵占不当财产等；改变对投入和报酬的知觉，例如通过内心调整，说服自己确实不如参考对象；改变对他人投入或报酬的看法，例如重新评价参考对象的投入产出；改变参照系，重新挑选合适的参考对象；或者选择离开，也就是离开组织。第二，当$O_a/I_a>O_b/I_b$时，b员工也会因为觉得不公平而采取措施。第三，当$O_a/I_a=O_b/I_b$时，员工会感觉到公平，也就会继续保持原有的投入。

公平理论类似于中国传统文化中的“不患寡而患不均”。它对人力资源管理的意义在于以下几点：第一，影响激励效果的不仅有报酬的绝对值，也有报酬的相对值。第二，激励时应力求公平，即使有主观判断的误差，也不会造成严重的不公平感。第三，在激励过程中应注意对被激励者公平心理的引导，使其树立正确的公平观。当然，现实中绝对的公平是不存在的，盲目攀比或者按酬付劳的工作态度也是不可取的。

在人力资源管理实践中，早期应用公平理论主要关注分配公平（或者称为结果公平），也就是说员工对所得到的结果的公平性的知觉。最近，程序公平也受到了极大的关注。程序公平是指员工对用来确定结果的程序和方法的公平性的知觉。当然，组织在人力资源管理中，应该实施具有公平性的报酬体系，这种公平性体现在内部公平、外部公平和自我公平三个方面，要使员工感到自己的付出得到了相应的回报，避免员工产生不满情绪。

第二节　人力资源管理的外部环境

人力资源管理
的外部环境

把环境纳入人力资源管理的考虑范围，是因为对环境因素的分析和明确有助于实现人力资源管理和环境的和谐统一。人力资源管理受到许多因素的影响，这些对人力资源管理活动产生影响的因素就构成了人力资源管理环境。在分析人力资源管理环境时，我们可以把组织系统作为边界，然后把人力资源管理环境分为组织外部环境和组织内部环境。

人力资源管理环境都是由许多具体因素构成的，例如构成外部环境的因素有政治、经济、法律和文化等。

一、政治环境

政治环境主要是指政治局面的稳定性、政府的方针政策和管理方式。对组织来说，政治环境不会直接作用于组织内部的人力资源管理活动。但是，政治环境却影响整个组织系统，并进一步影响到人力资源管理系统。

一个国家的政治环境对于在该国进行经营的组织来说是非常重要的外部因素。毫无疑问，稳定的政治局面能够为组织发展和人力资源管理提供良好的条件；而动荡的政治环境必然导致组织无法正常运转，并有可能威胁到组织的生存。

与政治局面相比，政府方针政策和管理方式对组织人力资源管理的影响更直接。这种影响主要表现在两个方面：第一，政府方针政策的连贯性和延续性，变动频繁的政府方针政策和管理方式，必然导致组织的人力资源管理政策和措施的相应变动。第二，由于政府是国家政权的行使者，因此政府方针政策和管理方式直接决定组织进行人力资源管理活动的空间。如果政府对组织控制过严，就会削弱组织的自主权，那么组织人力资源管理的活动空间相应就比较狭窄；相反，政策宽松，组织就会有较大的自主权和较宽阔的空间。

二、经济环境

相比政治环境，经济环境对组织的影响会更加直接。影响组织人力资源管理的经济因素主要包括经济体制、经济发展状况以及劳动力市场状况等。

(一) 经济体制

经济体制也就是国家经济运行的具体方式，具体表现为资源的配置方式。例如，计划经济体制和市场经济体制。经济体制不同，人力资源管理的方式也不同。

在计划经济体制下，人力资源管理的很多决策都是由政府做出的，包括人员进出、薪酬水平等，组织更多的是在执行政府政策。因此，在计划经济体制下，组织人力资源管理方式也相对比较简单，只需要按照统一的规定，进行事务性的操作即可。

而在市场经济体制下，市场成为资源配置的主体，人力资源管理的方式也发生变化，组织要根据内外部的各种因素自行做出人力资源决策，职能性和战略性的工作成为人力资源管理的主体。

(二) 经济发展状况

经济发展状况关系到组织对未来发展前景的预期，组织前景和整个经济的发展状况紧密联系，两者具有很强的正相关关系。组织在开展具体人力资源活动时，必然要考虑经济发展状况。例如，在经济快速增长时期，劳动力市场会比较紧张，招聘录用新员工的难度相应会有所增加，这时如果解雇员工的话，空缺职位就不容易填补，就可能影响到组织的正常运转，在这种情况下，组织进行辞退解雇时就会谨慎一些。

(三) 劳动力市场状况

外部劳动力市场状况直接决定着组织招聘的外部供给，劳动力市场状况紧张时，外部供给会减少，反之外部供给就会增多。而外部供给的情况又会影响到劳动力供需平衡的决策，在需求一定的情况下，如果外部供给不能满足需求，就必须调整人力资源管理的相关政策。

比如薪酬管理，外部劳动力市场的状况也是影响组织各个职位具体薪酬水平的重要因素，当相关职位的劳动力供给小于需求时，这些职位的薪酬水平就会增加；相反，当供给大于需求时，薪酬水平相应地就会降低。近年来，我国技术工人特别是高级技术工人的工资水平不断上涨，就是一个例子，由于技工的相对短缺，组织为了招聘到所需的人员必须提供相对较高的工资待遇。

三、法律环境

法律因素对组织人力资源管理活动的影响主要体现在它的约束和规范作用上。世界上大多数国家都制定了相关的法律来对本国的人力资源管理进行规范。

在我国，影响组织人力资源管理活动的法律有很多，其主体是《劳动法》《劳动合同法》，其他如《失业保险条例》《社会保险法》《就业促进法》《妇女权益保障法》等。

(一) 人力资源管理的相关法律

我国在人力资源管理立法方面做了大量工作，目前已经进入了人力资源管理立法的成熟时期，并处于不断完善中。国家层面、各省市层面制定了大量的相关法律、规章和行政法规，表 2-1 列举了部分与人力资源相关的法律及其主要规定。

表 2-1　我国人力资源管理方面的主要法律

法律	主要规定	备　注
中华人民共和国宪法	对公民有劳动的权利和义务、休息休假、退休保障等方面做出了顶层设计和规定	2018 年修订的《宪法》第四十二至四十五条
中华人民共和国劳动法	明确了法律的适用范围、劳动者的权利义务、用人单位的义务、国家促进就业的规定、劳动合同的必备条款、工作时间和休息休假、最低工资标准、培训、社会保险和福利等方面的内容	2018 年修订的《劳动法》是调节用人单位和劳动者关系以及与劳动关系密切联系的其他关系的法律，是劳动保障立法体系中的基准法，确立了劳动法律权利与义务的基本框架
中华人民共和国劳动合同法	明确了劳动合同的订立、履行和变更、解除和终止、集体合同、劳务派遣等方面的内容	2012 年修订的《劳动合同法》是明确劳动合同双方当事人权利与义务的法律，是调节劳动关系最基础和核心的法律
中华人民共和国社会保险法	明确了基本养老保险、基本医疗保险、工伤保险、失业保险、生育保险五险的缴费主体及费用征缴、基金管理等方面的内容	2011 年颁布的《社会保险法》旨在规范社会保险关系，维护公民参加社会保险和享受社会保险待遇的合法权益
企业年金办法	企业年金是企业及其职工在依法参加基本养老保险的基础上，自主建立的补充养老保险制度。国家鼓励企业建立企业年金，企业年金所需费用由企业和职工个人共同缴纳	2018 年 2 月 1 日起施行《企业年金办法》是对补充养老保险的管理

续表

法律	主要规定	备注
住房公积金管理条例	明确了住房公积金的管理机构及职责，公积金缴存、提取和使用等方面的内容	2002年修订的《住房公积金管理条例》是对职工个人和职工所在单位为职工缴存的住房公积金的制度规范
中华人民共和国就业促进法	明确了各级政府机构的职责、促进就业政策支持公平就业、就业服务和管理、职业教育和培训等方面的内容	2015年修订的《就业促进法》是国家为了促进就业而专门制定的法律
人力资源市场暂行条例	明确了人力资源市场培育、人力资源服务机构、人力资源市场活动规范、监督管理等方面的内容	2018年施行的《人力资源市场暂行条例》是在《就业促进法》的基础上细化的行政法规
妇女权益保障法	明确规定了妇女的政治权利、文化教育权益、劳动和社会保障权益、财产权益、人身权利、婚姻家庭权益等方面的内容	2018年修改的《妇女权益保障法》明确指出了实行男女平等是国家的基本国策
未成年人保护法	明确规定了未成年人的家庭保护、学校保护、社会保护等方面的内容	2016年修订的《未成年人保护法》旨在保障未满18周岁的公民的合法权益
残疾人保障法	明确规定了残疾人的教育、劳动就业、文化生活、社会保障等方面的内容	2018年修改的《残疾人保障法》旨在保护残疾人的合法权益

（二）人力资源管理各职能环节需关注的法律规定

人力资源管理还应在各职能环节严格遵循法律规定。例如，在招聘、培训、薪酬管理、劳动关系管理等过程中，不仅要遵循公平就业的相关规定，而且要严格按照法律规定规范员工管理，制定符合规定的试用期、薪酬和福利制度、聘用和解约流程等，在做到制度合法的前提下，也要确保人力资源管理流程合法。

当然，组织和员工之间一旦发生劳动争议，也是有法可依的。2008年施行的《劳动争议调解仲裁法》明确规定了劳动争议的调解、仲裁、一般规定、申请和受理、开庭和裁决等方面的内容。发生劳动争议后，组织和个人可以按照《劳动争议调解仲裁法》的内容，及时公正地解决劳动争议，促进劳动关系的和谐稳定。

四、文化环境

对整个社会而言，文化具有重要的社会整合和社会导向作用，它内在地影响着人们的思维方式和行为方式，而且这种影响具有相对的持久性，在短时期内不会发生改变。

由于文化能够影响人们的思维方式和行为方式，因此它会对人力资源管理产生影响。这些影响因素包括人们的价值观念、伦理道德、风俗习惯、宗教信仰等。例如，在某些国家或地区，进入劳动力市场的女性较少，更多的是受社会文化的影响。

当然，不同的文化传统下，人力资源管理的模式也是不同的。美国学者威廉·大内从 1973 年开始对美国组织和日本组织的管理方式进行深入的研究，总结比较出两国人力资源管理的特点。威廉·大内认为，美国组织和日本组织在管理方面的不同主要是由文化的差异造成的。美国由于国家的历史较短，没有经过封建社会就直接进入了资本主义社会，再加上人口以移民为主，相互的关系比较松散，多是依靠自己的努力生存下来的，因此整个国家个人主义的文化传统比较浓厚，崇尚奋斗，注重结果。

与此相反，日本民族单一，经历了长期封建社会的洗礼，人们的血缘、人情意识根深蒂固，加之国家地域狭小、资源匮乏，必须依靠集体的互助才能生存，这就形成了以集体主义为主导的文化传统。从表 2-2 中可以看出，两国组织不同的管理特点与它们各自不同的文化传统是一致的。

表 2-2 美国企业和日本企业的管理差异

维度	美国 A 型组织	日本 J 型组织
雇佣制度	短期雇佣制	终身雇佣制
员工考核与晋升	注重工作业绩考核，考核期相对较短，晋升较迅速，较看重能力	注重工作态度和能力的考核，考核期相对较长，晋升较缓慢，较看重资历
员工培训与开发	提供的培训较少，注重专才培养	提供的培训较多，注重通才培养
决策机制	个人决策制	集体决策制
责任制度	强调个人承担责任	强调员工共同承担责任
控制机制	严格的控制，规章制度较多	松散的控制
员工关系	人际关系较冷淡	较注重人际关系

第三节 人力资源管理的内部环境

人力资源管理的内部环境

我们以组织系统为边界把人力资源管理环境分为外部环境和内部环境，下面来讨论人力资源管理的内部环境。内部环境包括组织发展战略、组织生命周期、组织文化和组织结构。

一、组织发展战略

组织发展战略就是组织制定的与使命和目标一致的最高管理层的计划，它是组织经营发展的最高纲领，对组织各方面的工作都具有重要的指导意义。人力资源管理作为组织管理的一个子系统，它必须服从和服务于组织发展需要，也就是说，人力资源管理活动必然紧密围绕和服务于组织发展战略。

二、组织生命周期

组织和人一样，也具有生命周期，尽管不同组织的寿命可能并不完全相同，但是其发展都要经历大致相同的几个阶段，这些阶段就共同形成了组织的生命周期。从静态观点来看，在生命周期的不同阶段，由于内外部环境不同，组织具有不同的特点，组织发展目标、组织结构和管理方式都不同，相应的人力资源管理因组织生命周期阶段的不同而变化。从动态观点来看，组织生命周期不断发展演进，才能持续生存，这种发展演进既需要组织各子系统的支持，又对组织各子系统包括人力资源管理系统提出了要求，所以，人力资源管理随着组织生命周期的演化而调整。

三、组织文化

组织文化是组织成员共同拥有的深层次的基本假设和信念，它们更多的是无意识地产生作用，并且用一种“认为是理所当然”的方式来解释组织自身的目的和环境。对组织发展而言，组织文化具有两个功能：第一，正向功能：导向、凝聚、约束、激励员工，能够树立组织形象。第二，负向功能：组织文化可能成为组织变革创新、多元化、兼并和收购的障碍。

相比组织文化的功能，我们在这里更加关注的是组织文化与人力资源管理的结合。因为只有二者的结合，才能把抽象的组织文化核心价值观和具体的人力资源管理行为相结合，才能使组织文化真正得到员工的认同，并由员工行为传达到外界，从而在组织内外部形成广泛认同的组织文化，成功树立起组织的外部形象。

国内外的研究成果表明，组织文化对人力资源管理具有直接影响与促进作用。其中有代表性的观点有三种：第一，组织文化直接影响人力资源战略。也就是说，不同类型的组织文化，应该有相应的人力资源战略与之相匹配。第二，组织文化直接影响绩效。也就是说，组织文化对组织绩效具有明显的正向效果。第三，组织文化直接影响薪酬系统。不同类型的组织文化，应该具有不同的薪酬系统设计。反之，人力资源管理活动对组织文化维系也有重要的影响，具体表现为：员工甄选、员工培训、绩效评价和薪酬管理都维系着组织文化。

由于组织文化和人力资源管理之间存在着密切的互动关系，两者无法割裂，因此将组织文化融于人力资源管理过程，是现代人力资源管理的必然要求。以下我们将从人力资源管理的四大主要职能出发，分析如何基于组织文化来开展人力资源管理活动。

一是员工招聘。我们知道文化与价值观的认同是员工招聘的首要条件，国外成功的组织经验表明，组织在招聘人才时除了对应聘者进行知识和技能、动机和态度的测试外，很重要的一点就是进行工作偏好测试，这里的工作偏好也就是考察员工的价值观是否和组织的价值观相契合。从这里我们可以看出，一些成功的组织甚至并不看重应聘者目前可以为组织做些什么，而是关注其可塑性大小，只要应聘者与组织有相同的价值观，管理者便相信，这位应聘者能尽快地适应组织的规范，出色地完成任务。大量的实践证明了这一选用标准是成功的。

二是员工培训。组织对核心价值观和组织原则等组织文化内容的培训，一般体现在三个方面：第一，重视新员工培训，增强其对组织核心价值观的认同；第二，定期开展组织文化方面的培训或研讨，让现有员工深化对核心价值观的认识，激发他们参与组织文化建设的积极性；第三，一般企业还会对中高层管理者定期开展组织文化创新和变革方面的培训，为其主持文化变革与创新提供理论框架和技术支持。

三是绩效管理。绩效系统应与组织文化相协调。这一般体现在四个方面：第一，按照组织文化开展绩效评价。例如，强调合作文化的组织，绩效评价时也会强调团队绩效而非个人绩效；而拥有冒险及创新文化的组织，不以成败论英雄，而是把绩效评价的重点放在评价创新的努力上。第二，将员工遵守组织核心价值观和组织原则作为考核的要点之一。第三，塑造高绩效文化。具体的措施可以是创造公平考核环境、营造主动沟通氛围、强调责任感与团队合作精神等。第四，审查绩效管理制度是否与组织文化相协调。如果两者不相容，则应重新从组织实际出发制定相应的制度。

四是薪酬管理。薪酬系统要与组织文化相匹配，不同的组织文化应具有相应的薪酬策略、系统设计及策略。

四、组织结构

组织结构是组织中正式确定的使工作任务得以分解、组合和协调的框架体系。组织结构要解决三个问题：第一，组织中的正式报告关系，包括职权层级数目和主管人员的管理幅度；第二，将个体组合成部门、部门再组合成组织的方式；第三，部门沟通协作和力量整合的制度设计。前两个问题更多关注的是纵向的协调和整合，第三个问题主要关注横向的协调和整合。在设计组织结构时，必须考虑工作专门化、部门化、命令链、控制跨度、集权与分权、正规化因素，而这六个关键要素也与人力资源管理任务密切相关。

本章小结

人力资源管理的理论基础主要包括人性假设理论和激励理论。人性假设理论主要有理论、Y 理论、超 Y 理论和四种人性假设理论。X 理论类似于我国古代的性恶论；Y 理论类似于我国古代的性善论；超 Y 理论强调在进行人力资源管理活动时，要根据不同的情况采取不同的管理方式和方法。四种人性假设理论主要包括经济人假设、社会人假设、自我实现人假设和复杂人假设。

激励就是激发人内在的行为动机并使之朝着既定目标前进的过程。激励理论主要可以划分为内容型激励理论和过程型激励理论。

人力资源管理的环境主要是指能够对人力资源管理活动产生影响的各种因素。从系统的角度出发，可以将人力资源管理的环境划分为内部环境和外部环境两种。人力资源管理的外部环境是由许多具体因素构成的，包括政治因素、经济因素、法律因素和文化因素等。人力资源管理的内部环境是指在组织系统之内能够对人力资源管理活动产生影响的各种因素，包括组织发展战略、组织生命周期、组织文化和组织结构等。

本章习题

本章扩展习题及答案

1. X 理论、Y 理论和四种人性假设理论是如何对人性做出解释的？
2. 人力资源管理为什么要重视激励理论？
3. 激励理论主要有几种类型？每种类型的激励理论的主要内容是什么？
4. 比较内容型激励理论中几种激励理论的异同。
5. 需要层次理论的基本内容是什么？
6. 解释期望理论，并分析它在实践中有何作用。
7. 如何划分和辨别人力资源管理的环境？
8. 人力资源管理的外部环境主要由哪些因素构成？
9. 人力资源管理的内部环境主要由哪些因素构成？

案例学习

腾讯对“人”的理解

腾讯成立于 1998 年，总部位于中国深圳。腾讯长期入选并占据最佳雇主榜单的榜首位置。腾讯的人力资源管理到底有什么秘密？

腾讯高级副总裁、人力资源负责人奚丹说：“人不是雇员，也不是生产力，而是腾讯最有价值的资源，是腾讯的第一财富。”

一、腾讯对“人”的理解

任何组织变革的基础都在于“人”。腾讯在业务上的彪悍发力，背后是大量高素质员工和强大的人力资源培育体系的支撑。

奚丹是 2005 年架构调整的主要策划者之一。他加入腾讯时，公司处于上市前期，有两件事让他颇感“惊讶”：一是腾讯全体员工都配有期权，这在那个年代很罕见，“这是在制度上捆住员工一起做事的心态”；二是腾讯早期用户迅速增加却没有盈利模式时，管理层愿意为了员工得到生活上的保障，自己“节衣缩食”，甚至做帮别人建网站之类的零活。

事实上，腾讯的架构调整正是一次人与业务并行的资源调配。腾讯不仅在产业层面考虑如何在专业分工的基础上，在每个领域扎得更深，而且它直接将优秀人才的发展空间设计在调整框架内。结果众所周知，这样的架构成就了腾讯此后几年在各领域的高速发展。

“人”一直是腾讯的重要命题。腾讯不仅在产品方面有“一切以用户价值为依归”的理念，在用人方面也体现出人本价值观。

在中国大型互联网公司中，腾讯是校园招聘比例较高的一家。其中肯定有创业时期难以找到足够专业人才的历史原因；但上市至今，腾讯依然刻意保持50%的校招比例。它愿意为那些有想法的年轻人提供机会，只要行政资源允许，会尽可能让每一位应聘者都得到笔试机会，并在招入后尽可能地培养他们。当然，在选人上，它会刻意去寻找那些认同腾讯价值观并热爱互联网的年轻人。

“腾讯不会为短期目的而招聘，一旦招聘对象进入公司，就希望他能和大家一直共事。”奚丹说。这些要求同样适用于那些高层次的稀缺人才，腾讯不欢迎短期“逐利者”，无论他的专业水平多高。一个人要进入腾讯工作，往往要经历几轮面试，不仅有分管领导，还要和团队内的成员交流业务——他们要考察新人是否能和团队和谐相处。

腾讯新的架构调整的具体内容对外界来讲仍是悬念，但理念调整已经完成。2011年之前，腾讯的管理理念有四条：关心员工成长，强化执行能力，追求高效和谐，平衡激励约束。现在的腾讯更是把管理聚焦于人，新的管理理念只有一条——关心员工成长。

二、无微不至的“关怀”

“如果你不热爱互联网，没有理想，真的别来腾讯，在这里工作挺艰苦的。”一位人力资源负责人这样对求职者说。

腾讯具有一种自发的行进动力，几乎所有人都沉浸于狂热却辛苦的产品氛围中。让员工心无旁骛的前提是，腾讯帮他们解决了大部分“世俗”问题。

生存是人最基本的需求。在业界，腾讯一直以高薪著称。奚丹说：“腾讯员工的收入应该和腾讯在业界的地位相匹配。”每年，人力资源都会对各岗位的薪酬水平进行调研，并做出相应调薪方案，让腾讯始终保持具有竞争力的薪酬。对员工来说，他们只需努力工作，自然会获得满意的收入，无须为此患得患失。

生存之上是安全的需求。这主要靠福利体系解决。腾讯的福利可谓“无微不至”。到去年，福利体系已经蔓延至“腾讯家庭”。奚丹等人通过调研发现刚毕业3~5年的员工离职率较高，主要原因就是买房压力，他说：“我们相信员工未来一定有能力安居乐业，只是在刚毕业的3~5年，特别是高房价的大环境下会有压力，很多人觉得现在不买，以后更没机会买了。如果我们能提供一些资助，让员工提前买房，他就会安心工作。”这正是腾讯“安居计划”出台的背景。

“福利”还体现在公司对员工生活细节的照顾：每晚保安会推着餐车将加餐送至员工办公桌前；北京办公室地处市中心繁华地段，依旧有通往各大住宅区的班车，每当下班发车时，队伍浩浩荡荡；腾讯还提供各类免费运动场所，甚至将班车开到运动场门口。

满足了生存和安全需求，员工们开始寻找爱与归属的社交需求。从员工加入腾讯开始，一系列相关计划就开始运行。腾讯的入职培训不仅是“教化”，还包括很多社交内容，新员工会被分组完成各类任务，既促进团队合作，又培养主动工作意识。此外，新员工还会被指定一位老员工做“导师”，导师负责解答新员工在腾讯的任何问题，甚至包括“哪里吃饭”等生活问题。

腾讯还推出了“健康加油站”项目，在公司内设有问诊室，返聘了很多退休医生。他们还开通了一条7×24小时由专业医生值守的400热线电话，员工和员工家属都可以拨打。工作压力大了，和上级发生矛盾了，郁闷了，都可以求助；甚至太太怀孕了，不知道如何照顾，也可以求助。

对于最高层次的自我实现需求，在腾讯，是通过TTCP即技术职业发展通道管理委员会完成的，它就像腾讯的“黄埔军校”。TTCP的技术人才分为六个级别，从T1（工程师）到T6（首席科学家），每个级别的职员都会得到详细有效的提升培训计划。当然，做技术不是唯一的出路。除了TTCP外，腾讯还提供各类职业通道体系，在腾讯学院设有学分制培训计划——就像大学中的选修课，员工凭特长和兴趣自由选择，既有管理，也有技术、设计、产品、市场等内容。

三、人力资源：从管理到服务

人力资源能像做互联网产品经理那样工作吗？奚丹的回答是：“能！”在他看来，人力资源不是管理，而是服务。人力资源部门和腾讯业务部门一样，理念是“一切以用户价值为依归”。

腾讯要求人力资源部门把“用户”识别到“人”。比如在招聘环节，用户就是具体业务部门的负责人；制定薪酬福利时，用户就是腾讯员工。腾讯的业务体系内流传着一句话，“真正的用户需求是说不出来的”，产品经理要有将需求具体化的能力，人力资源部门亦然。

人力资源用做互联网产品的方式为来自业务部门的面试官提供招聘工具。当业务部门提出用人需求时，人力资源部门首先会在公司内选择三个以上优质员工样本；然后再建模、扫描，分析这些员工背后的成功因素，比如逻辑思维很好、对数字敏感、善于学习等。然后再从这些成功因素倒推并具体到行为，再根据行为制定出面试问题，最后在问题后附上可能的答案并给出分值。

而当遇到和员工相关的事项时，人力资源部门会进行调研，甚至新建办公楼女卫生间要坐式马桶还是蹲式马桶都要广泛征询员工意见。每有新项目开始，员工的 RTX 系统内就会出现问卷，能随时看到结果。“只要意见得以快速落实，员工主动性就高；而且员工有自主选择权，没兴趣的问卷可以不回答。”奚丹说。

他们还会把握尺度，避免员工因问卷太多陷入新的麻烦。此时，腾讯的产品把握能力再度派上用场，问卷只会定向发给相关员工。

（资料来源：搜狐网 http://www.sohu.com/a254315325_99909499）

思考和讨论：

1. 腾讯在人力资源管理中应用了哪些人性假设理论？具体是如何应用的？
2. 从案例资料中，你得到了哪些启示？

第三章　职位分析

本章要点

- 职位分析及相关术语
- 职位分析过程
- 职位分析方法
- 编写职位说明书
- 工作设计方法
- 胜任力模型

学习用典

在2013年全国组织工作会议讲话中，习近平总书记引用顾嗣协的《杂兴》诗："骏马能历险，力田不如牛。坚车能载重，渡河不如舟。"他强调指出："用人得当，就要科学合理使用干部，也就是说要用当其时、用其所长。"习近平在讲话中还说："用什么人、用在什么岗位，一定要从工作需要出发，以事择人，不能简单把职位作为奖励干部的手段。"

职位分析就是从工作需要出发，确定工作需要什么样的人的过程。

第一节　职位分析概述

工作分析概述

一、职位分析及相关术语

（一）职位分析的含义

职位分析也叫工作分析，它研究一个组织内每个职位所包含的具体工作内容和责任，对工作内容及有关因素做全面、系统的描述和记载，并说明承担这一职位的人员必须具备的知识和能力。

通过职位分析，回答以下两个问题：第一，某职位应该做什么，包括该职位的名称、工作职责、工作要求、工作场所、工作时间及工作条件等内容；第二，什么样的人适合该职位，这个问题主要关系从事该职位的人应该具备什么资格，包括专业、年龄、必要的知识和能力、是否需要具备资格证书、工作经历及心理要求等。在职位分析实践中，经常涉及的概念有工作要素、任务、职责和职责细分、职位权限、职业资格、业绩标准、职位、职务和职级等。

进一步细分，职位分析为管理活动提供与工作有关的以下信息：

（1）who，谁来完成这些工作？

（2）what，这一职位具体的工作内容是什么？

（3）when，工作的时间安排是什么？

（4）where，这些工作在哪里进行？

（5）why，从事这些工作的目的是什么？

(6) for who，这些工作的服务对象是谁？

(7) how，如何进行这些工作？

(二) 职位分析的相关术语

职位分析会涉及一些相关的概念，这些概念和职位分析密切相关，以下分别进行介绍。

1. 职位

职位是一个或一组职责类似的岗位所形成的组合，也就是职责在重要性和数量上相当的一组岗位的集合或统称。例如，不同部门的两个经理，虽然工作内容不同，但是工作重要程度相当，因此就是同一职位。与职位相关的还有职位族。职位族是组织内具有非常广泛的相似内容的相关工作群，也称为职位群。例如，组织内所有从事技术的职位组成了技术类工作族，所有从事管理工作的职位组成管理类工作族。

2. 岗位

岗位是由一个人来完成的一项或多项相关职责组成的集合。例如，人力资源部经理岗位，就承担了员工的招聘录用、培训与开发、组织薪酬和绩效管理，以及员工关系管理职责。在组织当中，每个员工对应一个岗位，每个岗位也都有相应的员工，所以理论上说岗位数量应该等于人员数量。但在现实中，也会有例外，例如在某些 24 小时营业的商店或者实行倒班制的生产车间，员工的工作性质和内容完全相同，只是工作的时间不同，在这些情况下，组织的岗位数量少而人员数量多，会出现人员数量和岗位数量不等的情况。

3. 职责

职责是某一岗位承担的一项或多项任务组成的相关任务集合，或某岗位在工作中需要完成的大部分工作。例如，市场研究员岗位的市场调查职责包括：设计调查问卷、发放和回收问卷、统计分析问卷结果、根据调查结果提出对策建议。

4. 任务

任务是为达到特定目的而进行的一系列动作组合。例如，售后维修人员在维修电脑时，先拆开电脑，然后检查线路，再更换损坏的零部件，最后进行检测并登记维修信息等。电脑维修这一任务就是上述多个动作组成的一个集合。

5. 动作

动作也叫工作要素，是工作活动中不能再继续分解的最小单位。例如，教师提问学生、秘书接听电话前拿起电话、软件工程师打开电脑、司机开车前插入钥匙，这些动作都是各自的工作要素。

二、职位分析的作用

职位分析是现代人力资源管理所有职能工作的前提和基础。组织中所有的工作任务和岗位都是根据组织需要设置的，只有做好了职位分析与工作设计，才能据此完成人力资源管理工作。具体来说，职位分析对人力资源管理工作具有如下作用。

（一）职位分析为人力资源规划提供了必要信息

通过职位分析，可对每个组织各部门的工作职务安排和人员配备情况做出合理的计划，并根据生产和工作发展趋势进行人事预测。此外，利用职位分析数据，可以将特定工作的技能要求与实际匹配情况进行对比，对不合理的情况进行调整。

（二）职位分析为员工招聘与配置提供了有效标准

职位分析所明确的工作内容与工作规范，即所确定的工作内容、权力、职责以及知识、技能、能力等方面的要求是员工招聘的基本标准。也正是有了这些明确的标准，在招聘中就可以通过测评和考核，选拔和任用符合岗位要求的人员。

（三）职位分析为员工的培训与开发提供了明确依据

职位分析还确定了岗位所必需的知识技能和能力要求，通过比较员工在工作实际中表现出来的知识、技能和能力，就可以找出标准与实际两者之间是否存在偏差。如果偏差确实存在，就需要对员工进行培训以提高其能力。同时，职位分析确定的标准也可以作为评估培训效果的依据。

（四）职位分析为员工职业生涯规划提供了可靠信息

职位分析可以为职业咨询、职业规划和职业指导提供可靠和有效的信息，这些信息也能在员工进行职业规划时作为参考，可以帮助员工结合个人目标和组织目标进行科学合理的职业生涯规划。

（五）职位分析为评价员工业绩提供了科学标准

通过职位分析，可以明确地界定每一种职位的内容，员工应该做什么、不应该做什么、应该达到什么要求等都十分清楚，这为考评工作实绩提供了客观的标准，在绩效考评中，这些标准是绩效考核的客观依据。

（六）职位分析为制定公平合理的薪酬制度奠定了基础

薪资报酬取决于岗位工作的强度和难度、任职者所具备的素质和资格条件、岗位职责的大小及环境优劣等因素，这类全面准确的信息都来自职位分析。

（七）职位分析对组织管理有一定的溢出效应

除了对人力资源管理职能有直接作用外，职位分析还具有一定的溢出效应。这主要包括三个方面：第一，对员工来说，职位分析有助于全体员工反省和审查自己的工作内容和工作行为，帮助员工自觉、主动地寻找工作中存在的问题并且圆满地达成职位对组织的贡献。第二，对组织人力资源管理者来说，在职位分析过程中，人力资源管理人员能够充分了解组织经营的各个重要业务环节和业务流程，从而有助于组织的人力资源管理职能真正上升到战略地位。第三，对组织高层管理者来说，借助职位分析，经营管理层能够充分了解每一个工作岗位上的人员目前所做的工作，发现职位之间的职责交叉和职责空缺现象，从而及时调整职能，进而有力提高组织的协同效应。

三、职位分析的原则

在职位分析过程中，一般遵循以下五个原则。

（一）以战略为导向

职位分析必须以战略为导向，强调职位与组织、与工作流程的有机衔接。也就是说，职位分析应该与组织的变革相适应，与提升流程的速度与效率相配合，以此来推动职位描述与任职资格要求的合理化与适应性。

（二）以现状为基础

职位分析必须以现状为基础，但强调职位对未来的适应。在职位分析中，既要立足现状，强调职位分析的客观性与信息的真实性；也要面向未来，也就是要充分考虑外部环境、战略转型、技术变革、流程再造等对职位的影响和要求。

（三）以工作为基础

职位分析要以工作为基础，强调人与工作的有机融合。职位分析必须以职位为对象而不是以人为对象展开分析。例如，某个职位的工作本身需要有本科学历的人来做，但是由于各种原因，现在是一名经验丰富的专科生来做的，那么在分析这一职位的任职资格时，应该将学历要求规定为本科还是专科呢？显然，根据这个原则，职位分析时应该把该职位的任职资格定为本科学历。

（四）以分析为基础

职位分析要以分析为基础，但强调对职位的系统把握。通过一个例子来说明这个原则。对某公司前台服务员接转电话这个职责有如下两个描述：第一种，听到电话铃响后，拿起电话，说出公司名字，询问对方要求，再按下转接键。第二种，按公司要求接听电话，并迅速转接到相应人员那里。

显然，第二种对职责描述更规范。因为第一种是对工作任务的简单罗列，缺乏对工作任务的系统把握。这里的系统把握，就是要理解该职位对组织的贡献，把握职位之间的内在关系。

（五）以稳定为前提

职位分析要以稳定为前提，但要重视对职位说明书的动态管理。一方面，组织内部的职位设置以及与此相对应的职位说明书必须保持相对稳定；另一方面，工作说明书又不能一成不变，而是需要根据组织的战略、业务与管理的变化进行调整，也就是在稳定的基础上，形成对职位说明书的动态管理。

四、职位分析过程

作为人力资源管理的基础性活动，职位分析过程包含着一系列步骤。这些步骤包括职位分析准备、工作信息收集、工作信息总结分析和职位分析结果体现。

（一）职位分析准备

职位分析是对工作进行系统、全面的分析和研究，其过程非常复杂，在开始阶段必须进行充分的准备。职位分析准备阶段的任务主要包括确定职位分析的目的、人员和样本。

1. 确定职位分析的目的

尽管职位分析对整个人力资源管理具有广泛的作用，但在多数情况下更侧重于某方面目的。因此，在职位分析开始阶段要首先确定其目的，因为不同目的决定了所需收集工作信息的种类，以及采用何种方法收集这些信息。例如，如果职位分析是为了给空缺职位选择人员，则可以采用与同工作岗位上的人员进行面谈的方法，让他们讲述所从事工作的任务，以及所承担的职责有哪些；而如果职位分析是为了确定工作报酬，就不适合采用面谈方法，而适合采用像问卷法这样的方法。

2. 确定职位分析的人员

在设有人力资源管理部门的组织中，职位分析通常是人力资源管理部门的主要职责。要以人力资源管理部门中专门从事职位分析的人员为主，由被分析工作的承担者及其直接主管人员参加的职位分析小组或委员会来进行职位分析。特别需要注意的是，为了表明职位分析的重要性与严肃性，以及使职位分析结果具有合法性与权威性，取得组织中高层领导对职位分析的参与和支持是至关重要的。

另外，在职位分析过程中，也可以聘请外部的职位分析专家参与，有时甚至可以把整个职位分析工作外包给外部的相应机构，利用外部专家或机构在职位分析方面的专业知识、技术和经验，以及他们身处组织之外的特点，增强职位分析的科学性与客观性。

3. 确定职位分析的样本

一个组织中有许多职位，一些主要职责相似的职位组成一种工作。在进行职位分析时，不需要对每个职位都分析，可以从相似职位中选择足够数量的、具有代表性的职位分析即可。

（二）工作信息收集

工作信息收集是职位分析过程中的关键步骤，包括了解与被分析工作有关的背景信息和收集被分析工作本身的信息。

1. 了解背景信息

工作信息收集首先要了解与被分析工作有关的背景信息，这种背景信息是比较广泛的，主要有组织结构图、工作流程图和工作说明书等内容。

组织结构图能清楚地展现被分析职位在组织中的哪个部门和具体什么位置，以及与其他职位是一种什么样的关系。

工作流程图是关于职位工作流程的图示，它以图形的方式来体现职位的输入流程和输出流程。实际上，组织结构图也能简单地反映出工作流动的方向，但是工作流程图则能提供与工作流动有关的更详尽的信息。

收集背景信息所涉及的工作说明书是指原来的工作说明书。对被分析工作如果原来已做过职位分析，已经有了工作说明书，原来的工作说明书必然成为现在进行职位分析所要了解的背景信息。

2. 收集被分析工作本身的信息

工作信息收集的核心问题是收集被分析工作本身的信息，主要是通过收集被分析工作的活动内容、工作对人员行为的要求、工作的环境与条件以及工作对其承担者在个人特征及知识与技能方面的要求等信息，从而进行实际的职位分析。在这个步骤上，要运用一种或多种收集工作信息的方法，在下一节有关职位分析方法中将详细阐述。

（三）工作信息总结分析

对于所收集到的工作信息，要与被分析工作的承担者及直接主管人员进行核对，以保证这些信息的准确、完整。同时，对所收集到的工作信息进行核对给予了工作承担者及其直接主管人员对工作信息进行审核和修改的机会，这有助于他们认可最终得出的职位分析结论。

要按照对工作信息使用和职位分析结果体现的需要，对工作信息进行整理、综合。同时，也要将创造性的分析工作本身及其对人员要求的关键部分体现在职位分析结果之中。

（四）职位分析结果体现

对于职位分析所获得的结果，包括工作的活动和职责以及工作对其承担者的要求，通常用工作说明书和工作规范两种书面文件的形式体现出来。因此，在职位分析过程中，最后一个步骤就是工作说明书和工作规范的编写。

在工作说明书和工作规范的编写过程中，可以首先草拟出“工作说明书”和“工作规范”，然后把它们与实际工作进行对比，根据对比结果决定是否需要继续收集工作信息并对它们进行修改。这个过程可以不断地进行，进而不断完善，最终形成工作说明书和工作规范。

工作说明书和工作规范可以是两份单独的文件，但多数情况下二者是合二为一的，即把工作规范的内容归并到工作说明书中，成为工作说明书的一部分，这样职位分析的结果通过工作说明书一种书面文件形式就体现了。

第二节　职位分析方法

工作分析方法

职位分析是一项技术性非常强的工作，整个过程要经过准备、调查、分析和完成四个阶段。也会用到很多方法，这些方法主要是针对收集和整理与工作有关的信息而言的。我们一般把职位分析方法分为定性分析法和定量分析法。

一、定性分析法

定性分析法主要是一些传统的方法，包括访谈法、非定量问卷法、观察法、关键事件法、工作日志法等。这些方法收集的信息多以定性信息为主，叙述性的比较多，带有比较强的主观色彩。

（一）访谈法

访谈法是一种相对比较成熟和有效的方法，也是目前运用比较广泛的方法。它是通过面对面的交谈来获取职位信息。采用这种方法时，访谈对象可以是任职者、该职位的直接上级，或者是其他对该职位比较了解的人员。

一般在运用访谈法收集职位分析信息时，要事先列出访谈提纲，提纲中的问题质量直接关系到收集的信息质量。访谈法的优点在于能够简单快速地收集职位分析信息，适用性很强。但是，它的缺点在于被访谈者往往夸大了其承担的责任和工作难度，容易引起信息的失真和扭曲。

按照访谈内容的结构化程度，访谈法一般可以分为结构化访谈和非结构化访谈。结构化访谈能够收集到全面的信息，但是不利于被访谈对象的发散性思维。非结构化访谈可以根据实际情况灵活收集信息，但是缺乏完备性。在实践中，往往将两种方法结合起来使用。

表 3-1 是一个职位分析访谈通用的提纲实例。

表 3-1　职位分析访谈提纲

提纲	要点细化
一、岗位目标	1. 这个岗位的工作目标是什么？ 2. 设置此岗位要取得什么结果？ 3. 从公司角度看，设置这个岗位具有什么意义和作用？
二、岗位地位	1. 公司上级对此岗位作用的评价如何？ 2. 此岗位直接为哪个部门或岗位服务？ 3. 哪些岗位与此岗位同属一个部门？ 4. 此岗位一年所需的各种经费（如经费预算、销售额、用于员工本身的开销）是多少？
三、内外关系	1. 你依据怎样的原则、规章制度、人事制度办事？ 2. 此岗位的行为或决策受哪个部门或岗位的控制？ 3. 在公司内，此岗位与哪些部门或岗位有最频繁的工作联系？有哪些联系？ 4. 你是否需要经常会见上司商讨或者汇报工作？ 5. 通常，你需要与上司讨论什么问题？ 6. 你有下属吗？若有，哪些职位由你管辖，有多少？有多少人？分别是谁？ 7. 在公司外，此岗位与哪些部门或个人有最频繁的工作联系？有哪些联系？ 8. 此岗位需要出差吗？频率如何？经常去哪里出差？为什么出差？

续表

提纲	要点细化
四、工作中的问题	1. 你认为此工作对你最大的挑战是什么？ 2. 你对此工作最满意和最不满意的地方分别是什么？ 3. 此工作需要解决的关键问题是什么？ 4. 你面临的问题是否各不相同？不同之处表现在哪些地方？ 5. 处理问题时有无指导或先例可参照？有哪些处理依据？ 6. 你在工作中遇到的问题，在多大程度上是可预测的？ 7. 你对哪些问题有自主权？ 8. 哪些问题你需要提交上级处理？ 9. 你是否经常请求上司的帮助，上司是否经常检查或指导你的工作？ 10. 你的上司如何指导你的工作？ 11. 你是否有机会采取新方法解决问题？
五、工作成果	1. 你的工作中能够取得什么成果？其中最重要的成果是什么？ 2. 通常可以用什么标准衡量你的工作成果？ 3. 上司对工作任务的完成情况是否起决定性作用？
六、岗位要求	1. 此岗位要求任职者具备哪些专业技术？请按重要程度列出，并举出工作中的实例来说明。 2. 需要通过脱产培训还是在职培训来掌握这个岗位所需的专业技术？ 3. 此岗位要求任职者具备哪些知识？请按重要程度列出，并举出工作中的实例来说明。 4. 此岗位要求任职者具备哪些能力？请按重要程度列出，并举出工作中的实例来说明

（二）非定量问卷法

非定量问卷法类似于访谈法，但是它并不和被访谈者直接见面，而是把需要回答的问题制作成问卷发给员工，让他们填写并收回问卷，然后对问卷进行分析。非定量问卷法的关键在于问卷的质量，一份设计良好的问卷有利于减少回答问题时可能出现的误差。为了保证信息质量，首先，问卷的提问要尽量简单易懂，避免理解上的偏差；其次，问题的范围要尽量广泛，避免出现遗漏；最后，问卷的设计要尽量结构化。表 3-2 是一份职位分析非定量调查问卷。

表 3-2　职位分析非定量调查问卷

姓名		职位名称	
部门		职位编号	
上级职位			
1. 任务综述	请用自己的语言简要叙述你的主要工作任务。如果你还负责写报告或做记录，请同时完成第 8 部分的内容		
2. 特定资格要求	请列举为完成由你的职位所承担的那些任务，需要哪些证书或许可证		
3. 设备	请列举为了完成本职位的工作，你通常使用的设备、机器和工具		
4. 常规工作任务	请用概括的语言描述你的常规工作任务，并根据各项任务的重要性以及每个月每项任务所花费的时间百分比将其从高到低排列		
5. 工作关系	你所从事的工作要求你同其他部门或其他人员、其他公司或机构有所接触吗？如果是，请列出要求与他人接触的工作任务并说明频繁程度		
6. 监督	你的职位有监督职责吗？如果有，需要监督哪些职位？如果你的职位对其他人的工作还负有责任但不是监督责任的话，请加以解释		
7. 决策	请解释你在完成常规工作的过程中所要做出的决策有哪些。 如果你的判断或决策质量不高，采取的行为不恰当，那么可能带来的后果是什么？		
8. 文件记录责任	请列出需要由你准备的报告或保存的文件资料有哪些，并指出每份报告需要递交给谁		
9. 监督的频率	为进行决策或决定采取其他正确的行动程序，你必须以一种怎样的频率同你的主管或其他人协商？ 经常（　）　偶尔（　）　很少（　）　从来不（　）		
10. 工作条件	请描述你是在什么条件下工作的，包括内部条件、外部条件等，请一定将所有令人不满意或非常规的工作条件记录下来		
11. 资历要求	指出为令人满意地完成本职位的工作，工作承担者需要达到的最低要求： （1）教育：最低学历：________　专业或专长：________ （2）工作经验：工作经验的类型：________　工作经验的年限：________ （3）特殊培训：类型：________　年限：________ （4）特殊技能：________		
12. 其他信息	请提供前面项目中未包括，但你认为对你的职位来说非常重要的其他信息		
员工签名		日期	

资料来源：德斯勒．人力资源管理［M］.6 版．北京：中国人民大学出版社，1999.

非定量问卷法的优点很多。首先，它能够迅速得到职位分析所需资料；其次，节省时间和人力，实施费用一般比其他方法低；再次，被调查者可以利用工作之余的时间填写问卷，不会影响工作；最后，运用这种方法可以做大样本量的调查，适用于需要对大量工作者进行调查的情况。

当然，非定量问卷法也有缺点。首先，设计理想的问卷要花费很多时间和人力、物力，设计费用比较高；其次，被调查者单独填写调查问卷，可能因缺乏交流而导致信息有误；最后，被调查者可能不积极配合或认真填写，从而影响调查质量。

（三）观察法

观察法就是直接观察所需要分析的工作，观察该职位上的工作人员是如何工作的，记录该职位工作的内容、形式、过程和方法，并以此为基础进行职位分析。毫无疑问，观察法是最简单的一种方法。它的优点是，能全面深入地了解工作要求和内容。但这种方法通常只适用于依靠身体活动来完成，而且重复性强、周期较短的工作，它对那些脑力劳动成分较高的工作或处理紧急情况的间歇性工作并不适用。例如，可以观察装配线工人、安保人员等职位的工作内容，但对急诊科护士、律师、教师等岗位，观察法就不适用或效果不佳。

使用观察法时，还应注意以下几点：首先，要注意工作样本选择的代表性，如果代表性不足，在观察中可能就发现不了某些行为；其次，在观察时要注意不干扰被观察者的活动，以免因为观察而影响被观察者的活动，最终影响观察结果的准确性；最后，应注意消除观察结果偏差，条件允许时，可以安排多位观察者在不同的时间进行观察。

（四）工作日志法

工作日志法是员工按照时间顺序记录工作过程，然后经过归纳提炼，取得所需资料的一种方法。这种方法适用于工作循环周期短、工作状态稳定的岗位，可用于收集和确定工作职责、工作关系、劳动强度等方面的信息。工作日志法的优点在于收集的信息比较全面、不容易遗漏。缺点是使用范围较小，同时信息整理的工作量大，归纳工作比较烦琐。表 3-3 是工作日志的表格及填写示例。

表 3–3 工作日志（示例）

姓名		职位名称	
部门		职位编号	
直接上级		从事本业务的年限	
填写期限	年 月 日 至 年 月 日		

说明：
1. 在每天工作开始前将工作日志放在手边，按工作活动发生的顺序及时填写，切勿在一天结束后才填写。
2. 要严格按照表格要求进行填写，不要遗漏任何细小的工作活动。
3. 请提供真实的信息。
4. 请注意保管，防止遗失。

日期	3 月 29 日	工作开始时间	8：30	工作结束时间	17：30
序号	工作活动名称	工作活动内容	工作活动结果	时间消耗	备注
1	复印	报表	15 页	5 分钟	存档
2	参加会议	上级布置任务	1 次	40 分钟	参与
3	请示	年度预算	1 次	20 分钟	报批
……	……	……	……	……	……
16	核对数据	月度数据	300 条	60 分钟	审核

（五）关键事件法

关键事件法是用专门的表格记录员工工作过程中有效或无效的行为，从而做出工作绩效评估的一种方法。记录的内容包括四类信息：第一，事件发生的原因；第二，有效和无效行为的特征；第三，行为的后果；第四，工作者可以控制的范围及努力程度评估。

关键事件记录，可以由任职者的直接主管完成，也可以由其他目击者完成。而大量的有效和无效行为的关键事件记录，就能为确定任职资格提供事实依据，是确定任职资格的一种重要方法。

二、定量分析法

为了收集到更加量化和客观的信息，人力资源管理实践中又发展出了定量的职位分析方法。

（一）职位分析问卷法

职位分析问卷法（position analysis questionnaire）由心理学家麦考米克提出，他耗费10年时间设计了一种利用清单来确定工作要素的问卷，这个问卷包括了194个标准化问题，代表了从不同工作中概括出来的各种工作行为、工作条件及工作本身的特点。

这些问题可以归纳为六个方面：①信息投入，这是指员工从哪里以及如何获得完成工作所必需的信息；②脑力劳动，即完成工作时需要完成的推理决策计划以及信息加工等脑力活动；③体力过程，即在执行工作时所发生的身体活动，包括所使用的工具设备；④和他人的关系，即该岗位在执行工作时，和他人之间发生的关系和联系；⑤工作环境，也就是在执行工作过程中，员工所处的物理和社会环境；⑥工作的其他特点，包括其他和工作有关的内容，比如工作时间的安排、报酬等。

采用职位分析问卷法，可以得到工作的量化的分数，这样就可以对不同的工作进行比较。这个有点类似于职位评价，对后续的薪酬设计和薪酬管理有利。但这种方法也存在一些问题。研究表明，这种方法只对体力劳动性质的职业有良好的适应性，而对管理或技术性质的职业适应性较差。另外，这种方法缺乏对职位的特殊工作活动进行描述，所以无法体现工作性质的差异。

（二）管理职位描述问卷法

管理职位描述问卷法（management position description questionnaire，MPDQ）也是一种定量的职位分析方法。管理职位描述问卷法是沃尔特·托尔诺和帕特里克·平托于1976年针对管理工作的特殊性而专门设计的，问卷最终定型于1984年。管理职位描述问卷法与职位分析问卷法类似，只是更专门针对管理类型的职位。管理职位描述问卷法是指利用工作清单专门针对管理职位分析而设计的一种工作分析方法。

管理职位分析问卷针对的职位有两个特点：一是管理者经常试图让本职工作去适应自己的管理风格，而不是使自身去适应所承担的管理工作需要；二是管理类型的职位具有非程序化的特点，对规律性的工作内容的总结比较困难。管理职位分析问卷可对管理者的工作进行定量化测试，它涉及管理者所关心的问题、所承担的责任、所受的限制以及管理者的工作所具备的各种特征。

管理职位描述问卷法的主要优点在于便于管理者对自己承担的管理工作进行全面总结，同时，由于管理工作具有非程序化的特点，常随着时间的变化而变化，管理职位描述问卷法弥补了职位分析问卷法难以对管理职位进行分析的不足。当然，管理职位描述问卷法也存在一些缺点，比如：它不能描述实际工作中特定的、具体的任务活动；问卷的可读性不强，只有具备一定文化水平的人才能理解其中的项目，使用范围受限制；另外，采用这种方法的成本很高，花费较多时间且程序非常烦琐。

（三）功能性工作分析法

功能性工作分析法（functional job analysis，FJA）是美国培训与职业服务中心（U. S. Training and Employment Service）的研究成果，这是一种以工作为中心的分析方法。功能性工作分析法以员工所需发挥的功能与应尽的职责为核心，列出收集与分析的信息类别，规定工作分析的内容。

功能性工作分析法的主要目的在于找到一种能够对不同工作进行量化等级划分及比较分类的标准化方法。这种方法假设每种工作都包含三种基本工作职能：数据（data）、人（person）、事务（task）。这种方法对工作的分类进一步考虑了某项工作的难度等级，例如：该工作在执行任务时需要得到多大程度的指导；执行工作时需要运用的推理和判断能力应达到什么程度；完成工作所要求具备的数学能力有多高；执行工作时所要求的口头及语言表达能力如何。另外，功能性工作分析法还确定了工作的绩效标准以及工作对任职者的培训要求。

功能性工作分析法可清楚描述工作内容，对培训的绩效评估非常有用。但这种方法要求对每项任务都进行详细分析，因而相当费力气和费时间；同时，功能性工作分析法并不记录有关工作背景的信息，对员工必备条件的描述也不理想。

第三节　编写职位说明书

职位说明书是职位分析的最终成果之一，它包括两个部分：职位描述（job description）和任职资格（qualification）。职位描述反映了职位的工作情况，是关于职位所从事或承担的任务（task）、职责（responsibility）以及责任（duty）的目录清单，也可称作 TRD。任职资格也叫工作规范，反映了职位对承担这些工作活动的人的要求，是承担这些工作的人必须具备的知识（knowledge）、技能（skill）、能力（ability）和其他特征（others）的目录清单，也可称作 KSAO。

一份完整的职位说明书可以细化为职位标识、职位概述、职责描述、业绩标准、工作联系和工作环境等，这些项目可以概括为职位描述。另外还有任职资格及其他信息。

一、职位描述

（一）职位标识

职位标识类似于职位的标签，让人对职位有一个直观的印象。职位标识一般包括职位编号、职位名称和职位薪级等。

1. 职位编号

职位编号主要是为了方便职位管理工作，根据组织实际情况对内部职位进行编码，用编码来代表职位有关信息。例如，组织中一个职位的编码为 HR-02-03，其中 HR 表示人力资源部，02 表示经理，03 表示人力资源部全体员工的顺序编号。职位编码应当有一定的规律性，例如字母代码与数字组合，既可以体现出部门，也能方便识别和管理。

2. 职位名称

职位名称可以简洁明确地反映一个职位的主要职责内容，让人很容易就理解这一职位“主要是干什么的”。另外，职位名称一般还要反映出一个职位的职务，例如采购部经理、人力资源经理、销售主管、市场专员等。在确定职位名称时，建议参照社会上的通行做法，既便于理解，也便于在薪酬调查时进行横向比较。

3. 职位薪级

职位薪级也就是职位薪点，通常是通过工作评价得到的该职位在组织内部重要程度的体现。职位薪级也是组织确定这一职位基本工资标准的基础。另外，职位薪级既有利于进入该职位的员工正确认识职位的重要性，也有利于内部招聘时应聘者正确地评估职位。

（二）职位概述

职位概述是用一句或几句简练的语言说明一个职位的主要工作职责，便于让对这一职位毫无了解的人通过职位概述了解该职位承担哪些职责。例如，企业前台的职位概述是：“承担公司前台服务工作，接待安排客户的来电、来访，负责员工午餐券以及报纸杂志的发放、管理等行政服务工作，维护公司的良好形象。”职位概述是对职位主要职责的描述，应简洁明了、高度概括。

（三）职责描述

职责描述是对职位概述的具体和细化，要描述一个职位承担的职责及每项职责的主要任务和活动。在实践过程中，职责描述是相对较难的，通常需要经过反复实践和修改才能准确把握。

职责描述首先将职位的所有工作活动划分为几项职责，然后将每项职责进一步细分为不同的任务。最终在进行任务描述时，一般使用动宾短语格式，例如“监督和控制部门经费预算以保证开支符合业务计划需求”，这里所使用的动词“监督”和“控制”等就是能够准确表明该职位如何完成这项任务以及在该任务上的权限。一般要选择准确无歧义、专业的、具体的动词。

职责描述还应注意的问题是对职责的排序。一个职位通常需要承担多项职责，职责描述需要按照一定的顺序对职责进行排列。在排列职责时有两个原则：第一，按照职责的内在逻辑顺序进行排列。如果某一职位的职责具有逻辑上的先后顺序，就要按照这一顺序进行排列。例如，人力资源部培训主管职位的职责包括拟订培训计划、实施培训计划、评估培训效果和总结培训经验等，这些职责在时间上有一个先后顺序，在排列时就要依次进行。第二，按照各项职责所占用的时间多少进行排列，时间占用较多的可以排在前面。如果职责的逻辑顺序和时间顺序都需要考虑，在排列职责时应当优先考虑逻辑顺序，然后再考虑时间顺序。

（四）业绩标准

业绩标准就是职位上每项职责的工作业绩衡量要素和衡量标准。衡量要素是指对于每项职责，应当从哪些方面来衡量它是完成得好还是完成得不好。衡量标准则是指这些要素必须达到的最低要求，这一标准可以是具体的数字，也可以是百分比。

业绩标准与绩效考核标准具有相似性，应当符合 SMART 原则，即业绩标准必须是具体的、可以衡量的指标，同时应该是可以达到的。业绩表往往不是单一的一个指标，而应该是一组指标，例如对销售人员销售额的考核同时就会有对销售费用的控制，所以业绩标准既可以是正向的考核指标——销售额每个月 100 万元，也包括了控制性指标——销售成本每个月控制在 10 万元以下。另外，业绩标准是一定时间内要达到的业绩。

（五）工作联系

工作联系是指一个职位在正常工作情况下，主要与组织内部哪些部门、哪些职位发生工作关系，以及需要与组织外部哪些部门和人员发生工作关系。工作联系应该包括两个部分：一是该职位在组织中的位置，用组织结构图来表示，其中要明确这一职位的直接上级，也就是向上汇报给哪个职位。二是该职位与组织内外部之间的工作联系，包括联系对象、联系频率及联系内容等。在职位分析中，对工作联系需要重点关注联系对象和联系内容，这两个方面说明了联系的本质特征和沟通难度。需要注意的是，偶尔发生联系的部门和职位一般不列入工作联系的范围。

（六）工作环境

工作环境是一个职位的工作时间要求、地点要求以及工作的物理环境条件，包括该职位使用设备情况，也就是工作过程中需要使用的各种仪器、工具、设备等。

在传统针对操作工人的职位描述中，工作环境要明确界定工作的物理环境在多大程度上会对工人造成身体上的不适或者影响其身体健康。在制造类企业中，这一部分内容是传统“岗位分析”的核心内容。随着后工业化时代的到来，工作环境已经逐步丧失了其传统地位，尤其是针对管理人员和专业人员的职位分析，对“工作环境”的界定在实际上已经意义不大。

工作环境还必须关注工作压力因素，也就是由于工作本身或工作环境的特点给任职者带来压力和不适因素。在薪酬理论中，工作压力因素应该得到额外的补偿性工资。在众多的工作压力因素中，需要关注工作时间的波动性、出差时间的占比、工作负荷的大小这三个方面的特征。

二、任职资格

任职资格是职位说明书的重要组成部分，它包括为了完成工作并取得良好绩效，任职者必须具备的知识、技能、能力及个性特征等。任职资格说明了一项工作对任职者在教育程度、工作经验、知识、技能、体能和个性特征方面的最低要求。任职者要胜任某项工作，必须具备一定的资格和条件。例如，大型组织的部门经理的一般性任职资格要求为，本科以上相关专业毕业，5 年以上相关管理工作经验，具有高级职称或者相应的资格证书，具有较强的沟通、组织、协调能力，会使用计算机常用工作软件，具有良好的外语水平等。

对具体的任职资格，可以根据岗位工作内容和绩效，通过两种方法来确定。第一种是判断法，就是根据实际的情况或者主管人员的经验判断，来确定任职资格要求。第二种是统计法，首先设定影响工作绩效的要素，然后利用统计分析法验证这些要素与绩效之间的关系，以此来确定任职资格要求。

一般来说，与工作内容有关的要求，如专业、学历和身体状况等，应当通过第一种方法来确定。而与工作绩效有关的内容，如能力、知识和素质等，应当通过第二种方法来确定。但是第二种方法比较复杂，因此在目前的实践中，与工作绩效有关的内容的要求，也大多是用第一种方法确定的，不过随着人力资源管理的深入发展，尤其是循证人力资源的发展，使用第二种方法来确定任职资格的要求会越来越普遍。

（一）工作经验

工作经验是指能解决岗位工作相关问题的实践经验，这些经验是圆满完成工作任务所必需的。工作经验通常使用圆满完成工作所需的理论和实践知识的数量及复杂程度来衡量。另外，不同工作需要的工作经验会因工作范围及要求的不同而有差异。

一般来说，工作经验要求可以体现在两个方面：一是对专业经验、行业背景等的要求；二是对本组织内部工作经历的要求，尤其是针对组织中的中高层职位更是如此。

例如，某连锁超市对市场部经理的工作经验要求如下：①有 10 年以上社会工作经验；②有 6 年以上连锁超市或 8 年以上购物广场工作经验；③有 4 年以上连锁超市市场策划或 5 年以上连锁超市销售工作经验；④有 3 年以上担任中等规模企业部门副职经验。

（二）知识水平

知识水平是指完成工作任务所应具备的理论和知识，包括学历、专业知识、政策法规知识、管理知识以及其他相关知识。系统的学校教育如获得学历可以作为知识水平的要求，参加行业培训也是获得知识的重要途径。在当前“互联网+”背景下，自主学习经历也可以提高知识水平。

（三）技能要求

技能要求指的是岗位对专业技能、工作技巧及工作准确性等的要求，包括工作人员达到工作要求所需的速度、精确程度以及操作能力的要求。技能要求有时会结合技能证书，尤其是某些行业必须遵守国家和行业的有关规定。例如，司机不能是色盲，还必须持有相应车型的驾驶执照；医生必须有相应的资格证书等。

（四）体力要求

职位对体力的要求包括对任职者身高、体重、力量大小、耐力素质以及身体健康情况等具体要求。尽管随着机械化的不断推进，许多体力工作都可以由机器替代，但许多职位对体力还是有一定的基本要求，尤其是对一些特殊工作环境下的岗位来说，体力要求还是很重要的。

（五）其他要求

职位说明书对任职资格还会有一些其他方面的要求，例如对职业道德、心理素质等提出要求。尤其是随着职场竞争压力不断增大，许多岗位对任职者在压力条件下保持稳定和与他人保持良好合作关系的能力提出了新要求。

总体而言，对于任职资格的具体内容，学者的看法并不一致。罗杰（Rodger）于1952年提出了七项基本内容：①体貌特征（健康状况和外表等）；②成就（教育、资格证书和经历）；③一般智力；④特殊能力（动手能力、数学运算能力和沟通能力）；⑤兴趣（文化、体育等）；⑥性格（友善、可靠和忍耐等）；⑦特殊的工作环境（大量的出差等）。此外，芒罗·弗雷泽（Munro Fraser）在1958年提出了另一种工作规范的内容体系，包括五项：①对他人的影响力（通过身体外表和表达方式等）；②取得的资格（教育、培训和经历等）；③天赋（理解力、学习能力等）；④激励水平（设定目标并达到目标的决心）；⑤调节能力（在压力下保持稳定和与他人保持良好合作关系的能力）。

综合各方面的研究成果，一般来说，任职资格应包括以下几项内容：所学的专业、学历、资格证书、工作经验、必要的知识和能力以及身体状况。需要强调的是，不管任职资格包括什么内容，其要求都是最基本的，即承担这一职位工作的最低要求。

第四节　工作设计

工作设计

工作设计是指为了达到组织目标，并合理有效地处理人与工作的关系，而采取的对满足工作者个人需要相关的工作内容、工作职能和工作关系的特别处理。它是对工作进行周密而有目的的计划安排，既要考虑员工具体的素质能力方面的因素，也要考虑组织的管理方式、劳动条件、工作环境、政治机制等因素。

20世纪初，泰勒就非常重视对工作进行重新设计，从而极大地提高了工人的工作效率。从20世纪初至今，工作设计不断发展并形成了一些典型方法，例如工作专门化、工作轮换、工作扩大化和工作丰富化等。

一、工作专门化

工作专门化起源于亚当·斯密在18世纪后期提出的劳动分工思想。根据这一思想，劳动分工使个人专门从事某一部分活动而不是全部活动，通过提升熟练程度来提高劳动效率。之后，在19世纪末到20世纪初，泰勒首先在企业中应用了工作专门化，福特汽车进一步强化了这种做法，通过生产线作业管理，给生产线上的员工分派特定的、标准化的重复性工作，显著提高了生产效率。

工作专门化是通过动作和时间研究，将工作分解为若干单一化、标准化及专业化的操作内容和程序。员工通过操作单一的工作或程序提升了熟练程度，提高了劳动效率。

显然，工作专门化具备一定的优点：第一，它通过严格地区分工作，让每位员工只从事一种工作活动，从而避免了传统生产方式中许多无效的行为。第二，通过分工明确的原则，让员工依据明晰的权责利关系来从事企业中程序化的工作，从而避免了工作中的盲目状态和事事都要请示的低效率。第三，通过专门化的分工让员工长期专注于某一领域的工作，不仅有利于员工提高技能与进行发明创造，还有利于员工甄选和培训，从而在一定程度上避免了资源的浪费。

但是工作专门化也有一些负面效应。例如长时间从事单一工作会产生情绪厌倦，造成员工情绪波动，甚至对工作产生不满，并因此引发消极工作或者缺勤、离职等行为。为了避免这些负面效应，管理界开始寻求更合适的工作设计方法。在这种情况下，工作轮换、工作扩大化、工作丰富化等方法便应运而生。

二、工作轮换

工作轮换是为减轻员工对工作的厌倦感，而将员工从一个职位换到另一个职位。工作轮换通常是指横向的轮换，也就是在同一水平上的工作变化。比如当前的工作不再具有挑战性时，可以让员工转向另一项工作，也可以让员工一直处于轮换的状态中。

在人力资源管理实践中，工作轮换可以根据具体情况和要求进行。许多大型组织针对管理人员进行轮换以实施管理才能开发，这种轮换通常包括直线职位和职能职位人员之间的轮换，也给没有充分发挥潜力的人员向经验丰富的员工学习提供了机会。

由于工作轮换并不改变工作设计本身，而只是让员工定期从一个工作转到另一个工作，因此它是一种成本较低的组织内部调整和变动。对员工而言，工作轮换可以让员工比日复一日地重复同样的工作更能保持对工作的兴趣和新鲜感，也能让员工从原来的只能做一项工作的专业人员，变为能做许多工作的多面手，从而增强员工的工作适应性，满足他们职业选择和成长的需要，激励他们做出更大的努力。对组织而言，工作轮换可以激发组织活力，储备多样化的人才，增强部门间的协作，进而促进组织发展。在实践中，许多日本企业广泛利用工作轮换，为培养管理人员发挥了较大作用。

但是，工作轮换也存在一些问题。首先，它会增加培训成本，导致生产率的临时下降；其次，如果轮换次数过于频繁，会导致员工工作稳定性差，不利于提高忠诚度；最后，工作轮换发挥作用依赖于完善的工作轮换流程设计，以及绩效评价体系等，否则单独进行工作轮换难以发挥作用。

三、工作扩大化

工作扩大化是增加工作任务的数量或变化性，使工作任务的水平扩展。工作扩大化，扩大了工作范围，让员工有更多的工作可以做。如果说过去员工只做一道工序，现在就扩大为做多道工序。通过工作扩大化，使生产过程中员工不必把产品从一个人手中传递到另一个人手中，从而节约了时间。同时，通过增加岗位的工作内容，可以降低员工从事单一工作而产生的厌倦感，员工通过学习和培训掌握更多的知识和技能，提高了工作兴趣。

在人力资源管理实践中，尽管通过工作扩大化可能导致工资支出和设备检查费用的增加，但是这些都会被工作扩大化带来的产品质量改进、员工满意度提升而抵消。所以在 20 世纪 60 年代，工作扩大化盛行一时，当时这一措施的显著作用在于提高了产品质量、降低了劳动成本、提高了员工满意度。但是此后，员工对只增加一些简单的工作内容仍不满足，原因是工作内容虽然增加了，但“参与、控制和自主权”方面没有增加任何东西，而且更多的工作意味着更重的工作负担，显然这在激发员工的积极性和培养挑战意识方面没有太大意义，因此许多组织开始积极寻求新的工作设计方法。

四、工作丰富化

工作丰富化（job enrichment）是对工作内容和责任层次的改变，是指对工作内容的纵向扩展和对工作责任的垂直深化，它旨在向员工提供更具挑战性的工作。工作丰富化与工作扩大化的根本区别在于，后者只是扩大工作的范围，而前者则是工作责任的垂直深化与工作内容的丰富。实施工作丰富化，应该增加员工的工作要求，赋予员工更多的责任和自主权，不断与员工进行沟通反馈，以及对员工进行相应的培训等。

赫茨伯格极力倡导工作丰富化，并提出了工作丰富化的五项原则：增加工作要求、赋予员工更多的责任、赋予工作自主权、反馈和创造有利环境。一些公司开始将工作丰富化运用于实践，如 IBM 公司在 20 世纪 40 年代开始尝试工作丰富化，50 年代越来越多的公司对工作丰富化表现出兴趣，60 年代美国电话电报公司（AT&T）、得州仪器（Texas Instruments）等对成功实验的广泛宣传使人们真正了解了工作丰富化并对之日益感兴趣。

工作丰富化使员工在完成工作的过程中获得成就感、认同感、责任感和自我发展，能够增强员工对工作计划执行和评估的控制程度。与常规性、单一性的工作相比，工作丰富化的工作设计虽然要增加一定的培训费用，支付更高的工资以及完善和扩充工作设施的费用，但是工作丰富化同时具备以下优点：第一，工作丰富化提高了对员工的激励水平和员工的工作满意度；第二，它同时提高了员工的生产效率和产品质量；第三，它还降低了员工的离职率和缺勤率。所以，工作丰富化还是给工作带来了积极的影响。

五、工作时间改革

工作设计主要是针对工作内容进行的，工作时间改革虽然不会改变完成工作的方法，但也会对生产率的提高或成本的降低产生影响，所以也是影响工作设计的一个因素。因此，工作时间改革也被视为是工作设计的辅助方法。常见的工作时间改革包括弹性工作制、紧缩工作周和远程办公等。

（一）弹性工作制

弹性工作制也称为灵活的工作时间改革，是允许员工在一定限度内对每天开始工作和结束工作的时间具有灵活处理权。在实行弹性工作制的组织，员工可以灵活自主地确定工作的开始时间和结束时间，以代替统一、固定的上下班时间的制度。但是这些组织通常会确定一个所有员工都必须工作的核心时段，例如上午 10 点到下午 3 点，员工只要保证在这个核心时段工作并且总的工作时间达到要求即可。弹性工作制也允许员工每天工作时间不同，但要保持每周总的工作小时数不变。

有别于传统“朝九晚五”的固定上下班时间的工时安排，弹性工作制允许员工按照自身需要并在组织同意下自行调整上下班时间，这就可以避开通勤时间的交通高峰时段，减少员工在交通问题上花费的时间和精力，因此减少旷工和迟到现象。但是，弹性工作制也存在一定的缺点，例如每天工作时间的延长会增加费用开支，同时管理者在沟通和协调上也会面临更大的困难。

从弹性工作制的实践情况看，尽管还没有明显的证据能证明这一制度对组织生产效率有明显的提升，但毫无疑问，这一制度对员工的益处是显而易见的，采用这种工作时间安排的组织在招募新员工时也会更有吸引力。

（二）紧缩工作周

紧缩工作周也是一种工作时间改革，它是在一周总工作时间不变的前提下，减少每周工作的天数而增加每天工作的小时数。例如，保持每周工作 40 小时不变，但每周工作 4 天，每天工作 10 小时。

紧缩工作周通过减少员工每周开始工作的次数，也就能减少缺勤和迟到次数，而开始工作准备时间的减少也会带来经济上的节约。紧缩工作周的缺点是由于每天的工作时间过长，员工容易感到疲劳，由此可能使危险或事故出现的概率增加。另外，实行紧缩工作周的组织与实行传统工作周的组织，在沟通联络的时间上也存在障碍。

（三）远程办公

远程办公也称为在家办公，是指在家中进行工作，通过电子通信方式与所在组织联系，把工作结果传送回组织。多数情况下，实行远程办公的员工要按照事先安排，在相应的时间去组织参加会议和与同事见面。随着当前计算机、互联网、手机等信息技术的发展，远程办公对许多组织变得越来越现实。

远程办公的优点是显而易见的，它能使员工避开上下班交通的麻烦，远离办公室中的烦扰，节省办公空间和相关开支。因此，远程办公成为近年来快速发展的工作时间安排方式之一。但是，远程办公也会使员工错过一些重要会议，或者不能与其他员工进行有效沟通，同时员工会因缺乏社会支持而感到不安，这些缺点可能也会限制远程办公的采用。

第五节　胜任素质模型

胜任力模型

胜任素质，也叫胜任力、胜任特征、素质、资质、才能等。胜任素质起源于 20 世纪 50 年代，当时美国国务院感到用智力因素选拔外交官的结果并不好，因为他们发现很多表面上优秀的人才实际工作绩效却非常让人失望。这时候，哈佛大学教授麦克利兰就应邀去设计一种人员选拔方法。麦克利兰应用了许多关键性的理论和技术，通过对表现优秀与表现一般的外交官进行比较，识别出了能够真正区分工作业绩的个人条件。之后，麦克利兰在 1973 年发表了《测量胜任力而非智力》论文，提出了胜任素质的概念。

一、胜任素质的含义

麦克利兰把那些能够直接影响工作业绩的个人条件和行为特征统称为胜任素质。胜任素质是判断一个人能否胜任某项工作的起点，是决定并区别绩效差异的个人特征。

斯宾塞夫妇（L. M. Spencer and S. M. Spencer，1993）认为胜任素质是“能将某一工作中表现优异者与表现平平者区分开来的个人潜在的深层次特征”，它可以是动机、特质、自我形象、态度或价值观，也可以是某领域的知识、认知或行为技能，任何可以被可靠测量或计数的，并且能显著区分优秀绩效和一般绩效的个体特征都可以归结为胜任素质。斯宾塞夫妇等将胜任素质区分为鉴别性胜任素质和基准性胜任素质两类。鉴别性胜任素质（differentiating competency）是能将某一工作中表现优秀者与表现一般者区分开的个体行为特征。基准性胜任素质（threshold competency）是能将某一工作中表现合格者与表现不合格者区分开来的个体行为特征。

胜任素质的特点集中体现在以下三个方面。

一是胜任素质与工作绩效密切相关。也就是说，并不是所有的个人能力都是胜任素质，而是与取得卓越绩效关联的知识、技能和能力才是胜任素质，胜任素质是造成绩效卓越和绩效平平之间差异的最显著的特征。也正因为如此，胜任素质才可以成为衡量绩效差异的有效尺度。

二是胜任素质与任务情境相联系，具有动态性。胜任素质是在特定情境中发挥作用的，具有一定的适用范围。当工作任务和环境发生改变时，胜任素质结构也会发生改变。所以，胜任素质是与相应组织环境和职位要求依存的，无法被其他组织和职位照搬的。

三是胜任素质可以衡量和习得。也就是说，组织可以衡量和评价员工目前的胜任素质，明确其存在的差距及未来需要改进的方向，当然，员工也可以通过学习和强化来发展胜任素质。也正因为如此，尽管构建组织胜任素质模型费时费力，但一旦确定，组织就可以通过培训等方式促使员工进行学习，通过内化员工的工作行为不断提高业绩。

二、胜任素质的构成要素

（一）冰山模型

1973年，麦克利兰提出了胜任素质冰山模型（iceberg model）。该模型将素质划分为表层和潜在的素质，表层部分包括技能与知识，潜在部分包括社会角色、自我概念、特质和动机等（如图3-1所示）。在冰山模型中，越往深层次的素质越重要，越难发现和培养。但是，决定一个人成功的关键素质往往隐藏在冰山下面，也就是潜在部分，而不是浮在表面的表层部分。

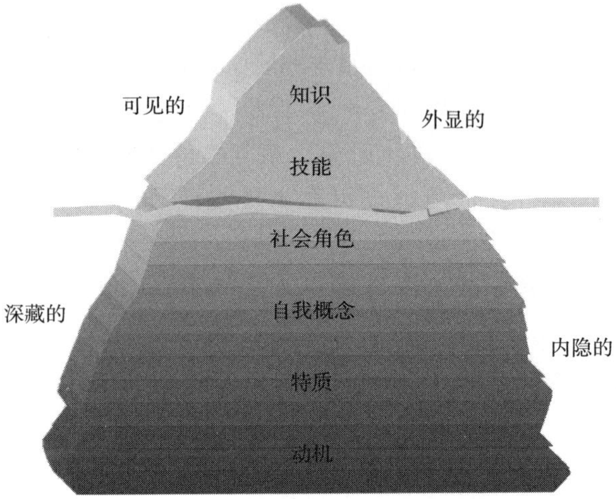

图3-1　冰山模型

麦克利兰认为，知识、技能、社会角色、自我概念、特质和动机六个方面的内容形成了一个有机的层次体系。知识和技能是胜任素质最表层的内容，社会角色、自我概念、特质和动机则是胜任素质中比较深层的内容。各种素质的含义具体如下：

（1）知识（knowledge），指一个人在某一特定领域中所掌握的各种有用信息。

（2）技能（skill），指从事某一活动的熟练程度。

（3）社会角色（social role），指希望在他人面前表现出来的形象，如以企业领导、主人的形象展现自己。

（4）自我概念（self-image），指对自己的身份、个性和价值的认识和看法，如将自己视为权威还是教练。

（5）特质（trait），指在个体行为方面相对持久稳定的特征，如善于倾听、谨慎等。

（6）动机（motives）则是指那些决定外显行为的自然而稳定的思想，如总想把自己的事情做好，总想控制影响别人，总想让别人理解接纳或喜欢自己。

(二) 洋葱模型

斯宾塞等人对麦克利兰的冰山模型进行了变形，提出了洋葱模型（onion model）。洋葱模型保留了之前划分的六个层次，并将它们重新划分为三大类（如图 3-2 所示）。洋葱表面是比较容易发展的知识和技能；洋葱中间包括社会角色或价值观和自我概念；洋葱里面包括特质和动机，这些是不容易发展的，后天难以习得和评价。

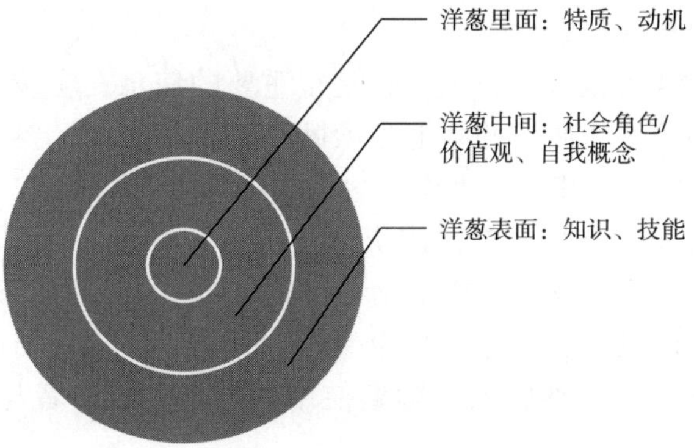

图 3-2 洋葱模型

三、构建胜任素质模型

组织要在人力资源管理当中利用胜任素质模型，前提条件是要建立胜任素质模型。建立胜任素质模型的方法实际上就是确定岗位胜任素质的方法，具体有行为事件访谈法、观察法、访谈法、德尔菲法、工作分析法和问卷调查法。

(一) 行为事件访谈法

行为事件访谈法是由麦克利兰开发，通过对绩优员工和一般员工的访谈，获取高绩效相关的胜任力信息的一种方法。运用这种方法，通过访谈者对其职业生涯中某些关键事件的详尽描述，揭示与挖掘当事人的素质，特别是隐藏在冰山下的潜能部分，用以对当事人未来的行为及绩效产生影响并发挥指导作用。访谈者对关键事件的描述，至少必须包括以下内容：第一，这项工作是什么？第二，谁参与了这项工作？第三，被访者是如何做的？第四，为什么要这样做？第五，这样做的结果是什么？

1. 行为事件访谈法的步骤

行为事件访谈法的操作是一项比较专业的工作，也就是说，这种访谈是有一定技巧的，并不是一件简单的事情。通过行为事件访谈，可以整理出以下信息：

（1）职位及职责描述，包括被访者姓名、职务等，以提纲形式列出的工作职责，甚至是各项职责的实例。

（2）行为事件描述，被访谈者在各种典型情境中的行为及结果、人际关系的处理、动机与感受等。

（3）任职者需要的胜任素质，这是很重要的信息，应该以提纲形式列出任职者应具备的胜任素质，并附上各项胜任素质的实例，要特别关注胜任素质相关的其他关键行为事件，及两者之间的对应关系。

（4）访谈总结和分析，包括访谈主题、个人印象、观点及初步结论，特别是对被访者关于沟通倾听与影响力等方面的胜任素质，对开展工作的影响作出评价，这些记录都是在分析行为事件时获得胜任素质结论的关键内容与依据，例如被访者的访谈方式、频繁使用的词语、被访者与人相处的方式、对他人的评价等。

2. 行为事件访谈法的优缺点

（1）行为事件访谈法的优点。具体表现在这样几方面：第一，这种方法不仅描述了当事人行为的结果，而且说明产生行为的动机、个性特征、自我认知态度等潜在方面的特征，可以详细准确地反映被访者处理具体工作任务与问题的过程。通过这种方法告诉人们应该做什么和不应该做什么，哪些行为是有效的，哪些是无效的，因此对于如何实现和获得高绩效具有指导作用。第二，这种方法还可以提供与工作有关的具体事件全景，这些情景可以发展成组织实施面试招聘、模拟培训的有效工具和角色扮演蓝本，特别是绩优员工提供的关于具体事件的描述，可以成为员工参照的职业发展途径，并用于总结优秀员工何时何地、采用什么方式获得目前及未来工作的关键能力。

（2）行为事件访谈法的缺点。行为事件访谈法虽然比较严谨有效，但它也存在一些缺陷或不足：首先，时间成本和费用支出较高。一次有效的行为事件访谈需要花费1~3个小时，还需要花费几个小时的准备，时间和费用上较高的投入都是不小的成本。其次，访谈人员必须经过专业培训，才能胜任访谈工作。他们要学会如何把握访谈的节奏和时间，如何控制被访者的情绪，有效引导访谈内容，不偏离访谈目标，调整访谈方式，对被访者进行有效反馈等，必要时还要在专家的指导下才能通过访谈获得有用的信息。最后，它通常专注于具有决定意义的关键事件和个人胜任素质，所以可能会忽略一些不太重要但仍与工作有关的信息和行为特征。由于时间、成本及必要的专家支持等因素，行为事件访谈法无法大规模推广，只能在小范围内开展，主要应用于关键职位的信息获得。

（二）观察法与访谈法

胜任素质模型需要研究绩效出众和绩效一般的员工，找出这两个群体之间的特点和行为差异。观察法是指在绩效出众员工与一般员工工作时，紧随他们进行观察，对活动作详细的观察记录，这样就能找出他们的行为差别。还有一种常用的方法是访谈法。把管理人员和绩效出众的员工组成中心小组，围绕以下方面向他们提一些问题：在这个职位上取得成功需要具备哪些条件？为什么人们在这个职位上会失败？绩效出众者有别于一般员工的特点是什么？也可以给他们列出一系列不同的能力，然后让他们按照这些能力对职位的重要性进行排序，从而找出对员工绩效影响比较大的胜任素质特征。

（三）德尔菲法

德尔菲法又称“专家小组法”，是对传统的专家会议法的改进和发展。它采用匿名发表意见的方式，即专家之间不得互相讨论，不发生横向联系，只与调查人员联系，通过多轮次调查专家对问卷所提问题的看法，经过反复征询、归纳、修改，最后汇总成专家基本一致的看法，作为预测的结果。这种方法具有广泛的代表性，比较可靠。在建立胜任素质模型时，可以把有关专家组织起来，直接利用专家积累的丰富知识、经验和能力，采用问卷调查、访谈、头脑风暴等多种方式集中开发、评估和确认胜任素质模型。这种方法花费的时间少，适合面向较少职位的胜任素质模型开发。

（四）工作分析法

工作分析法是人力资源管理的一项重要工具。工作分析是对与某项工作有关的内容、责任的资料进行汇集、研究、分析的过程。组织为了确保在科学的基础上雇用工作人员，就必须对工作人员的素质先行订立标准；而为了建立人员的素质标准，就必须对工作的职务与责任加以研究，即分析从事某一职位工作需要具备哪些素质条件，履行职责与完成工作任务应该用什么来评价，同时提出这些素质条件与评价指标中哪些更重要、哪些相对不重要等。

（五）问卷调查法

问卷调查法是指通过文献回顾、访谈等方法获取有关职位特征信息后编制研究问卷，在大样本调查的基础上通过探索性因子分析提炼出胜任素质的构成要素，通过描述行为表现来揭示个体的胜任素质水平，被学者们公认为是揭示胜任素质要素最有效的方法之一。在通过问卷调查法构建胜任素质模型时，问卷往往用若干行为描述题目，从不同角度反映某一项胜任素质要素的内涵，这样每一个题目能够测出个体在该项胜任素质要素上的胜任程度，这些反映胜任素质水平的题目组合起来就构成胜任素质的测评工具。

本章小结

职位分析是对工作内容及有关因素做全面、系统的描述和记载，并说明承担这一职位的人员必须具备的知识和能力的过程。职位分析的结果是职位说明书，通过职位描述和任职资格提供有关职位的各种信息，为人力资源管理职能活动奠定基础。

职位分析方法主要体现为收集工作信息的方法，可以分为定性分析法和定量分析法两类。定性分析法包括访谈法、非定量问卷法、观察法、工作日志法、关键事件法等。定量分析法有职位分析问卷法、管理职位描述问卷法和功能性工作分析法等。

职位说明书包括职位描述和任职资格两个部分，通过职位标识、职位概述、职责描述、业绩标准、工作联系和工作环境等可以清楚了解一个职位的任务、职责和责任。通过工作经验、知识水平、技能要求、体力要求及其他要求，体现出承担该职位对人的要求。

工作设计是对工作进行周密的有目的的计划安排，合理有效地处理人与工作的关系，采取的对满足工作者个人需要相关的工作内容、工作职能和工作关系的特别处理。工作设计可以针对工作内容进行或者进行工作时间改革，例如工作专门化、工作轮换、工作扩大化和工作丰富化等是针对工作内容进行的工作设计，而弹性工作制、紧缩工作周和远程办公就是工作时间改革。

胜任素质是能够直接影响工作业绩的个人条件和行为特征。胜任素质包括知识、技能、社会角色、自我概念、特质和动机等，可以分为鉴别性胜任素质和基准性胜任素质两类。组织可以借助行为事件访谈法、观察法、访谈法、德尔菲法、工作分析法和问卷调查法来建立胜任力模型。

本章习题

本章扩展习题及答案

1. 什么是职位分析？它有什么意义和作用？
2. 职位分析的步骤有哪些？每一步需要完成什么任务？

3. 职位分析的方法有哪些？每一种方法的内容是什么？
4. 职位说明书由哪些部分组成？如何编写？应注意什么问题？
5. 什么是胜任素质？什么是胜任素质模型？
6. 如何建立胜任素质模型？

案例学习

HW 公司的职位分析

HW 公司是我国中部省份的一家房地产开发公司。近年来，随着当地经济的迅速增长，房产需求强劲，公司有了飞速的发展，规模持续扩大，逐步发展成为一家中型房地产开发公司。随着公司的发展和壮大，员工人数大量增加，众多的组织和人力资源管理问题逐步凸显出来。

公司现有的组织机构，是基于创业时的公司规划，随着业务扩张的需要逐渐扩充而形成的，在运行过程中，组织与业务上的矛盾已经逐步凸显出来。部门之间、职位之间的职责与权限缺乏明确的界定，扯皮推诿的现象不断发生；有的部门抱怨事情太多，人手不够，任务不能按时、按质、按量完成；有的部门又觉得人员冗杂，人浮于事，效率低下。在人员招聘方面，用人部门给出的招聘标准往往含糊，招聘主管往往无法准确理解，使得招来的人大多不尽如人意。同时目前的许多岗位往往不能做到人事匹配，员工的能力不能得到充分发挥，严重挫伤了士气，并影响了工作的效果。公司员工的晋升以前由总经理直接做出，现在公司规模大了，总经理已经没有时间来与基层员工和部门主管打交道，基层员工和部门主管的晋升只能根据部门经理的意见来做出。而在晋升中，上级和下属之间的私人感情成为决定性的因素，有才干的人往往不能获得提升。因此，许多优秀的员工由于看不到自己未来的前途而另寻高就。在激励机制方面，公司缺乏科学的绩效考核和薪酬制度，考核中的主观性和随意性非常严重，员工的报酬不能体现其价值与能力，人力资源部经常听到大家对薪酬的抱怨和不满，这也是人才流失的重要原因。面对这样严峻的形势，人力资源部开始着手进行人力资源管理的变革，变革首先从职位分析、评价职位开始，职位分析、职位评价究竟如何开展，如何抓住职位分析、职位评价过程中的关键点，为公司本次组织变革提供有效的信息支持和基础保证，是摆在 HW 公司面前的重要问题。

首先，他们开始寻找进行职位分析的工具与技术。在阅读了国内目前流行的基本职位分析书籍之后，他们从其中选取了一份职位分析问卷，来作为收集职位信息的工具。然后，人力资源部将问卷发放到各个部门经理手中，同时他们还在公司的内部网上也发了一份关于开展问卷调查的通知，要求各部门配合人力资源部的问卷调查。

据反映，问卷在下发到各部门之后，却一直搁置在各部门经理手中而没有发下去，很多部门是直到人力资源部开始催收时才把问卷发放到每个人手中。同时，由于大家都很忙，很多人在拿到问卷之后，都没有时间仔细思考，草草填写完事。还有很多人在外地出差，或者任务缠身，自己无法填写，而由同事代笔。此外，据一些较为重视这次调查的员工反映，大家都不了解这次问卷调查的意图，也不理解问卷中那些陌生的管理术语——何为职责、何为工作目的，许多人对此并不理解。很多人想就疑难问题向人力资源部进行询问，可是也不知道具体该找谁。因此，在回答问卷时只能凭借自己个人的理解来进行填写，无法把握填写的规范和标准。

一个星期之后，人力资源部收回了问卷。但他们发现，问卷填写的效果不太理想，有一部分问卷填写不全，一部分问卷答非所问，还有一部分问卷根本没有收上来。辛苦调查的结果却没有发挥它应有的价值。

与此同时，人力资源部也着手选取一些职位进行访谈。但在试着谈了几个职位之后，发现访谈的效果并不好。因为，在人力资源部，能够对部门经理进行访谈的人只有人力资源部经理一人，主管和一般员工都无法与其他部门经理进行沟通。同时，由于经理们都很忙，能够把双方的时间凑一块，实在不容易。因此，两个星期过去之后，只访谈了两个部门经理。

人力资源部的几位主管负责对经理级以下的人员进行访谈，但在访谈中，出现的情况却出乎意料。大部分时间都是被访谈的人在发牢骚，指责公司的管理问题，抱怨自己的待遇不公等。而在谈到与职位分析相关的内容时，被访谈人往往又言辞闪烁，顾左右而言他，似乎对人力资源部这次访谈不太信任。访谈结束之后，访谈人都反映对该职位的认识还停留在模糊的阶段。这样持续了两个星期，访谈了大概 1/3 的职位。王经理认为时间不能拖延下去了，因此决定开始进入项目的下一个阶段——撰写职位说明书。

可这时，各职位的信息收集得还不完整。怎么办呢？无奈之下，人力资源部不得不另觅他途，于是，通过各种途径从其他公司收集了许多职位说明书，试图以此作为参照，结合问卷和访谈收集到的一些信息来撰写职位说明书。

在撰写阶段，人力资源部还成立了几个小组，每个小组专门负责起草某一部门的职位说明，并且还要求各组在两个星期内完成任务。在起草职位说明书的过程中，人力资源部的员工都颇感为难，一方面他们不了解别的部门的工作，问卷和访谈提供的信息又不准确；另一方面，大家又缺乏写职位说明书的经验，因此，写起来都感觉很费劲。规定的时间快到了，很多人为了交稿，不得不急急忙忙、东拼西凑了一些材料，再结合自己的判断勉强成稿。

最后，职位说明书终于出台了。然后，人力资源部将成稿的职位说明书下发到各部门，同时还下发了一份文件，要求各部门按照新的职位说明书来界定工作范围，并按照其中规定的任职条件来进行人员的招聘、选拔和任用。但这却引起了其他部门的强烈反对，多个直线部门的管理人员甚至公开指责人力资源部，说人力资源部的职位说明书是一堆垃圾文件，完全不符合实际情况。

于是，人力资源部专门与相关部门召开了一次会议来推动职位说明书的应用。人力资源部经理本来想通过这次会议来说服各部门支持这次项目。但结果却恰恰相反，在会上，人力资源部遭到了各部门的一致批评。同时，人力资源部由于对其他部门不了解，对于其他部门所提的很多问题也无法进行解释和反驳。因此，会议的最终结果是，让人力资源部重新编写职位说明书。后来，经过多次重写与修改，职位说明书始终无法令人满意。最后，职位分析项目不了了之。

人力资源部的员工在经历了这次失败的项目后，对职位分析彻底丧失了信心。他们开始认为，职位分析只不过是“雾里看花，水中望月”的东西，说起来挺好，实际上却没有什么大用，而且认为职位分析在中国的企业根本就行不通。原来雄心勃勃的人力资源部经理也变得灰心丧气，但他却一直对这次失败耿耿于怀，对项目失败的原因也是百思不得其解。

（资料来源：中国人力资源开发网 http://www.chinahrdnet）

思考和讨论：

1. 通过阅读案例，并结合理论知识，分析 HW 公司目前在人力资源管理上面临哪些主要问题。
2. HW 公司在进行职位分析时，出现了哪些错误，应该怎么修正？
3. 从人力资源管理的视角，为解决 HW 公司的问题，提出你的建议。

第四章 人力资源规划

本章要点

- 人力资源规划的含义、作用和内容
- 人力资源需求预测方法
- 人力资源供给预测技术
- 人力资源供需关系
- 人力资源供需平衡的方法

学习用典

2018年1月5日，习近平在学习贯彻党的十九大精神研讨班开班式上发表重要讲话强调，“备豫不虞，为国常道”。当前，我国正处于一个大有可为的历史机遇期，发展形势总的是好的，但前进道路不可能一帆风顺，越是取得成绩的时候，越是要有如履薄冰的谨慎，越是要有居安思危的忧患，绝不能犯战略性、颠覆性错误。

“备豫不虞，为国常道。”出自唐代吴兢《贞观政要·直谏》。这句话的意思是提前做好准备，以防范意料不到的事情发生，这是治理国家的基本原则。人力资源规划，对组织来说就是提前做好人力资源准备工作。

第一节 人力资源规划概述

人力资源规划的内容

一、人力资源规划的概念

凡事预则立，不预则废，人力资源管理同样如此，要保证人力资源管理整个系统的正常运行，就必须认真做好人力资源规划。

人力资源规划，就是根据组织的发展目标，以及组织内外环境的变化，科学地预测和分析组织人力资源管理需求和供给，制定必要的管理政策和措施，以确保组织在需要的时间和职位上获得所需的人力资源的过程。简单地说，人力资源规划是对人员需求和供给进行预测，并根据预测结果，采取相应措施来实现人力资源管理的平衡。

二、人力资源规划的作用

人力资源规划作为组织战略与人力资源管理实践之间的串联通道，具有显著的战略性和先导性特点，对组织的人力资源管理活动及其他部门的业务活动均会产生影响，具体体现在如下几个方面。

（一）人力资源规划是组织战略的重要组成和支撑

人力资源规划是组织战略中不可缺少的部分。在组织战略的制定过程中，对于人员的远期谋划是重要的组成部分，体现了组织长期对于人力资源配置的指导思想和基本纲领。随着人力资源在组织赢得核心竞争优势中的战略地位越发凸显，制定科学合理的人力资源规划，有利于组织认清内外部环境变化趋势，及时调整组织发展战略，从而有助于保持竞争优势，促进战略目标的顺利实现。

（二）人力资源规划是各项人力资源管理职能实践的遵循

人力资源规划是组织人力资源活动的基础，由总体规划和业务规划构成。通过合理评估组织中的人力资源数量、质量和结构，科学制订人员补充、晋升、流转与退出方案，人力资源规划就能解决组织人力资源供需平衡问题，人力资源规划也就对组织各项人力资源管理实践活动提供了支持。在实践中，人力资源规划对组织工作岗位分析、员工招募与甄选、员工配置、员工培训与开发、绩效管理与薪酬福利管理等都具有支撑和推动作用。

（三）人力资源规划有利于控制组织人力资源成本

人力资源规划是人员招聘和员工安置的重要依据，它指导组织将合适的员工安置在合适的岗位，最有效地利用人力资源。人力资源规划既可以保障组织拥有足够数量而且满足工作要求的人力资源，满足组织发展的需要，又能够防止人力资源的浪费，最大限度地节约人力资源成本；人力资源规划有助于组织降低人员的使用成本，能够帮助管理人员预测人力资源的短缺和冗余，纠正人员供需的不平衡状态，减少人力资源的浪费或弥补人力资源的不足，进而控制人力资源成本；通过人力资源规划，可以向员工提供适合个人的职业生涯发展计划，提高员工的工作质量，开发员工的工作能力，最终提高组织对人力资源的使用效率，进而节省人力资源成本。

三、人力资源规划流程

人力资源规划是一个动态的、不断修正的过程，组织人力资源规划的步骤包括：调查准备阶段、供需预测阶段、规划方案阶段、规划实施阶段以及评估与反馈阶段。

（一）调查准备阶段

人力资源规划首先要进行调查工作，也就是要调查人力资源规划所需要的信息。这些信息包括组织基本情况、组织内外部的环境现状、组织经营发展战略以及组织当前人力资源现状。

（二）供需预测阶段

根据调查所得资料，进一步对组织人力资源供需进行预测。可以借助一些方法通过对现有人力资源存量及人员流动性的综合考虑，并结合内部供给和外部供给来进行供给预测。同时还要进行组织需求预测。只有清楚组织人力资源供给和需求情况，才能做出合理的人力资源规划。

（三）规划方案阶段

在这一阶段，需要根据供需预测结果，制定平衡人力资源供给和需求的政策。根据人员供需预测的结果及组织相关政策，制定其他人力资源政策，例如招聘计划、培训计划、薪酬激励计划及职业生涯发展计划等。

（四）规划实施阶段

人力资源规划工作的结果需要被贯彻执行。组织发展战略应该在人力资源规划的各项目标和计划中进行分解和落实，包括组织结构的优化方案、岗位分析、人员招聘流程体系设计、绩效考核体系设计和薪酬福利体系设计等都需要和人力资源规划结合起来进行。

（五）评估与反馈阶段

人力资源规划的最后一个阶段，是人力资源规划修正和调整的过程，通过不断反馈信息、收集信息，审视人力资源规划的合理性与匹配性。同时，借助人力资源评价指标来量化人力资源的价值，最终通过人力资源规划方案的评价，实现对现存人力资源的预测和规划方案的修正。

四、人力资源规划的内容

人力资源规划的内容，主要包括两个方面：一是人力资源总体规划；二是人力资源业务规划。

（一）人力资源总体规划

人力资源总体规划是对计划期内人力资源规划结果的总体描述，它包括三个方面的内容：人力资源数量规划、人力资源素质规划、人力资源结构规划。

1. 人力资源数量规划

人力资源数量规划是根据组织未来的业务规模、商业模式、业务流程、地域分布等因素，确定未来组织各级人力资源编制及各职类、职种、职层人员配比关系或比例，并在此基础上制定组织未来人力资源需求计划和供给计划。这里要注意，人力资源需求计划和供给计划需要细化到组织各职类职种人员的需求与供给上。

2. 人力资源素质规划

人力资源素质规划是根据组织战略业务模式、业务流程、业务模式，及组织对员工的行为要求，设计各类人员的任职资格，包括人员素质要求、行为能力以及标准等。人力资源素质规划是组织开展选人、用人、育人和留人活动的基础与前提条件。具体包括组织人员的基本素质要求、人员素质提升计划以及关键人才的招聘、培养和激励计划等。

人力资源素质规划有两种表现形式：一是任职资格标准；二是素质模型。任职资格标准要反映组织战略及组织运行方式对各职类、职种、职层人员的任职行为能力要求；素质模型则反映各职类、职种、职层需要何种行为特征的人才能满足任职所需的行为能力要求。

3. 人力资源结构规划

人力资源结构规划是根据行业特点、组织规模、未来战略重点发育的业务及业务模式，对组织人力资源进行分层分类，同时设计和定义组织的职类、职种、职层的功能、职责及权限等，从而理顺各职类、职种、职层人员在组织发展中的地位、作用和相互关系。人力资源结构规划的目的是打破组织壁垒，例如部门对人力资源管理造成的障碍，为按业务系统要求对相关人员进行人力资源开发和管理提供条件。同时，人力资源结构规划也为建立和修订组织人力资源管理系统——例如任职资格体系、素质模型、薪酬体系和培训体系等打下基础。

实际上，组织人力资源数量规划、结构规划及素质规划是同时进行的，数量规划和素质规划都是依据结构规划所确定的结构进行的，因此人力资源结构规划是关键，也是一个难点所在。

（二）人力资源业务规划

人力资源业务规划是人力资源总体规划的分解和具体化，它包括人员补充计划、人员晋升计划、素质提升计划、退休解聘计划等内容。

1. 人员补充计划

人员补充计划，是指拟定人员补充政策，目的是使组织能够合理地、有目标地填补组织中长期可能产生的职位空缺。在劳动力市场供过于求或组织吸收能力与辞退员工受到限制的情况下，人员补充计划十分重要。

2. 人员晋升计划

人员晋升计划的实质是组织晋升政策的一种表达，根据组织的人员分布情况和层级结构，拟订人员的晋升政策。对组织来说，有计划地提升有能力的人员以满足职务要求是组织的重要职能；而对员工而言，晋升意味着各层次需要的满足，不仅是工资的增加，还意味着工作的挑战性、尊重的增加和自我实现需求的满足。

3. 素质提升计划

素质提升计划的目的是为组织中长期发展所需要的职位事先准备人员。有了素质提升计划，组织就可以根据可能产生的职位空缺和出现的时间，分阶段、有目的地培养员工，当职位空缺时，人员也已经培养好了。当然了，在缺乏有目的、有计划的素质提升计划的情况下，员工可能也会进行自我培养，但是效果未必理想，也未必符合组织发展的要求。

4. 退休解聘计划

退休解聘计划的实质是为组织建立起淘汰退出机制。现在很多组织都已经不再有“铁饭碗”或者是终身雇佣制，但仍然存在大量冗余人员。很多员工以为只要进了组织就不会被组织辞退，除非是主动辞职或犯了重大错误。造成这种现象的一个重要原因就是组织只设计了向上的晋升通道，而忽略了向下的退出机制。在人力资源战略规划中，退休解聘计划就是为了弥补这一漏洞而设计的。

素质提升计划、人员晋升计划、人员补充计划和退休解聘计划之间是相辅相成的，相互之间配合运用，其效果会非常明显。此外，根据组织的特殊情况或需求还可以制定各种其他的计划，如工资与奖金计划、继任者计划等。

第二节　人力资源需求预测

人力资源需求预测

人力资源预测是人力资源规划中重要的一环。通过人力资源规划，组织可以及早发现人力资源不足或人浮于事的现象，而为了保证人力资源规划的合理性，就必须对人力资源需求和供给进行准确的预测。那么什么是人力资源预测呢？人力资源预测是指组织在评估和测算的基础上，对未来一定时期内人力资源状况的推测，具体可以分为人力资源需求预测和人力资源供给预测。

一、人力资源需求预测的含义

人力资源需求预测是对组织未来一定时期内所需要的人力资源数量、质量以及结构进行估计。在实践中，可以按照对职位进行分析的思路来预测人力资源需求，因为组织对人力资源的需求与组织内部的职位直接相关，组织设置多少职位就需要多少人员，设置了什么样的职位就需要有什么样的人员，因此只要能够预测出组织内部职位的变动，就可以相应地预测出组织对人力资源的需求。当然，这种预测既包括数量，也包括结构。

二、影响人力资源需求的因素

影响组织人力资源需求的因素主要来自组织内部，但外部因素对组织的人力资源需求也会产生影响。

(一) 外部因素

外部因素对组织人力资源需求会产生影响，但是这些影响很多时候是通过影响组织内部供给或者通过组织内部因素而起作用的。影响人力资源需求的外部因素主要包括经济环境、技术环境和竞争对手等。

经济环境的变化会影响组织的规模和经营方向，技术环境的变化会影响组织的技术和设备，这都会间接地影响组织的人力资源需求。竞争对手之间的人才竞争则会造成组织间的人才流动，有人才流出的组织就会产生新的需求。

(二) 内部因素

1. 组织发展战略和经营规划

组织发展战略及经营方向的调整，对组织人力资源需求有直接影响。例如，组织发展规模扩大后相应就有人员数量增加的要求，组织增加新业务或者收缩旧的业务，都会对人力资源需求的数量和结构产生影响。在规模扩大时，对人员数量和员工掌握新技能的要求就会凸显。当然，组织缩减业务或规模缩小时，相应的人员数量需求也会减少。

2. 产品和服务需求的变化

产品和服务需求的变化有时候是组织自发的战略调整或者对市场地位的要求，有时候这种需求变化是外界环境所影响的。例如，电子商务技术的发展对组织在线销售和线上服务提出了新要求，组织要想在市场竞争中赢得地位，就必须积极应对这些变化，增加具备新技能的销售和服务人员。这对组织的人力资源需求就产生了影响。

3. 职位工作量的变化

随着技术的发展及组织管理改革的推进，组织结构及各职位的具体工作量都会发生一些变化。例如，组织结构的变化不仅影响到相应的职位设置，还会对职位的工作量产生一定影响，当某个组织因为需要而新增了一个部门时，就会增加新的岗位，这一新部门的上级管理者的工作量也会相应增加。在预测人力资源需求时，应考虑这种变化。

4. 生产效率的变化

尽管上述职位的工作量会发生一些变化，但是也要考虑到随着技术的发展，生产效率也会发生变化。例如，随着信息技术的进步及组织流程的改造，过去许多需要现场办理的业务，现在都可以采用网上信息传递的方式在线办理，这就大大提高了劳动效率。

除了以上四个因素，进行人力资源规划时还需要考虑的是多个因素同时作用对人力资源需求的影响。例如，如果员工的生产效率提高，那么即使产品和服务的需求增加，职位的设置可能也不需要增加，因为这两个因素的作用抵消了各自的影响。所以，只要对未来职位设置的变化和现有的职位进行比较，就能够计算出未来一定时期内组织的职位设置情况，从而可以预测出人力资源的需求。

三、人力资源需求数量预测方法

对人力资源需求进行预测的方法有很多，这里选取几种有代表性的方法进行介绍。需要说明的是，在人力资源需求的预测过程中，不可能只采用一种方法，为了使预测结果更准确，通常是将多种方法结合起来。

（一）定性预测法

1. 主观判断法

主观判断法是一种最简单的人力资源需求预测方法，它是管理人员凭借以往的工作经验和直觉，对未来所需要的人力资源做出估计。在实际操作中，一般由各部门的负责人根据本部门未来一定时期内的工作量情况，预测本部门的人力资源需求；然后逐层汇总，直至组织最高领导综合考虑后，最终确定组织的总体需求。这种方法主要凭借经验来进行预测，适用于短期预测或规模较小、经营稳定、人员流动性不强的组织，同时这种方法要求管理人员必须具有丰富的经验。但是这就导致主观判断法预测的准确性较低，同时还存在一个问题，那就是各部门在预测人力资源管理需求时一般都会扩大。针对这一问题，需要最高领导层进行分析和控制。

2. 德尔菲法

德尔菲法是20世纪40年代末美国兰德公司开发的一种预测方法。德尔菲法是指邀请某领域的一些专家或有经验的管理人员采用问卷调查或小组面谈的形式对组织未来的人力资源需求量进行分析、评估和预测，并最终达成一致意见的方法。德尔菲的名字起源于古希腊有关太阳神阿波罗的神话，传说中阿波罗具有预见未来的能力。

德尔菲法的具体操作步骤如下：

（1）从组织内部和外部挑选相关专家10~15人，主持预测的人力资源部门要向他们说明预测对组织的重要性，以取得他们对这种预测方法的理解和支持，同时确定关键的预测方向，解释相关变量和难点，并列举预测小组必须回答的一系列有关人力预测的具体问题。

（2）使用匿名填写问卷等方法来设计一个可使各位预测专家在预测过程中畅所欲言地表达自己观点的预测系统。使用匿名填写问卷的方法可以避免专家们面对面集体讨论，从而避免专家成员之间因身份或地位的差别而使一些人因不愿批评他人而放弃自己的合理主张的情况。人力资源部门在第一轮预测结束后，将专家们提出的意见进行归纳，并将这一综合结果反馈给他们。

（3）重复上述过程，让专家们有机会修改自己的预测并说明原因，直至专家们的意见趋于一致。

德尔菲法的优点是能充分发挥各位专家的作用，集思广益，准确性高；能把专家的分歧点体现出来，取各家之长，避各家之短；另外，这种方法还能够使专家独立地表达自己的意见，不受其他人的干扰。德尔菲法的缺点是过程比较复杂，花费时间较长，主要适用于对人力资源需求的中长期趋势预测。

（二）定量预测法

1. 趋势预测法

组织也可以采用趋势预测法来预测人力资源需求。趋势预测法是根据组织过去几年的人员数量，分析它在未来的变化趋势，并预测组织未来一定时期内的人力资源需求量。趋势预测法简单直观，但是这种方法假定其他因素保持不变或者变化的幅度保持一致，所以具有较大的局限性。通常它用于经营稳定的组织，并且主要作为一种辅助方法来运用。

表 4-1 显示了某公司过去 10 年的人员数量，要根据这些数据来分析该公司的人员数量变化趋势。可以假设它是一种线性变化，用 x（从 1~10）来表示年度变量，用 y 来表示每年的人员数量。

表 4-1　某公司过去 10 年的人员数量

年度（x）	1	2	3	4	5	6	7	8	9	10
人数（y）	380	385	400	410	415	430	440	450	465	470

假定该公司的人员数量和年度之间的关系如式（4-1）所示，那么利用这 10 年的数据，我们可以计算 a 和 b 的值，分别如式（4-2）和式（4-3）所示。

$$y = a + bx \tag{4-1}$$

$$a = \frac{\sum y}{n} - b \times \frac{\sum x}{n} \tag{4-2}$$

$$b = \frac{n(\sum xy) - \sum x \sum y}{n(\sum x^2) - (\sum x)^2} \tag{4-3}$$

经过计算，可以得出 $a=367$，$b=10.45$，也就是说这个公司的人员曲线图曲线趋势线可以表示为 $y=367+10.45x$。这个公式告诉我们，该组织每年的人力资源需求要增加 10.45，取整为 11 人。通过这个公式，我们就可以预测出之后的第 11 年以及每一年的人员需求。我们来预测一下，后面两年，也就是第 12 年的人员需求，$y=367+10.45\times12$，计算出来的结果是 492.45，取整为 493 人。

在采用趋势预测法进行预测时，首先要收集组织过去几年的人员数量数据，用这些数据作图呈现年度和人数之间的关系曲线图，并用数学方法进行修正，使其成为一条平滑的曲线，将这条曲线延长就可以看出未来的变化趋势。在实践中，为了简便起见，往往将这种趋势简化为直线关系 $y=a+bx$。再计算直线函数中的 a 和 b 的值，就可以进行未来的人员需求预测。

2. 比率分析法

比率分析法是基于对员工个人生产效率的分析来进行的一种预测方法。采用比率分析法进行预测时，首先要计算人均生产效率，然后再根据组织未来的业务量预测对人力资源的需求，即

$$\text{未来所需人力资源数量}=\frac{\text{未来的业务量}}{\text{人均生产效率}}$$

例如，对一所大学来说，一位老师能够承担 20 名学生的工作量，假设明年学校预计的在校学生人数为 8 000 人，那么就需要 400 名老师。如果考虑到生产效率的变化，组织可以将计算公式修改如下：

$$\text{未来所需人力资源数量}=\frac{\text{未来的业务量}}{\text{人均生产效率}\times(1+\text{生产效率的变化})}$$

例如，某企业 2021 年生产的产品数量是 50 000 台，基层生产员工为 1 000 人，2022 年计划增产 16 000 台，根据经验估计的生产效率增长为 10%，假设该公司福利良好，基层生产人员不流失。那么，2022 年该公司至少应招聘多少名基层生产人员？

采用比率分析法进行预测时，可以计算该公司 2022 年所需员工数量为：

$$\frac{50\,000+16\,000}{(50\,000\div1\,000)\times(1+10\%)}=1\,200\text{（人）}$$

$$1\,200-1\,000=200\text{（人）}$$

进一步可以计算出，该公司 2022 年应招聘的基层员工数量为 200 人。

使用比率分析法进行预测时，需要对未来的业务量、人均生产效率及其

变化做出准确的估计，这样对人力资源需求的预测才会比较符合实际。

第三节 人力资源供给预测

人力资源供给预测

一、人力资源供给预测的含义

人力资源供给预测，就是对未来一定时期内能够供给组织的人力资源的数量、质量以及结构进行估计。一般来说，组织人力资源的供给包括内部供给和外部供给两个来源，内部供给是组织内部能够提供的人力资源，而外部供给则是从外部劳动力市场提供给组织的人力资源。对人力资源供给的分析，就是从内部供给和外部供给这两个方面入手。

二、内部供给预测

相对于内部供给，外部供给对组织来说可控性较差，因此人力资源供给预测主要侧重于内部供给预测。组织在预测期内所拥有的人力资源就是人力资源内部供给的全部来源，所以人力资源内部供给分析主要是对现有人力资源的存量及其未来的变化情况作出判断。

（一）内部供给预测的内容

内部供给预测主要有三个方面的内容：现有人员分析、人员流动分析、人员质量分析。

1. 现有人员分析

人力资源不同于其他资源，即使外部条件不变，人力资源自身的变化，比如生育、退休等因素，也会影响到组织未来的供给，因此预测组织未来人力资源的供给时，需要对现有的人力资源状况做出分析。例如在我国，要考虑组织现有的58岁、59岁的男性员工数量，以及53岁和54岁的女性员工数量，因为这些人一两年后就将退休，对组织两年的人力资源供给分析，就需要减去这部分人数。同时，对内部人员供给的预测，还需要考虑员工性别、身体状况等因素。

2. 人员流动分析

在假定人员质量不发生变化的条件下，人员的流动主要包括两个方面：一是人员从组织流出。从组织流出的人员数量，形成了内部人力资源供给减少。在分析人员流出问题时，常常要考虑辞职率，例如根据经验，公司每年的员工辞职率为3%，假定组织今年的员工数量是1 000人，就可以预测组织明年的人力资源内部供给会减少30人。二是人员在组织内不同部门之间的流动。对于这种流动的分析，应针对具体的部门职位层次或职位类别来进行。虽然这种流动并没有影响到组织总体人力资源的供给，但是对内部的供给结构却造成了影响。例如，人员从A部门流动到B部门，那么对于A部门来说，人员供给就减少了，而B部门的供给量就增加了。

3. 人员质量分析

人员质量变化会影响到组织内部供给，因此就需要对人员质量进行分析。人员质量变化的直接表现就是生产效率的变化，当其他条件不变时，生产效率提高，就相当于增加了内部人力资源供给。

影响人员质量的因素包括下列几个方面：第一，增加工资，员工的积极性就会被调动起来，劳动生产效率就会提高，当然并不是绝对的。第二，开展技能培训，提高员工工作技能。第三，加班加点等隐性的措施，虽然员工实际的生产效率没有发生变化，但因为工作时间延长了，员工完成的工作量也就增加了。这同样也增加了内部的供给。

和需求分析一样，上述每一项分析都是在假定其他因素不变的前提下，但必须注意的是，如果多个因素同时作用，产生的结果可能就会有所不同，这时就需要进行综合分析。

通过上述分析，就可以得出未来组织人力资源内部供给的变化，把它和现有的人力资源进行比较就能够计算出未来一定时期组织内部所能提供的人力资源，从而预测出人力资源的内部供给。

（二）内部供给预测方法

1. 技能清单法

技能清单法是用表格反映员工工作能力特征的方法，这些特征一般包括：培训背景、工作经历、资格证书、工作能力等。技能清单表格一般具体包括以下信息：

（1）个人资料：性别、年龄、地区等。

（2）技能：经历、教育和培训。

（3）特殊资格：协会、学会、获奖、成就、资格等。

（4）工资和工作经历：工资的提升过程、过去职业等。

（5）个人在组织内的情况：地位、收入等。

（6）个人能力：相关测试成绩、健康资料等。

（7）其他特殊爱好：对工作、生活、环境等方面的爱好。

技能清单上所记录的内容能反映员工的竞争力，识别员工的优势和能力边界，因此能有效检验员工素质和组织岗位要求之间的匹配程度，判断员工的岗位胜任情况，从而为组织进行人力资源供给预测提供依据。

2. 继任规划

继任规划也称为人员置换卡或者人员替代法，主要针对管理岗位，尤其是组织当中的中高层管理岗位。严格来说，这种方法既是一种对劳动力内部供给的分析方法，也是一种人力资源供求平衡的措施。

人力资源管理部门通常针对组织中的重要岗位，利用人员置换卡对每一位内部候选人进行跟踪，以便为组织重要的职位挑选候选人员，因此，这也是一种专门对组织的中高层管理人员的供给进行有效预测的方法。人员置换卡的主要内容是对主要管理岗位上的任职者的总体评价，这些评价包括当前这些岗位上任职者的绩效和潜力，发展计划中可能的所有接替人员的绩效和潜力，其他关键职位上的现职人员的绩效、潜力及对他的评定意见。图 4-1 是一个管理人员置换卡。

从图 4-1 可以看出，组织使用人员置换卡非常直观，进行继任规划的典型步骤如下：首先，确定人力资源规划所涉及的工作职能范围；其次，确定每个关键职位上的接替人选；再次，评价接替人选的工作情况，以及是否达到提升的要求；最后，了解接替人选的职业发展需要，并引导其将个人的职业目标与组织目标结合起来。

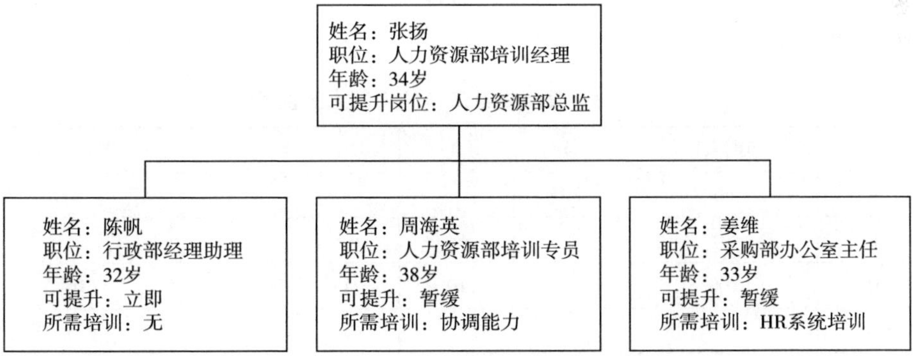

图 4-1 管理人员置换卡示例

3. 马尔可夫预测法

马尔可夫预测法是分析组织人员流动的典型模型，也是一种动态的预测技术。它根据组织以往各类人员之间流动的概率来推断未来各类人员数量的分布情况。运用该方法的前提假设是组织内部人员流动和转移是有规律的。这时，就可以根据各类人员的起始数、转移率来预测未来的人员分布情况，从而预测组织未来的人力资源供给和需求。

使用马尔可夫预测法的步骤如下：首先，根据组织的历史资料，计算出每一类员工流向其他级别或岗位的概率；其次，根据流动概率，建立一个人员移动矩阵；最后，利用矩阵预测下一期组织各类人员的可供给人数，并结合需求预测展开下一步工作。表 4-2 显示了某组织当前的人员数量及流动概率，假设该组织有 A、B、C、D 四类岗位。

表 4-2　某组织人员转移矩阵

	当期人数	A	B	C	D	离职率
A	40	0.8				0.2
B	80	0.1	0.8			0.1
C	100		0.1	0.75	0.05	0.1
D	150			0.2	0.7	0.1

使用马尔可夫预测法的关键在于确定人员转移矩阵。有了表 4-2 中的流动概率，就可以掌握在固定时期（例如 1 年）内员工转移或流动的概率。例如，A 类员工期末会保留在 A 岗位上的概率是 80%，另外的 20%则因为离职而离开了组织。根据表 4-2 的数据，可以预测该组织下一期各类岗位的人员供给数量如表 4-3 所示。

表 4-3　某组织第二年的内部人员供给

	当期人数	A	B	C	D	离职人数
A	40	32				8
B	80	8	64			8
C	100		10	75	5	10
D	150			30	105	15
供给预测		40	74	105	110	

将表 4-3 中的供给数据和需求预测进行对比，就可以得出组织下一期的人员净需求。

三、外部供给分析

当组织出现规模扩张、人员自然流失及内部人员无法满足需求时，就需要从外部市场补充劳动力，这时，对外部的人力资源供给进行预测和分析就显得十分必要。一般情况下，组织并不能直接控制和掌握外部供给，因此外部供给分析主要是对影响供给的因素进行分析，从而对外部供给的有效性和变化趋势作出预测。

（一）宏观环境

一个国家或地区的宏观经济环境是影响人力资源供给的重要因素。随着经济全球化进程的加快，资源配置在全球范围内有序进行，人力资源的跨区域迁移也成为常态，无论对于一个国家还是全球总体格局而言，经济形势的好坏都会对人力资源供给产生影响。概括而言，当经济形势发展向好时，产品需求会增加，由于人力资源需求的引致性特征，人力资源需求也会相应上升，此时失业率会降低，劳动力市场活跃，对于单一组织而言，人员招聘的成会提升。而反过来，当经济形势出现衰退时，失业率会提升，对于单一组织而言，外部人力资源供给则会更为充足，人员招聘的成本也会相应地降低。

除了国家层面的经济环境因素之外，区域经济发展也和当地劳动市场供给有密切关系。例如，我国正在扎实推进的雄安新区和粤港澳大湾区建设，依托于国家的发展战略和相应的政策支持，以点带面促进区域经济快速发展，也正在以独特的优势吸引着人才源源不断地进人。处于这一地区的组织相较于其他地区的组织，人力资源外部供给也呈现出日渐繁荣之势。

（二）劳动力市场状况

外部劳动力市场的整体状况会影响劳动力供给。当外部劳动力市场紧张时，外部供给的数量就会减少；而当外部劳动力市场宽松时，供给的数量就会增加。在劳动力市场上，人口的年龄结构是影响人力资源供给的根源性因素。老龄化社会的到来对劳动力市场上的人力资源供给也产生冲击，我国适时对人口和生育政策进行了调整，这也将在长期人力资源供给中产生效应。此外，在实践中也可以看到，除了人口的数量变化，未来人口素质结构的变化也会对人力资源供给产生重要影响。

（三）政策法律因素

政策及法律法规对人力资源的影响主要分为两个层面：一方面，政策法规具有约束和规范的作用，如劳动法、劳动合同法等法律直接规范着人力资源管理的每一项具体活动，组织在人力资源管理实践中必须严格遵守这些法律法规。另一方面，地方政府为了吸引人才也会制定相应的政策，影响人力资源的流动。例如，自2017年以来，杭州、西安、南京、成都等新一线城市相继推出积分落户、人才引进政策，通过给予人才切实的利益，来吸引各类人才为本地经济的发展贡献力量。这些政策对当地的人力资源市场都产生了影响。

（四）组织吸引力

组织所处的行业及组织本身，也会影响劳动力的外部供给。当组织对劳动力的吸引力比较强，人们都愿意来这家组织工作时，外部供给量就会比较充足；相反，如果组织缺乏吸引力，人们不愿意到这家组织来工作，外部供给量就会减少。在分析组织吸引力时，既要看绝对水平，也要看相对水平，也就是和竞争对手相比较组织的吸引力如何，因为这对吸引专业性较强的人力资源来说更有意义。

第四节　人力资源供需平衡

人力资源供需平衡

一、人力资源供需关系的类型

在人力资源供需预测的基础上，接下来的一项工作就是促行人力资源的供需平衡。人力资源供需平衡是人力资源规划工作的核心和目的所在。人力资源规划就是要根据组织人力资源供求预测结果，制定相应的政策措施，使组织未来的人力资源供求实现平衡。组织人力资源供需关系可以表现为四种类型：人力资源供需平衡、人力资源短缺、人力资源过剩和结构性失衡。

（一）人力资源供需平衡

这是对组织来说最理想的一种状态，这种情况下，组织人力资源需求与人力资源供给完全平衡，即人力资源不但在供需总量上是平衡的，而且在人员的层次、结构上也是平衡的。但是必须承认，这种人力资源供需完全平衡的情况在现实生活中极为少见，甚至是不可能的。

（二）人力资源短缺

人力资源短缺，也就是组织的人力资源供给小于需求，人力资源数量出现不足或短缺现象。人力资源短缺可能出现在组织经营规模较小的时期，也可能出现在组织开拓新的经营领域的时期，这时就需要补充人员数量。人力资源短缺会使组织生产设备闲置，导致固定资产利用率降低。当组织预测到人力资源在未来可能发生短缺时，就要根据具体情况提前制定应对预案，尽量避免人员短缺现象的发生。

（三）人力资源过剩

人力资源过剩就是人力资源供给大于需求，出现人员冗余现象。人力资源过剩可能发生在经济萧条时期，或者组织经营萎缩时期。人力资源过剩会导致组织内部人浮于事、内耗严重，生产和工作效率低下。但在经济发展的特殊时期，人力资源过剩是许多组织面临的主要问题，也是人力资源规划的难点问题。

（四）结构性失衡

人力资源的结构性失衡是供给和需求虽然在总量上达到平衡，但在层次、结构上依然不平衡，这就是结构性失衡现象。结构性失衡在组织中主要表现为某些部门或岗位人员过剩，而另一些部门或岗位人员短缺。结构性失衡在人力资源供需关系中也是很常见的，当组织处于稳定发展状态时表现得尤为突出。

人力资源不可能在组织发展的不同阶段始终保持供求平衡状态，组织应针对不同的需求状态采取各种方法措施对其进行调整。人力资源规划就是根据组织人力资源供需预测结果，制定相应的政策措施，使组织未来人力资源供需在数量、质量、结构、层次等方面实现协调平衡。

二、人力资源供需平衡的方法

（一）解决人员短缺的对策

人力资源供给小于需求，人员短缺时，组织一般可以采用如下政策和措施来应对：

一是外部招聘。遇到人员短缺时，组织采取的最直接的办法是从外部雇用人员，包括返聘退休人员。外部招聘可以雇用全职或兼职人员，如果供不应求的局面是长期的，就可以考虑雇用全职人员，如果只是短期的，则可以雇用临时或者兼职人员。根据组织面临的具体情况，组织可以通过录取正式员工、兼职员工和临时员工来缓解劳动力不足的问题。

二是提高劳动生产效率。例如，进行技术创新，增添新设备，以提高劳动生产率，降低对人力资源的需求；或者对现有员工进行技能培训，提高劳动效率，使其不仅能适应当前的工作，还能适应更高层次的工作，并为职务的升迁做好准备；组织也可以通过提高工资和奖金、调整工作方式等来提高现有员工的工作效率，这也是增加劳动力供给的一种有效方法。

三是延长工作时间。组织可以在符合《劳动法》等有关法律、法规、政策的前提下，通过加班加点，增加员工的工作时间和工作量，并给予相应的报酬，以应对员工的短期不足。

四是降低员工的离职率，减少员工流失，同时也可以辅以内部调配或增加内部的流动性，来提高某些职位的供给。

五是业务外包。组织根据自身情况，将较大范围的工作整个承包给外部的组织去完成。通过外包，组织可以将任务交给那些更有比较优势的外部代理人去做，从而提高效率，减少成本，降低组织内部对人力资源的需求。

（二）解决人员过剩的对策

组织在面对人力资源供给大于需求的人员过剩问题时，一般会采取如下措施来应对：

一是开拓新业务，扩大需求。通过开拓新的业务增长点来吸收过剩的人力资源，例如扩大经营规模或者开拓新的增长点，或者通过多元化经营，吸纳过剩的人力资源供给扩大经营规模、开发新产品等。

二是组织再培训。对富余的员工进行培训，这种做法相当于进行人才储备，为组织未来的发展做好准备，通过培训引导富余人员走向新的工作岗位。

三是缩短工作时间。通过缩短工作时间或实行工作分享，就可以降低工资水平，这是解决组织临时性人力资源过剩的一种方式。

四是有策略地裁员。裁员是组织解决人力资源过剩的最直接、最快速有效的办法。裁员可以有效地降低组织的人工成本，但它会给社会带来不安定的因素，往往会受到政府的限制。人力资源管理部门通常会有策略地裁员，确保裁员合法且平稳地进行。

五是鼓励提前退休。制定一些优惠政策，通过向那些接近退休年龄的员工提供某些优惠政策，鼓励他们提前离开组织。实行提前退休计划，不仅可以减少预期出现的人员过剩，还可以降低组织的成本。

六是冻结招聘。遇到劳动力过剩问题时，组织通常会停止从外部招聘人员，通过自然减员来达到减少劳动力供给的目的。

（三）应对结构性失衡的措施

对人力资源的结构性失衡问题，组织通常可以采取下列措施来应对：

一是进行人员重新配置。通过组织内部人员的合理流动将部分人员释放出来，填补到空缺岗位上去。这种措施包括通过内部晋升、调动、降职等方法，来弥补组织内的空缺职位，满足人力资源需求。

二是开展有针对性的培训。通过对现有人员进行有针对性的培训，提高他们的工作技能，再将他们补充到空缺职位上，这也是解决人员结构性失衡的办法。

三是人员置换。通过人员置换来调整组织人员结构，也就是清理组织不需要的人员，同时补充组织所需的人员，从而解决人员结构失衡问题。

三、人力资源供需平衡措施的比较

人力资源供需平衡的各种方法不仅效果有差异，而且对组织和员工也具有不同的含义。例如，裁员对组织来说是解决人员过剩最有效、最简便的办法，但是对员工来说，裁员具有很大的伤害性，因此组织采取裁员方法可能会遭到员工的激烈反对。所以，组织不仅需要评估各种应对措施的见效速度，还需要评估该措施对员工的伤害程度，以及各项措施实施之后的可撤回程度。

表 4-4 和表 4-5 分别列举了应对人员短缺和人员过剩的办法，并对比了各种措施的见效速度、可撤回程度或对员工的伤害程度。

表 4-4　应对人员短缺的方法

方法	见效速度	可撤回程度
加班	快	高
临时雇用	快	高
外包	快	高
再培训后换岗	慢	高
减少流动数量	慢	中等
外部雇用新人	慢	低
技术创新	慢	低

表 4-5　应对人员过剩的方法

方法	见效速度	对员工的伤害程度
裁员	快	高
减薪	快	高
降级	快	高
工作轮换	快	中等
工作分享	快	中等
退休	慢	低

续表

方法	见效速度	对员工的伤害程度
自然减少	慢	低
再培训	慢	低

组织人力资源供给和需求不平衡，不可能是单一的供给大于需求，或者是供给小于需求。很多时候，各种问题往往会相互交织在一起，出现某些部门或某些职位的供给大于需求，而其他部门或者另外一些职位的供给则小于需求。例如，很多组织往往在关键岗位上供给小于需求，而在普通岗位上供给大于需求。所以，组织不仅要从实际出发，还要综合运用这些方法，力争使组织的人力资源供给和需求在数量、质量和结构上都能平衡。

本章小结

人力资源规划是人力资源管理实践的起点，对于人力资源管理工作的成败起着决定性作用。人力资源规划依据一定的流程，对组织人力资源需求和供给进行预测，通过对比人员供给和需求结果，采取有针对性的措施来实现人力资源的供需平衡。

人力资源需求预测应考虑外部因素和组织内部因素，在此基础上，可以采用主观判断法、德尔菲法等定性预测法，并结合趋势预测法、比率分析法等来预测组织人员需求。而对人力资源供给的预测，由于外部供给可控性较差，主要侧重内部供给预测。具体可以采用技能清单法、继任规划、马尔可夫预测法等确定劳动力的内部供给。最后，针对人员短缺、人员过剩及人员结构性失衡问题，应分别采取不同的对策。在平衡人员供需关系时，不仅要考虑各种方法的有效性，还要考虑这些方法对员工的伤害或者可撤回程度。

本章习题

本章扩展习题及答案

1. 什么是人力资源规划？
2. 简述人力资源规划的程序。
3. 人力资源需求预测有哪些方法？
4. 什么是德尔菲法？
5. 人力资源供给预测的方法有哪些？

案例学习

共享员工上线了

在2020年初暴发的新冠肺炎疫情下，因为防疫措施和抗疫工作导致不同行业间出现“闲得慌”与“用工荒”并存的矛盾，企业“借兵”、员工“跨界”的共享员工模式成为经济发展的新力量。以盒马、西贝等为代表的企业最先采用共享员工模式，进而被全国各地企业如沃尔玛、生鲜传奇、京东、苏宁、联想、永辉、美团、长虹美菱、顺丰、海信、哈啰出行等纷纷效仿，共享员工的应用领域已逐渐从商超、在线零售行业推广至外卖、物流业、制造业等行业，并从一线城市向二三线城市扩展。

作为一种有助于实现国家稳定和经济发展、社会抗疫工作、员工输出企业、员工输入企业以及员工个体等多方共赢的新型用工形态，共享员工已成为新冠肺炎疫情下政府、企业和学界广泛关注的议题。共享员工模式作为灵活化、共享化协调配置闲置劳动力资源的新型用工方式，其既是共享经济和零工经济在人力资源领域的结合体与创新应用，也是灵活用工的一种新兴形态。

一、共享员工的含义

共享员工也称为“共享用工”，是指不同用工主体之间为调节特殊时期阶段性用工紧缺或富余，在尊重员工意愿、多方协商一致且不以营利为目的的前提下，将闲置员工劳动力资源进行跨界共享并调配至具有用工需求缺口的用工主体，实现社会人力资源优化配置、员工供给方降低人力成本、员工需求方解决“用工荒”、待岗员工获得劳动报酬的多方共赢式新型合作用工模式。从狭义上讲，共享员工是指由企业端主导发起人力资源共享的企业间余缺调剂灵活用工模式；从广义上讲，则指包括企业、个体等不同用工主体间劳动力资源的一种调剂和共享模式。

二、共享员工模式的特点

共享员工模式的基本内涵有如下特征：

第一，各主体要素参与共享用工的基本前提是存在可供共享的闲置劳动力资源、各方平等自愿、不以员工调剂进行非法营利，且其根本动机是实现多方共生共赢。

第二，共享员工本质上是一种“跨界用工”，包括跨地域、跨行业、跨企业、跨部门、跨职能等，以及临时借用、分享“剩余”劳动力、信任经济下的新型用工模式。

第三，从适用情形和条件来看，并非所有企业、所有岗位均适用共享员工，该模式主要适用于突发事件导致企业停工停产，如自然灾害、突发疫情、缺乏订单等，以及生产淡季出现员工富余、行业特性导致季节性用工峰谷波动等特殊情形；同时，该模式一般适用于季节性用工、密集型服务用工、用工流动性较大的企业，且通常仅适用于低技能、非保密性、“短期培训快速上岗”的非核心岗位，而高门槛、高技能岗位则难以实现共享用工。

第四，企业视角下的共享员工模式还具有短期应急性、高灵活流动性、不打破原有雇佣关系、用工关系多元化以及“有限止损，无法盈利”等基本特点，即强调共享员工更多是特殊场景、特殊时期、特殊阶段且短期性的应急对策，共享用工合作结束后需要归还员工；同时，两个以上用工主体在同一期限内同时共用一个或一类人，且用工主体可以是跨界合作的不同企业、同一集团内部的不同关联企业或同一企业内部的不同职能部门；此外，国家人社部等相关部门也明确强调“原用人单位不得以营利为目的借出员工，原用人单位和借调单位均不得以‘共享用工’之名进行违法劳务派遣”。

三、共享员工的优势

1. 国家和社会宏观层面的优势

从社会宏观层面来看，共享员工模式主要有以下几方面优势：

（1）应对突发事件和外部环境变化，维护社会稳定。如新冠肺炎疫情下，共享员工模式有助于将闲置员工统一管理、集中防疫并减少流动和疫情传播风险，帮助企业“保供应”以满足短期激增的生活物资消费需求，充分运用闲置劳动力资源创造出额外社会价值并为抗击疫情贡献更多力量。

（2）盘活区域存量人才，优化劳动力资源配置效率，稳住经济发展和社会就业。共享员工模式有助于打破传统用工模式下的合同、社保问题等对社会人力资源自由流动的限制，进而打破劳动力资源不均衡局面、盘活“存量”和优化配置效率，缓解劳资关系供需结构错配并实现人力成本转化为人力资本。提高劳动力市场的灵活度和就业市场的稳定性，促进闲置劳动力跨行业转移，降低行业性、规模性的失业风险并稳定社会就业，推动社会经济健康高质量发展。

（3）共享员工模式有助于维持社会商业生态系统并催生新业态，助推劳动力市场结构向更加灵活、共享化变革，助推灵活用工市场的发展，乃至成为下一个雇佣关系迭代的主要形态。

2. 企业层面的优势

从企业层面看，共享员工模式的优势主要在于以下几点：

（1）共享员工模式可作为企业传统用工模式的有效补充，应对企业短期突发性或者季节性等峰谷用工需求波动，缓解“闲得慌”和“用工荒”的“两极”用工问题。如新冠肺炎疫情下，电商、新零售、物流等部分企业因订单暴增以及制造业等亟须复工复产出现短期“用工荒”，而餐饮、旅游等行业则出现大量员工歇业在家“闲得慌”，共享员工模式则打破传统以行业划分为前提的竞争战略理论限制并打造共生共赢的商业生态系统价值网，突破原有劳动合同上固定工作时间、固定工作地点等要素限制，有助于企业打破组织边界、部门“墙”、行业“墙”实现跨界用工，进而有效缓解特殊时期劳动力资源供需失衡和用工需求极化问题。

（2）企业间资源互补和分担人力成本，提升员工资源配置效率，实现“降本增效”。诸如缓解企业歇业期间员工食宿、基本工资、员工安抚等人力成本压力以及部分非核心岗位养人、招人压力，保障现金流、降低破产倒闭风险，提升企业组织危机下的用工成本管控能力；同时，共享员工模式下的企业出现实际业务需求时才会涉及人工成本的支付，进而节省空闲时间的被动人工成本以及员工社保成本；此外，也可减少企业短期需求激增带来的员工招聘和培训成本，提高人力资源对业务需求的匹配效率和响应速度，实现员工快速上岗应急乃至抢占空缺市场；有助于推动企业优化用工结构、跨界合作和人力资源管理创新。

（3）为歇业员工找到应急出路、保障员工收入，可吸引和留住人才、避免大规模裁员、降低员工离职率并稳定劳动关系，为企业“劫后重生”和长期发展提供人才供给。

（4）增强企业应对突发事件等抗风险能力，快速响应动态变化的商业需求并提升企业在特殊时期的履约能力，实现转移用工风险、保障雇主品牌。

（5）体现企业商业道德、社会责任感和服务民生理念，进而树立良好的社会形象，提升品牌美誉度并保障企业高质量可持续发展，改善消费服务和购物体验并提升消费者忠诚度；同时，能最大限度地满足消费者需求，进而激发其对企业的高满意度和忠诚度。

3. 员工个体层面的优势

从员工个体层面看，共享员工模式的优势之处主要在于以下几点：

（1）解决就业问题，增加歇业员工个体收入。新冠肺炎疫情下参与共享的大都是传统餐饮、酒店旅游等行业员工，而他们大都承担着房租房贷、孩子入学、生活等多方面经济压力，共享员工模式可为歇业员工提供一种新的就业选择和“缓冲器”，并助力其缓解短期“失业”和生活经济压力。

（2）共享员工模式下的跨界工作有助于员工接触更多工种、学习更多跨界知识和工作方法，也是跨界学习和轮岗培训的机遇；同时，有助于激发劳动者加强技能学习、提升自身素质的愿望，进而丰富自身技能、增强经验积累并促进整体素质提升。

（3）共享员工模式下的员工处于工作状态，也有助于其在共享用工结束后快速进入工作状态，减少复工对员工的心理冲击。此外，伴随“90后”“00后”等新生代员工成为职场生力军，他们更追求个人价值和丰富的职业生涯，“两栖青年”“斜杠青年”等也成为新生代员工群体的标志，因而共享员工模式或成为满足自由和理想化的职业追求的一种可能。

（资料来源：何江，闫淑敏，等．共享员工到底是什么：缘起、内涵、框架与趋势［J］．商业研究，2020（6）．）

思考和讨论：

1. 共享员工的出现受哪些因素的影响？

2. 当前共享员工的发展还存在哪些问题或挑战？

3. 采访1~2位共享员工，深入了解其选择成为共享员工的工作动机、工作内容、工作体验、考核及薪酬等方面的内容，结合案例及课外资料，深入理解共享员工的内涵。

第五章　人员招聘

本章要点

- 招聘与职位空缺的关系
- 招聘流程及要点
- 人员甄选技术
- 人员录用技术
- 人员招聘评估

学习用典

2016年11月30日，习近平总书记在中国文联十大、中国作协九大开幕式上的讲话中引用“盖有非常之功，必待非常之人”，强调人是事业发展最关键的因素，文艺界是思想活跃的地方，也是创造力充沛的地方，济济多士，英才辈出。我国文艺事业要实现繁荣发展，就必须培养人才、发现人才、珍惜人才、凝聚人才。

“盖有非常之功，必待非常之人”这句话出自班固《汉书》卷六《武帝纪第六》：“初置刺史部十三州，名臣文武欲尽。诏曰：‘盖有非常之功，必待非常之人。故马或奔踶而致千里，士或有负俗之累而立功名。夫泛驾之马，跅弛之士，亦在御之而已。其令州郡察吏民有茂材异等可为将相及使绝国者。’”意思是说，要想成就异乎寻常的丰功伟业，必须依靠非同寻常的人。同样，组织要取得发展，就必须吸引和招聘优秀的人才。

第一节　招聘管理概述

员工招聘及流程

人力资源管理的一项重要职能，就是为组织获取合格的人才，尤其是在当前人才竞争日趋激烈的情况下，能否吸引并甄选到优秀的人才已经成为组织生存和发展的关键。因此，人力资源管理的吸纳功能就越发重要，而这项功能正是通过招聘来实现的。作为人力资源管理的一项基本职能活动，员工招聘是人力资源进入组织或者具体职位的重要入口，它的有效实施不仅是人力资源管理系统正常运转的前提，也是整个组织正常运转的重要保证。

一、招聘与职位空缺

（一）招聘的含义

招聘工作对人力资源及整个组织管理都具有重要的意义。招聘是劳动力进入组织或岗位的入口，它的有效实施不仅是人力资源系统正常运转的前提，也是整个组织正常运转的重要保障。招聘决定了组织能否吸纳到优秀的人力资源，它影响着组织人员的流动和人力资源管理费用，同时它也是组织宣传的有效途径。

人员招聘是指组织为了生存和发展的需要，根据组织人力资源规划和工作分析的结果，采取科学方法寻找、吸引具备相应资格的劳动者到组织来任职，并从中选拔出适宜人员予以录用的管理过程。人员招聘包含两层含义：一是组织获取人力资源的方法；二是组织选拔最合适员工的过程。人员招聘过程实质上就是从应聘者中选择最适合特定工作岗位要求人员的过程。

招聘的直接目的就是获取与组织空缺岗位相匹配的人才，实现员工个人与岗位的有效匹配。表面上看是组织主动选择应聘者的过程，实际上是组织与应聘者个人之间双向选择和匹配的动态过程。在组织选择应聘者的同时，求职者也在选择组织，在这一互动过程中，组织和应聘者均应扮演积极的角色。

（二）职位空缺

1. 职位空缺的含义

对于组织来说，进行招聘工作的前提是组织中出现了职位空缺。职位空缺是指组织中出现空缺需要立刻填补，而组织也正积极进行招聘以填补的职位。从职位的重要性来看，组织中的职位可分为关键职位和非关键职位两类。非关键职位的空缺可能比较容易得到填补，不易形成较长时间的空缺，因此，需要重点讨论的是关键职位的空缺。

组织的理想状态是员工和岗位匹配，这样既可以保证组织目标得以实现，又可以促进员工的健康成长。当组织中出现职位空缺而不能及时补充时，就会对组织产生影响，空缺职位性质、空缺时间长短、空缺职位数量等都会对组织产生不同的影响。职位空缺尤其是关键职位长时间出现空缺，就会对组织产生严重的危害。因此，组织在遇到职位空缺尤其是关键职位空缺时，需要尽快采取措施填补空缺。

2. 职位空缺的类型

根据造成空缺的原因不同，可以把组织关键职位空缺分为以下五种不同的类型：

（1）创造性空缺。这种职位空缺是因为新设立从无到有的职位而出现的空缺，一般出现在组织创建或者组建新机构的时候。一般来说，新机构的绝大多数职位都空缺，并且必须迅速填补，这样才能保证组织功能的实现和目标的达成。针对创造性空缺，组织需要为所有新职位招聘新员工。

（2）扩张性空缺。扩张性空缺也是一种从无到有的职位空缺，一般出现在组织业务扩展和战略扩张而引起的组织规模扩大时期，随着组织的发展会创造许多空缺职位。这种情况需要为很多的空缺职位招聘新员工。

(3) 晋升性空缺。由于组织发展和员工成长等因素，一些员工在组织内部得以晋升，因此也会形成职位空缺，这就是晋升性空缺。这类空缺可以通过内部招聘或者外部渠道的招聘解决。

(4) 结构性空缺。结构性空缺是许多组织面临的常态化问题。有些组织的人力资源数量从总量上看是充足的，但内部可能存在不平衡，即员工队伍结构不合理，这就是结构性空缺。针对结构性空缺，人力资源部门会采取相应措施来优化和调整员工队伍结构。

(5) 离职性空缺。离职性空缺是因为员工离职而造成的职位空缺。造成员工离职的原因有三种：第一，外部诱导型离职，多数表现为同行竞争对手直接或通过中介机构以更高的职位、更好的待遇吸引本组织的优秀人才。第二，内部驱使型离职，表现为组织自身的某些原因驱使员工离职。第三，综合型离职，即内部因素驱使加上外部因素诱导，而综合导致员工流失并造成岗位空缺。

二、招聘的意义

当代的竞争集中体现在人才竞争上，越来越多的组织已经意识到员工是组织最重要的资产，而合适的员工更是组织的重要资产，于是招聘的重要性也日益凸显。

(一) 人员招聘是组织补充人力资源的基本途径

组织的人力资源状况随时都处于变化之中。组织内部的人事变动以及内部员工外流都会导致组织人员变动。同时，随着组织的发展扩张，人力资源也会进入扩张状态，这也意味着组织的人力资源经常处于稀缺状态，需要不断补充员工。因此，通过市场获取所需人员就成为组织的一项经常性任务，人员招聘也就成了组织补充人员的基本途径。

(二) 人员招聘影响员工的流动性

人员招聘是潜在的新员工接触组织的第一步，招聘过程中传递的信息真实与否，会直接影响应聘者进入组织的预期及后续的员工流动。如果招聘过程中组织传递的信息不真实，员工在进入组织后就会产生较大的反差感，进而会降低新入职员工的工作满意度，最终导致较高的员工流动率。相反，传递客观真实的信息则有助于降低员工流动率。

(三) 人员招聘有助于传播组织形象

人员招聘既是吸引和选拔人才的过程，又是向外界宣传组织形象、扩大组织影响力的窗口。为了实现招聘的目的，组织要向外部发布自己的基本情况、发展方向、方针政策、组织文化、产品特征等各种信息，这些都有助于组织更好地展现自身的风貌，使社会更加了解组织特点。研究表明，组织招聘过程的质量高低明显影响应聘者对组织的看法，招聘人员的素质和招聘工作的质量在一定程度上被视为组织管理水平和效率的标志。正因为如此，现在很多组织对校园招聘都给予高度的重视，一方面是为了吸引优秀的人才，另一方面也是在为组织做广告。

(四) 招聘工作影响人力资源管理的费用

作为人力资源管理的基本职能，招聘工作的成本是人力资源管理成本的重要组成部分。招聘成本包括广告费用、宣传资料费用、负责招聘工作人员工资和福利等，这些费用全部加起来是一笔不小的成本。同时，岗位空缺也会影响组织发展。因此，及时有效的招聘不仅可以填补空缺职位，也有助于降低人力资源管理成本。

(五) 人员招聘工作有助于提升组织的竞争优势

现代市场竞争的核心归根结底是人才的竞争。组织当中的员工素质和构成决定了组织的竞争优势。美国教育改革家克拉克·科尔曾经说过："如果所有事情都能做好，除了人才招聘做得不好，那么就不可能拥有一所优秀的大学；但是，如果人才招聘做得好而其他事情做得不好，仍然可以拥有一所优秀的大学。"组织对人才的获取是通过人员招聘来实现的，人员招聘对提高组织的竞争优势及实现发展目标有至关重要的影响。

三、招聘的原则

人员招聘工作是保证组织员工队伍质量的重要环节。组织在开展人员招聘的过程中，应遵循以下原则。

(一) 6R 原则

6R 是组织招聘的基本原则。这 6 个 R 分别是：①恰当的时间 (right time)。按时完成招聘工作，及时补充岗位空缺，这是对招聘最基本的要求。②恰当的范围 (right area)。也就是在适当的空间范围进行招聘，这是为了吸引到足够数量的应聘者和合格人员。③恰当的来源 (right source)。也就是说，通过适当的渠道，针对那些与空缺职位匹配程度较高的目标人群进行招聘。④恰当的信息 (right information)。在招聘之前，要使应聘者充分了解空缺职位的工作职责、任职资格及组织等相关信息。⑤恰当的成本 (right cast)。实际上，组织总是希望在满足招聘质量的条件下，以最低的成本来完成招聘工作。⑥恰当的人选 (right people)。也就是要吸引合适的人员来参加招聘，并通过甄选挑选出最合适的人选。

（二）人职匹配原则

人职匹配是指根据岗位需要来挑选人员，关注人和岗位的对应和匹配关系。由于每一个工作职位都对任职者的素质有具体的要求，只有任职者具备所要求的素质并达到规定的水平，才能更好地胜任工作，获得良好的工作绩效。

（三）经济效益原则

经济效益原则是指组织在人员招聘时，总是要考虑经济效益，设法用尽可能低的招聘成本录用到最佳人选。因此，在招聘工作的各个环节，组织都要控制招聘成本。

（四）公开、公平、公正原则

这一原则是指组织在招聘时应该将招聘岗位的数量、种类、应聘资格、条件及考试方法、考试科目和时间等信息进行公布，给予应聘者公平竞争的机会。这样既可以将招聘工作置于公开监督之下，防止以权谋私、假公济私的现象，又能吸引大量应聘者。同时，在招聘的各个环节，也要建立公平公正的制度给应聘者平等的获选机会。

四、招聘流程

招聘是组织在总体战略规划的指导下，确定相应的职位空缺并寻找合适的人员来填补这些职位空缺的过程。整个招聘工作从流程上来说，包括以下六个步骤。

（一）确定招聘需求

启动招聘流程首先要确定招聘需求。这项工作首先要求组织各部门进行人力资源需求预测。也就是各部门根据组织发展战略和年度经营目标，在编制年度计划时，应同时进行本部门年度人员需求预测，内容包括实现本部门年度目标所需人员总数与结构、现有人员总数与结构、流出人数与方式、流入人数、流入时间与方式及其原因分析等。在各部门完成人力资源需求预测后，组织人力资源部门通常会对各部门的管理人员需求预测进行审核。

其次，根据部门人力资源需求预测并结合组织战略，组织人力资源部门预测总体的人力资源需求并编制计划。人力资源部门通常会综合考虑组织发展、组织架构调整、员工内部流动、员工流失、竞争对手的人才政策等因素，结合对各部门人力资源需求预测的综合评估，进行组织年度人力资源需求预测。

（二）制订招聘计划

在招聘需求明确以后，就需要制订招聘计划，这是招聘流程的第二个步骤。在招聘计划中应当明确以下四个方面的内容。

1. 招聘规模

招聘规模是组织准备通过招聘活动吸引到多少个应聘者。在招聘过程中，吸引的应聘者数量既不能太多，也不能太少，应当控制在一个合适的规模。一般来说，组织可以通过招聘录用的金字塔模型来确定招聘规模，如图 5-1 所示。这一模型确定的招聘规模取决于两个因素：一是组织招聘选拔流程的复杂程度，流程越复杂，筛选过程越多，招聘规模一般就越大；二是各阶段的录取比例（如图 5-1 括号中的比例），每个阶段的比例越低，招聘规模就越大。

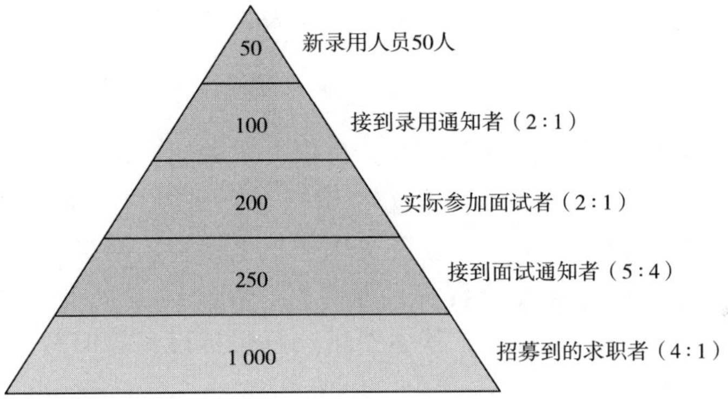

图 5-1　招聘录用的金字塔模型

2. 招聘范围

招聘范围就是组织要在多大的地域范围内进行招聘活动。从招聘的效果考虑，招聘范围大，相应的效果也会较好，但是随着范围的扩大，组织的招聘成本也会增加。因此，对于组织来说，招聘范围应当是适度的，既不能太大，也不能太小。

在确定招聘范围时，总的原则是到与招聘人员直接相关的劳动力市场上进行招聘。通常需要考虑以下两个主要因素：一是空缺职位的类型。一般来说，层次较高或性质特殊的职位，需要在较大的范围内进行招聘。例如，组织招聘高级管理人才，一般会采用全球招聘或者跨国招聘；而较低层次或者比较普通的职位，在较小的范围内进行招聘即可，例如一般职员大多在本地招聘。二是组织当地的劳动力市场状况。如果当地的劳动力市场比较紧张，相关职位的人员供给比较少，那么招聘的范围就要扩大；相反，当劳动力市场宽松时，在本地进行招聘就可以满足需求。

3. 招聘时间

由于招聘工作本身需要耗费一定的时间，再加上选拔录用和岗前培训的时间，因此补充一个职位空缺往往需要相当长的时间。为了避免因缺少人员而影响组织正常的运转，组织要确定合理的招聘时间。

可以用下面的公式来计算招聘所需的时间：

招聘时间=用人时间-（招聘设计+培训时间）

在条件允许的情况下，招聘信息应尽早发布，这样既有利于缩短招聘进程，也有利于使更多的应聘者获取信息。这就需要准确了解招聘过程中各个阶段所需的时间，准确估算信息发布的时间，及时进行招聘信息的发布。有经验的组织一般都预先编制好招聘工作进度表，然后按照招聘工作的程序和时间顺序去实施。

4. 招聘预算

招聘预算就是要估计招聘的成本，包括人工费用、业务费用、其他费用等，这些都应该计入招聘预算。人工费用就是公司招聘人员的工资、福利、差旅费、生活补助和加班费等；业务费用包括电话费、网络费、邮资等通信费、支付给中介的信息及专业咨询和服务费、在媒体上发布广告的广告费、印刷及资料费、办公用品费等；其他费用一般包括设备折旧费、水电费、物业管理费等。

（三）招募应聘者

招募应聘者就是根据招聘计划进行实际的招募工作，其中的招聘渠道和招聘方法非常重要，这个将在下一节专门介绍。

（四）甄选

甄选也是招聘中最关键的一个环节。甄选工作的质量，直接决定了选拔出来的应聘者是否达到组织的要求。另外，甄选也是技术性很强的一个环节。关于甄选的具体方法，也有必要进行专题介绍。

（五）录用

招聘的第五个步骤是录用合格的应聘者。这个阶段的主要工作包括录用决策、通知录用者和未录用者、员工入职、试用和正式聘用等。

（六）评估招聘效果

整个招聘过程的最后一个步骤是评估招聘效果。不得不说，以前很多组织并不重视对招聘效果进行评估。但是，这个步骤不仅非常必要，而且也很重要。通过招聘效果评估，可以帮助组织发现招聘过程中存在的问题，改进和优化以后的招聘计划、招聘方法和甄选方法。一般来说，对招聘效果进行评估主要从招聘时间、招聘成本、应聘比率和录用比率等方面展开。

第二节　招聘渠道和方法

招募渠道和方法

招聘渠道就是用人单位为了吸引应聘者而选择的招聘信息发布渠道和方式。在招聘过程中，选择恰当的招聘渠道可能会使组织更容易招聘到员工，因此，招聘渠道选择也是招聘中战略性、方向性的问题。招聘渠道与组织所在行业、组织发展阶段、招聘职位的特点以及人才市场的供给情况密切相关。一般来说，人员招聘的渠道可分为外部招聘和内部招聘两大类。

一、外部招聘

外部招聘也叫外部招募，是按照一定的标准和流程，从组织外部招募候选人，并从中挑选符合空缺职位要求的人员。一般来说，在以下几种情况下，组织会从外部招聘新员工：第一，填补最基层的职位空缺；第二，为了获取某项现有人员不具备的技术；第三，获取具有与现有员工不同知识背景的新员工，希望其为组织提供新思想和新观点。

（一）外部招聘来源

1. 学校

大中专院校、科研院所及各类职业技术院校是组织外部招聘的主要来源。其中，职业技术院校和大专院校通常为组织提供办事员和其他初级操作性职位的人员补给，而各类高等院校和科研院所提供的则是潜在的专业人员、技术人员和管理人员。现在，大学校园招募已经越来越成为各类组织常用的招聘方式。组织通常能够在校园中募集到数量可观的具有较高素质的申请者。同时，校园招募也是宣传组织形象的一种非常便利的手段，为组织和应聘者搭建了一个对话的平台。

2. 竞争者和其他公司

对严格要求有工作经验的职位来说，可以考虑从同行竞争者及其他公司来招聘员工。另外，一些规模小的公司或组织也特别注重寻找有大型组织相关工作经验的人员。

3. 特殊社会群体

特殊社会群体，是指谋求职业有困难或处境不具备优势的群体统称，包括残疾人、退出现役的军人、少数民族人员、失业者及老年人等。《中华人民共和国劳动法》第二章第 14 条规定："残疾人、少数民族人员、退出现役的军人的就业，法律、法规有特别规定的，从其规定。"

《中华人民共和国残疾人保障法》规定，国家推动各单位吸纳残疾人就业，机关、团体、企业事业组织、城乡集体经济组织，应当按一定比例安排残疾人就业，并为其选择适当的工种和岗位。在劳动力市场上，残疾人往往比较忠诚、出勤率也较高。随着技术的发展，这一群体能够胜任的工作岗位也越来越多。

针对退出现役的军人，《中华人民共和国兵役法》和《退役士兵安置条例》规定，符合安排工作条件的义务兵退出现役后，由当地政府负责安排工作。但是，在依法保障退役士兵第一次安置就业的同时，对自愿到劳动力市场竞争就业和自谋职业的应予以支持和鼓励。军人的优势主要在于其技术范围广、目标意识和团队意识强，但现实中这类员工来源往往被忽视。

老年员工一般有丰富的工作经验，责任心往往也比较强，因而是非常好的招聘来源。随着人均寿命的延长，具备丰富工作经验的退休老年人逐渐被劳动力市场所重视。老年员工的弱势主要集中在组织需要支付的医疗保健费、接受一项新任务的适应性以及培训的可持续性方面。

失业人员也是外部招聘的来源之一。《中华人民共和国劳动法》第二章第 27 条规定："用人单位濒临破产进行法定整顿期间或者生产经营状况发生严重困难，确需裁减人员的，应当提前三十日向工会或者全体职工说明情况，听取工会或者职工的意见，经向劳动行政部门报告后，可以裁减人员。用人单位依据本条规定裁减人员，在六个月内录用人员的，应当优先录用被裁减的人员。"

招聘的外部来源中还有一类是自我雇佣者，这类人员具备自我经营的经历，往往具有组织内部某类工作要求的专业技术、行政管理和企业经营等多方面的知识技能，这就使得他们一旦愿意求职，就极可能被录用。这类人的不足主要表现在纪律观念方面，自主意识较强而可能忽视集体纪律要求。

（二）外部招聘方法

1. 校园招聘

在大学校园进行招聘已经成为各类组织越来越常用的招聘方法。校园招聘是组织获得潜在管理人员及专业技术人员的一条重要途径。许多有晋升潜力的工作候选人最初就是组织到大学中直接招募来的。大学校园是高素质人员相对比较集中的地方，组织能够在校园招聘中找到相当数量的具有较高素质的合格申请者。年轻的大学毕业生朝气蓬勃，富有工作热情，可塑性强。但是，校园招聘也有明显不足，优秀的毕业生往往有多种应聘准备；同时，大学生刚踏入社会，缺乏实际的工作经历，工作上手慢，容易对职位产生不切实际的期许；另外，由学校到社会的身份转换需要较长的磨合期，需要大量的培训。

2. 员工推荐

员工推荐是常见的招募方式，同时也是很有效的一种招募方式，许多组织都应用各种形式的员工推荐方式招募候选人。当一个工作岗位出现空缺时，可由组织内部员工推荐，然后经过竞争和测试合格后录用。一般来说，采用员工推荐招聘人才有以下优点：第一，成本低。尽管组织会支付给员工一定的推荐费用，但比起刊登广告、通过人才中介公司等招聘渠道，招聘成本还是较低的。第二，匹配度高。当员工推荐求职者时，通常会对职位和求职者双方进行一定的考量，因此人职匹配度也会较高。第三，员工帮组织招募人才，可以增强员工的参与管理意识，提高员工的组织承诺。

当然，员工推荐方法也存在着一些弊端。例如，容易形成小群体关系，给管理带来困难；很多时候主管推荐往往取决于主管的个人态度，而不是根据能力和工作绩效进行选择，因而可能影响招聘质量；员工推荐的人员选择面较窄；“类我效应”使推荐者往往愿意推荐与自己相像的人，影响公平就业。为了克服这些缺点，保证推荐的有效性，组织在鼓励或要求熟人推荐前，必须先建立一套明确的推荐制度。

3. 广告招聘

广告招聘是组织广泛使用的招聘方法，是组织通过在媒体上刊登招聘广告来获取职位候选人的渠道。通常的做法是在网络或大众媒体上刊登职位空缺的消息，吸引对这些空缺职位感兴趣的潜在候选人前来应聘。以前的广告招聘一般会在广播、电视等传统媒体上发布广告，随着新媒体的发展，现在的招聘广告除了投放在专业的招聘网站之外，还投放在社交平台、手机媒体、数字电视等新媒体上。

4. 人才招聘会

人才招聘会是一种比较传统的招募方式，也是组织采用比较多的招聘方式。但是，在人才招聘会上招聘到组织需要的人员并非易事。因为尽管参加招聘会的应聘者人数不少，但是真正符合组织需要的人才却不多。

要想在招聘会上获取满意的人才，必须注意以下事项：第一，选择合适的招聘会，要根据需要招募的人才类型来选择参加招聘会；第二，参加招聘会前要做好相应的准备工作，争取有吸引力的展位，准备好相关的宣传品、登记表格等；第三，招聘会现场要注意工作人员的形象，现场招聘人员代表着组织形象，因此组织往往会选派有经验或经过培训的人员参加招聘现场工作；第四，招聘会结束后，要通过电话或电子邮件的方式与应聘者取得联系，及时做出决策。

5. 职业服务机构

职业服务机构作为一种专业的就业中介机构，掌握着丰富的人力资源资料，而且招募和选拔的方法也比较科学，效率较高，可以为组织节省时间。同时，职业服务机构作为第三方，能够坚持公事公办、公开考核、择优录用，公正地为组织选择人才。但另一方面，也正因为职业服务机构不是组织本身，不能清楚了解组织对人才的要求，有时会选择到不合格的人。而且组织通过职业服务机构招聘人员必须支付中介费，这增加了组织的招聘成本。

职业服务机构包括两类：一类是私人开办的职业介绍公司，这类机构一般规模不大，实力也有限，通常组织只是在招募临时员工时才会利用私人职业介绍机构。另一类是公共就业服务机构，这类机构一般是由各地地方劳动保障部门的就业和人才服务管理机构合并成立，旨在方便劳动者求职就业和用人单位招聘用人。公共就业服务机构是我国公共就业服务体系的构成，也是我国公共就业服务制度的体现。

6. 猎头公司

猎头公司是为组织搜寻高级管理人才和专业技术人才的服务机构。猎头公司往往掌握着业界高级人才的资料，能够对组织的名称保守秘密，可以为组织节省时间，能够帮助组织一开始就接触到高素质的应聘者。但是猎头公司的收费通常也不菲，且无论招聘成功与否，招聘费用都由组织支付。由于高水平的管理人员和技术人员十分稀缺，因此许多跨国公司大都通过猎头公司来寻找高级人才。

7. 随机求职者

实践中也存在一些直接到组织来的求职者，这也是一种招聘方法。无论这些求职者是否符合组织的要求，组织都必须礼貌对待、妥善处理。因为这不仅是尊重求职者的问题，更是关系到组织在社会上的声誉问题。

二、内部招聘

内部招聘就是从组织内部员工中选拔合适的人才来补充空缺或新增的职

位。内部人力资源包括现有的员工、组织以前的员工以及以前的应聘者。

（一）内部招聘途径

1. 内部晋升

内部晋升是指组织从内部提拔员工补充到高一级的空缺职位。内部晋升能够促进组织人力资源的垂直流动，给员工更多的发展机会，激发组织内其他员工的士气，促进组织的工作效率不断提高。但是内部晋升也有缺点，例如容易造成“近亲繁殖”。

2. 工作轮换

工作轮换是在相同或相近的职位之间进行人员的调动来填补空缺职位。通过有计划、有步骤的工作轮换，可培养人才、储备干部和提高整体效益。当然，工作轮换也是有利有弊的，一方面它有助于员工寻找到适合自己的岗位，掌握多种技能，获得更大的职业生涯发展空间，实现人职匹配。但是从另一方面看，它不利于员工深度掌握某一职位的技能，从而影响工作的专业性。

无论是内部晋升还是工作轮换，都是建立在职位管理和员工职业生涯规划管理体系的基础上，也就是要建立内部晋升和工作轮换的管理程序和制度，例如制定晋升与轮换的条件、范围、实践要求和流程等。另外，很多组织为了保证内部晋升和工作轮换的有序进行，往往会建立接班人计划，也叫继任规划，确定组织中重要职位的候选人，跟踪这些人的绩效，对他们的提升潜力进行评估，在必要时用这些候选人补充空缺职位。

3. 降职或返聘

降职是上级职位的人员通过降职的方法来填补空缺职位。这种方法在组织中采用不多，一般作为惩罚手段采用。返聘是组织将解聘或待聘的员工重新聘用到合适的岗位。返聘的员工一般熟悉组织环境，无须培训即可上岗，而且他们往往十分珍惜工作机会，有利于降低员工流动率。

（二）内部招聘方法

1. 档案记录法

一般组织的人力资源部门都有对员工个人档案的详细记录，从中可以了解员工的教育、培训经验、技能、绩效等信息，通过这些信息，就可以确定出符合空缺职位要求的人员。使用这种方法进行内部招聘时，必须注意两个问题：第一，档案资料的信息必须真实、可靠、详细、全面，还要保证及时更新，这样才能保证所选人员的质量；第二，确定出人选后，应当和本人进行详细面谈，征求本人的意愿。当前，随着计算机和网络技术的普及，许多组织都建立了人力资源信息系统，对员工的个人信息进行动态化和规范化的管理，利用档案记录法进行内部招聘的效率和效果也有了大幅提高。

2. 工作公告法

这种方法是通过向员工公开现有的职位空缺，从而吸引内部相关人员来申请这些职位。工作公告中应包括空缺职位的各种信息，例如工作内容、资格要求、上级职位、工作时间、薪资等级等。在发布工作公告时，还应注意两点：第一，公告应向所有的人公开，以便有资格的人员有机会看到并申请这些职位；第二，公告应公开一定的时间，避免有些人因出差等原因错过信息，同时招聘还应该让所有申请人都能收到有关的信息反馈。

三、外部招聘与内部招聘相结合

组织是通过外部招聘还是通过内部招聘来补充空缺岗位，最后还是要取决于组织的战略以及现实条件，因为外部招聘和内部招聘都各有其优缺点。

（一）内部招聘的优缺点

1. 内部招聘的优点

（1）组织和员工相互之间比较了解。从组织的角度来看。组织对内部员工比较了解。如果组织拥有一份员工技能清单，就可以把它作为内部招聘的起点，获得员工的绩效评价；另外，组织一般都能够获悉候选人员的现任和前任管理者对其潜力发展的评价；而且组织能够有机会观察候选人的工作习惯、工作技能、与他人相处的能力和在组织中的适应性。从员工的角度来看，员工也了解组织的较多信息，例如组织管理制度、价值观和文化，因此，员工对组织的预期相对会比较稳定。

（2）创造和提供了晋升机会。高级岗位的内部招聘对员工而言就是晋升机会，而晋升激发了员工士气，会产生积极的促进作用。员工如果知道自己有希望得到晋升或职业有发展，就会为组织努力工作。晋升也是对员工绩效和忠诚的奖励。如果总是优先考虑用外部人员填补工作空缺，就会产生相反的影响。

（3）招聘成本较低。与外部招聘相比，内部招聘在评价、测试和背景资料方面，能节约一定的人力、物力和财力，而且招聘的效率比较高。同时，组织可以充分利用现有员工的能力，使员工人力资本的投资获得一定的回报。

2. 内部招聘的缺点

（1）容易导致“近亲繁殖”。由于缺少新鲜血液的流入，组织会逐渐变得封闭，并且容易在内部形成错综复杂的关系网，导致任人唯亲、拉帮结派、管理水平下降，不利于形成公平、合理、科学的管理局面。

（2）容易造成组织氛围恶化。在内部招聘中，当几个人竞争同一个职位时，求胜的心理可能会导致人际冲突和组织内人际关系紧张。在相当多的情况下，当结果公布后，没得到晋升的员工可能会产生消极情绪，一些被否决的候选人甚至会产生怨恨，表现出对组织的强烈不满。

（3）内部候选对象范围狭窄。组织内部员工有限，尤其是当组织缺少足够的人才储备时，采用内部招聘会让外部人才无法进入组织，从而使组织的运行和发展面临巨大挑战。

总体来说，内部招聘既有长处也有不足。在组织实施以稳定为主的战略、面临的外部环境威胁较小的情况下，内部招聘可能发挥最好的作用。在时间或经费有限的情况下，内部招聘可能较适宜。

（二）外部招聘的优缺点

1. 外部招聘的优点

（1）人员选择范围广泛。对组织来说，从组织外部可获得的人员不论是在技术、能力还是数量方面都有很大的选择空间。

（2）有利于带来新思想和新方法。外部招聘会给组织带来新鲜的血液，把新的技能和想法带进组织。这些新思想、新观念、新技术、新方法、新的外部关系使得组织充满活力与生机，能帮助组织用新的方法解决问题。这对于需要创新的组织来说就更为关键。

（3）节省培训费用。从外部获得有熟练技术和管理才能的员工往往要比内部培训成本低，特别是在组织急需这类人才时。这种“拿来主义”不仅节约了培训经费和时间，还节约了获得实践经验所需的“学费”。

2. 外部招聘的缺点

（1）对内部员工造成打击。外部招聘的员工占据稀缺职位，使那些渴望拥有职位的内部员工失去机会，感到自己被忽视，这将影响员工的士气，甚至会造成内部员工离职。

（2）新入职员工的实际工作能力可能被错误预估。组织在对外部招聘员工的信息获取、绩效评价等方面存在困难，因此，外部招聘选错人的风险比较大。

（3）需要更长的适应时间。外部招聘的员工对组织各方面情况需要有一个熟悉的过程，即不能迅速进入角色开展工作，会产生效率损失。

（4）可能与组织文化产生冲突。文化冲突可能是最深层次、最激烈的冲突。对外部招聘员工本人和组织来说，文化的冲突都是致命的。

（5）外部招聘成本高。与内部招聘相比，外部招聘可能费时费力。无论是引进高层人才还是中低层人才都需要相当高的费用，包括招聘人员的费用、广告费、测试费、专家顾问费等，这些都会增加招聘成本。

（三）内部招聘和外部招聘相结合

由于内部招聘与外部招聘各有优缺点，因此，许多组织在实践中经常采取内部招聘和外部招聘相结合的办法。一般来说，在招聘组织的中高层管理人员时，内部招聘与外部招聘都是行之有效的方法。对于需要保持相对稳定的组织中层管理人员来说，内部招聘适合；当组织需要引入新的风格、新的竞争时，高层管理人员可以从外部引进。

组织外部招聘一般有规范的流程和制度。内部招聘虽然可以使员工看到新的职业发展机会，是提升工作满意度的激励因素，但是如果内部招聘系统不公平的话，就会产生新的问题。避免内部招聘产生负面冲击的最好方法就是设立一个公平的程序。如果程序是公平合理的，大多数员工就容易接受失败并保持高效的生产力。

在具体招聘操作中，有三点值得重视：第一，使用客观的遴选方法。要尽可能避免主观的选择方法，如无计划的面试、根据声誉和介绍信对候选人进行评价等。客观的遴选方法可以强化候选人“选择程序是公平的”这样的信息，避免引起误会和误解。第二，与候选人公开沟通。公开关于选择过程的工作方式和必需的标准，保证决策过程透明。例如，如果交际能力是一项工作的决定性因素，就将这一点首先陈述出来。第三，为落选者提供信息反馈。将组织选择的结果和原因告知落选者，帮助他们分析优势和劣势、需要改进的地方，以便他们成为今后空缺职位的候选人。

第三节　甄选方法

常用甄选方法

甄选也称为选拔，是指对已经招募到的求职者进行鉴别和考察，从而挑选出填补空缺职位的人员。通过甄选，先要评价应聘者的知识、能力和个性，然后要预测应聘者未来的绩效。在实践中，很多组织在甄选时高度关注对应聘者的知识能力的评价，而忽视了对其未来工作绩效的预测，而事实上，后者对组织来说更有意义。

一、甄选程序

甄选工作一般按照下面的程序进行：第一，评价应聘者的求职申请表和简历；第二，组织选拔测试；第三，进行面试；第四，背景调查，审核应聘者材料的真实性；第五，体检；第六，试用期考察；第七，正式录用。如图 5-2 所示，在员工甄选的每一个步骤，都会有应聘者因不符合要求而被淘汰。只有通过所有环节、通过试用期考察的应聘者，才会最终被正式录用。

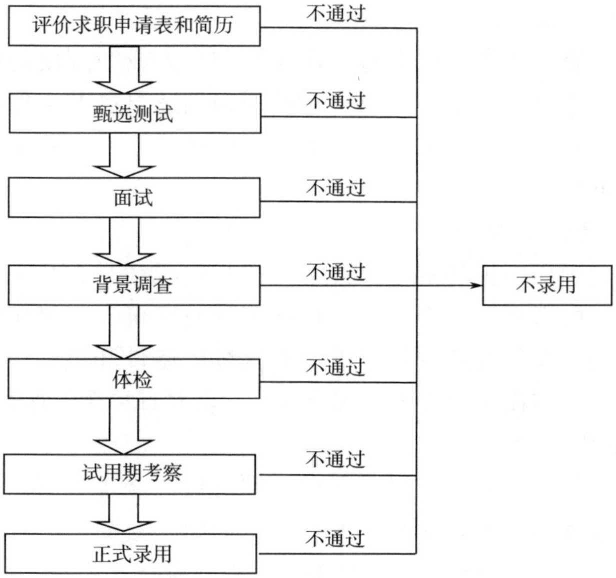

图 5-2　员工甄选程序示意图

二、评价求职申请表和简历

组织可以通过简历和求职申请表获得足够的信息，并作为依据来判断应聘者是否具备职务所需的最低资格。

（一）简历筛选

1. 简历结构审查

简历能够反映应聘者的组织沟通能力，结构合理的简历一般都比较简练，基本不超过两页。手写简历要字迹清晰，电子版简历要突出主要成就，篇幅要简短。

2. 简历内容审查

在筛选简历时应将重点放在客观内容上。例如，应聘者的个人信息、受教育经历、工作经历和个人成绩四个方面。

3. 资质审查

资质审查是对应聘者资质与职位要求相符程度的审查。在审核简历中的客观内容时，招聘人员应该注意应聘者的个人信息和受教育经历这两个方面，判断应聘者的个人资质是否符合空缺岗位相关要求。一般在这个环节就会对不相符的求职者进行淘汰。

4. 简历逻辑性审查

这里主要审查应聘者简历中对工作经历和个人成绩方面的描述是否有条理，是否具有逻辑性。比如，应聘者在简历中描述自己的工作经历时，列举了一些著名企业和一些高级职位，而他所应聘的却是一个普通职位，对这类简历就需要引起注意。

5. 简历真实性审查

关注应聘者简历中描述的个人经验与取得的成绩是否相关，是否具有真实性。例如，应聘者在简历中称自己在许多领域取得了突出成绩并获得很多证书，但是从他的工作经历中很难看出有这样的条件和机会，这就需要多加注意。如果能够断定简历中有虚假成分存在，就要直接删除这类简历。

6. 简历整体评价

对简历整体做出评价，通过简历对应聘者做出初步判断，可留下初步印象以便于在后续面试及测试中进一步验证。同时，对简历中有疑问的地方或印象深刻的地方可以进行标注，以便面试时询问应聘者。

（二）求职申请表筛选

求职申请表通常都是专门设计的，求职申请表的筛选与简历的筛选基本相同，但有些方面仍值得注意。

1. 应聘者态度考察

态度比较端正的应聘者一般都会认真填写申请表，内容也填写得相对完整，字迹工整。一般情况下，对于填写不太完整或字迹相对模糊的申请表可以不加考虑。

2. 职业相关性考察

重点考察工作经历。在审查求职申请表时要估计背景材料的可信程度，注意应聘者以往经历中所任职务、技能、知识与应聘岗位之间的联系。例如，应聘者的工作经历和教育背景是否符合申请条件，是否经常变换工作而这种变换却缺少合理的解释等。在筛选时要注意分析其离职的原因、求职的动机，要对那些频繁离职人员加以关注。

3. 做好相应标记

在筛选过程中对求职申请表中有疑问的地方应该做出相应标记，在测试的时候可以进一步核实。例如，在审查求职申请表时，通过分析求职岗位与原工作岗位的情况，要对高职低就、高薪低就的应聘者加以关注，必要时应该检验应聘者的各类能够证明身份及能力的证件。

三、知识技能和心理测试

（一）知识技能测试

人力资源知识技能测试用于衡量应聘者所具备的知识与技能水平，以此判断应聘者能否承担应聘岗位的职责。具体可采用笔试、口试、现场测试、各种能力证书的验证等形式。知识技能测试通常包括三种类型。

1. 综合知识测试

综合知识测试通常采用笔试的形式，主要了解应聘者是否掌握应聘岗位必须具备的基础知识，考察应聘者的知识面，其内容包括各种常识和基础知识。

2. 专业知识测试

组织希望通过专业知识测试来了解应聘者是否具备其应聘的岗位所要求的专业知识，专业知识测试的内容包括专业理论知识、专业技术知识和相关专业知识。

3. 技能测试

这是针对岗位要求的特定技能进行测试，用于了解应聘者对各工具的掌握程度。技能测试的内容包括通用能力测试和特定岗位的特殊技术能力测试。例如，外语、计算机通用能力的测试，会计岗位人员的记账、核算能力的技能测试等。

（二）心理测试

心理测试的目的在于把握求职者的职业兴趣、能力结构等是否符合所应聘的岗位的要求，并预测应聘者在今后工作中的发展趋势，从而提高招聘的准确度。常见的心理测试技术有以下几种。

1. 职业能力倾向性测试

职业能力倾向性测试一般通过测量人的某种潜能，从而预测其在某职业领域中成功和适应的可能性，或判断哪项工作更适合该求职者。职业能力倾向性测试包括普通能力倾向测试、特殊职业能力测试、心理运动机能测试。

普通能力倾向的测试的内容包括思维能力、想象能力、记忆能力、推理能力、分析能力、数学能力、空间关系判断能力、语言能力等。特殊职业能力测试即对特殊职业或职业群能力的测试，其目的在于测量已具备工作经验或受过有关培训的人员在某些职业领域中现有的熟练水平，以选拔那些具有从事某项职业的特殊潜能，并且经过很少或不经特殊培训就能从事某种职业的人才。心理运动机能测试包括两类：一类是心理运动能力，如选择反应时间、肢体运动速度、四肢协调程度、手指灵巧程度、手臂稳定程度、速度控制等；另一类是身体能力，包括动态强度、爆发力、广度灵活性、动态灵活性、身体协调性与平衡性等。

另外，也可以对求职者进行职业兴趣测试，例如用霍兰德模型测试应聘者的性格、兴趣，并分析与应聘岗位的匹配性。

2. 个性测试

个性也称人格，是指一个人自身所具有的独特的、稳定的对现实的态度和行为方式，它具有整体性、独特性和稳定性的特点。对应聘者进行个性测试的目的是寻找人的内在性格中某些对未来绩效具有预测效用或是工作与之相匹配的特征。典型的个性测试量表有明尼苏达多相人格测试、16PF、艾森克人格问卷（EPQ）、加州心理调查表（CPI）等。另外，在个性测试中也会采用罗夏墨迹测验、笔记学测评等投射法来进行测试。

四、面试方法

面试是通过面试者和应聘者之间面对面的交流，对应聘者作出评价的甄选方法。在实践中，面试是组织经常采用的一种甄选方法。

（一）面试的结构

根据面试的结构化程度，可以把面试分成结构化面试、非结构化面试、半结构化面试三种类型。

1. 结构化面试

结构化面试也叫标准化面试，是根据职位的胜任要求，遵循固定程序，采用事先确定的题目、评价标准和评价方法，对应聘者进行评价的人才测评过程和方法。结构化面试可以避免遗漏重要的问题，了解的情况较为全面，有利于提高面试效率；同时，结构化面试可以减少面试官的偏见，能够对不同应聘者进行比较，增强面试的可靠性和准确性。但是结构化面试的谈话方式程序化、缺乏灵活性，面试官没有机会追踪感兴趣的问题，不利于对问题进行深入交流。

2. 非结构化面试

非结构化面试指根据实际情况，随机进行提问的面试方法。采用非结构化面试时，主考官会提出探索性、无固定程序、无限制、发散性的问题，鼓励求职者敞开谈。非结构化面试可以了解到特定的情况，但缺乏全面性，效率较低。非结构化面试的优缺点相对明显，因此往往作为其他甄选方式的前奏或补充，发挥补漏的作用。

3. 半结构化面试

半结构化面试是综合结构化面试和非结构化面试，既有事先确定的题目和标准答案，又在一定程度上允许主考官自由发问和追问。因此，半结构化面试能够把前两种方法结合起来，可以有效避免结构化面试和非结构化面试的缺点。

（二）评价中心

在甄选和面试环节，很多组织都会采用评价中心。评价中心是一种综合性的人才测评方法，它基于多种信息来源，使用多种评价技术，通过多位经过训练的评价者，对个体在特定情境中的表现进行综合评价。评价中心主要技术包括无领导小组讨论、公文筐测试、案例分析。

1. 无领导小组讨论

无领导小组讨论也叫无主持人讨论、无领导小组测试，它是应用比较广泛的评价中心技术。采用这种方法时，首先把几个应聘者组成一个小组，给他们提供一个议题，让他们通过小组讨论的方式，在限定的时间内做出一个决策。而评价者通过观察被评价者在讨论中的语言及非语言行为，来对他们作出评价。

一般来说，在无领导小组讨论中，既不给评价者指定角色，也不指定每个被评价者应该坐在哪个位置，而是让所有的被评价者自行安排和组织。无领导小组讨论的独特之处，在于它能考察求职者在人际互动中的能力和特性，比如人际敏感性、社会性和领导能力。同时，通过观察可以对求职者的计划组织能力、分析能力和解决问题的能力，以及主动性、坚决性和决断性等意志进行考察。已有的研究和实践表明，无领导小组讨论，对于评估被评价者分析问题、解决问题的能力，以及社会技能尤其是领导素质有很好的效果。

2. 公文筐测试

公文筐测试也叫文件筐测试。这也是评价中心技术中的常用方法之一，组织经常用这种方法对管理者的潜在能力进行测试。公文筐测试首先假定被评价者要接替某个领导人或管理者的职位，要接受并处理一个文件筐，公文筐测试也因此而得名。测试要求受测者以模拟身份，在规定时间内对各类文件进行处理，并写出公文处理报告。公文筐中的文件可以是信函、电话记录、命令、备忘录、请示报告等。公文内容往往涉及人事、资金、财务合同、工作程序、突发事件等多个方面，这些文件通常是根据这个职位经常遇到的典型问题而设计的。考官最终会根据被评价者的处理情况，对其相关能力和素质作出评价。公文筐测试，通常可以对被评价者的规划能力、决策能力、分析判断能力作出评价。

3. 案例分析

案例分析通常是让求职者阅读一些关于组织中存在问题的材料，然后让其提出一系列建议，提交给更高层的管理部门。这种方法可以考察求职者的综合分析能力和判断决策能力，如果案例分析结果采取书面报告形式呈现，还可以对求职者所撰写报告的内容及形式进行评价，进而考察求职者的计划组织能力、分析问题的能力、决断性等。案例分析与文件筐测试有些类似，都是让被评价者对文件材料进行分析。但文件筐测试中所提供的材料可能稍显零散，而且是原始文件；案例分析中所提供的文件大多是经过加工的，例如一些图表。文件筐测试要求求职者针对文件提出一系列具体的问题；而案例分析则要求求职者撰写一份分析报告，评价者可以根据分析报告对其综合分析能力或者管理及业务技能做出判断。案例分析的一个不足之处就是很难找到客观的计分方法。案例分析的优点是操作非常方便，分析结果既可以采取口头报告也可以采取书面报告。

案例分析主要适用于中高层管理者的选拔。有研究表明，不同职业背景、不同职位、不同学历、不同经历的人在案例分析的得分上存在明显差异，因此如果试题编制得当，案例分析完全可以用于管理者的选拔。此外，案例分析既适合个别施测，也适用于团体施测，尤其是在有条件限制、其他测评方法不便使用或不能使用的场合。在实际应用中，案例分析不仅可以作为领导干部的测评手段，也可以作为领导干部的培训手段。

（三）工作样本法

除了评价中心，在面试环节还经常采用工作样本法。工作样本就是要求应聘者完成职位中的一项或若干项具体任务，根据任务的完成情况对被评价者做出评价。工作样本法和评价中心有类似之处，不同的是评价中心是通过情景模拟、用模拟的工作任务进行测试，而工作样本法使用的是实际工作任务来测试。

工作样本法直接测量工作绩效，因此具有较高的预测效度。甄选工作的任务之一就是预测应聘者未来的工作绩效，而工作样本法直接测量了工作绩效，所以这是它最大的优点。但这种方法也有缺点，采用这种方法时，需要对每个应聘者单独进行测试，因此实施成本比较高；并且它不适用于那些周期比较长的任务。在采用工作样本法时，要注意所选择的工作任务一定是该职位中的关键任务，如果选择的任务不恰当，对未来工作绩效的预测效果也就无从谈起。

五、测试的信度和效度

信度与效度是对测试方法的基本要求，只有信度与效度达到一定水平的测试，其结果才适于作为录用决策的依据，否则将误导主试者，影响其做出正确的决策。

（一）信度

信度又称可靠性，指的是测评的稳定性和一致性，即用两项类似的测试去衡量同一个人，得到的结果应该基本相同；在不同的时间，用相同的测试去衡量同一个人，结果应该基本相同。现在人们对信度的讨论主要集中在测验的使用方面，但是需要注意的是不只是测验需要信度，选拔过程的所有工具都需要信度。

信度是对任何测试过程的一个基本要求，如果一项测试不可靠，它就不可能是有效的。这是因为如果一项测试无法得到一致而稳定的分数，我们就不可能根据应试者在测试中得到的分数的高低来预测他们在未来的工作绩效。估计测验信度的方法很多，在两个不同的时间对同一个人实施同一个测试，比较时间 2 和时间 1 的测试分数，这称为再测评估。如果在实施测试之后，再实施一个专家认为与前一个测试等值的测试就是测量测试信度的另一个方法——复本评估。假如职业兴趣中有 10 个项目，这 10 个项目都从不同角度测量个体的户外工作兴趣，实施测试后统计分析对 10 个项目的总差异程度，这种方法被称作内部比较评估，它能对内部信度进行测量。

影响信度的因素有以下几个：受试者方面——身心健康状况、动机、注意力、持久性、求胜心、作答态度等；主试者方面——不按规定实施测验，制造紧张气氛，给予特别协助，评分主观等；测验内容方面——试题取样不同，内部一致性低，题数过少，题意模糊等；施测情境方面——面谈或者测验的现场条件，如通风、温度、光线、噪声、空间宽窄等。此外，被试团体的异质性、平均水平、测试题目的数量、测验难度、间隔时间都会影响测试的信度。

信度主要有四类：重测信度、复本信度、内部一致性信度、评分者信度。

（1）重测信度又称稳定性系数，是指用同一种测试方法对一组应聘者在两个不同时间进行测试的结果的一致性。一致性可用两次结果之间的相关系数来测定。重测信度的高低既与测试方法本身有关，也跟测试因素有关。例如，受熟练程度影响较大的测试，其重测信度就比较低，因为被测试者在第一次测试中可能会记住某些测试题目的答案，从而提高第二次测试的成绩。对于具有较高稳定性的测试内容，例如人格、能力倾向等，测试方法的重测信度是十分重要的。

（2）复本信度是指用两个测验复本（功能相同但题目内容不同）来测验同一群体，被试在这两个测验上得分的相关性。复本信度的高低反映了这两个测验复本在内容上的等值性程度。

（3）内部一致性信度主要反映同一测试内部不同题目的测试结果是否具有一致性。

（4）评分者信度是指不同评分者对同样对象进行评定时的一致性。例如，许多人在面试中使用一种工具给一个求职者打分，如果他们都给候选人相同或相近的分数，则这种工具具有较高的评分者信度。

（二）效度

效度即有效性或精确性，是指实际测到应聘者的有关特征与想要测的特征的符合程度。就是说，只有在对能够影响工作绩效的因素进行评判时，这一技术或者方法才是有效的。更简单地说，衡量一个选拔工具有没有效果，就是看它实际测量的是不是它所想要测量的东西。效度的研究可以帮助组织选择正确的指标来对工作申请人进行遴选，一个好的选拔过程必须具有很高的有效度。信度是效度的必要而非充分的条件，测验的效度受其信度的制约。

效度主要有三类：内容效度、效标关联效度和构想效度。

（1）内容效度即测试方法能真正测出想测的内容的程度。例如，如果某测试工具旨在测量求职者的交流技能，那么高分就意味着此人有很强的交流能力。

（2）效标关联效度也可称作标准相关有效性，是指选择工具能否根据重要标准准确预测工作表现，或是根据测试标准得到的测试分数与根据实际工作标准得到的标准分数之间的关系。标准相关有效性的一个例子是认知能力测试。这种测试应使分数与人的工作表现精确相关。

（3）构想效度是指测验能够测量到理论上的构想或特质的程度。所谓构想，通常指一些抽象的、假设性的概念或特质，如智力、创造力、语言流畅性、焦虑等。这些构想往往无法直接观察，但是每个构想都有其心理上的理论基础和客观现实性，都可以通过各种可观察的材料加以确定。例如，语言流畅性可以通过语速、语句间的逻辑性、口误的数量等可观察的指标进行确定。构想效度关心的问题是测验是否能正确反映理论构想的特性。

本章小结

员工招聘是现代人力资源管理中非常重要的一项工作，是组织人力资源的入口，决定着组织中人力资源的优劣。组织进行招聘工作的前提是出现了职位空缺。职位空缺是指组织中出现空缺需要立刻填补，而组织也正积极进行招聘以填补的职位。

招聘渠道是组织为了吸引应聘者而选择的招聘信息发布渠道和方式。招聘渠道选择也是招聘中的战略性、方向性的问题。招聘渠道与组织所在行业、组织发展阶段、招聘职位的特点以及人才市场的供给情况密切相关。人员招聘的渠道可分为外部招聘和内部招聘两大类。外部招聘渠道一般有学校、竞争者和其他公司、特殊群体，具体的招聘方法包括校园招聘、员工推荐、广告招聘、人才招聘会、职业服务机构、猎头公司及随机求职者。组织内部招聘主要是内部晋升、工作轮换、降职或返聘，具体可以采用档案记录法或工作公告法。

甄选也称为选拔，是指对已经招募到的求职者进行鉴别和考察，从而挑选出填补空缺职位的人员。只有通过所有的甄选环节，并且通过试用期考察的应聘者，才会最终被正式录用。组织一般首先通过简历和求职申请表对求职者进行筛选，另外还会采用知识和技能测试，并且会采用各种面试方法进行面试。其中评价中心包括无领导小组讨论、公文筐测试、案例分析，工作样本法也是一种非常重要的面试方法。

本章习题

本章扩展习题及答案

1. 什么是招聘？它有什么样的意义？
2. 招聘工作受到哪些因素的影响？
3. 招聘工作应当怎样进行？

4. 内部招聘与外部招聘各有何利弊？企业应如何运用这两种途径？
5. 什么是员工甄选？
6. 应当怎样进行员工甄选？
7. 怎样提高面试的有效性？
8. 如何理解信度和效度？

案例学习

小米怎样找到靠谱的人才

2010 年 4 月 6 日，14 个人一起在北京银谷大厦 807 室喝了碗小米粥，小米手机就诞生了。以下是对小米创始人雷军的采访资料整理。

“我就像一个在手机行业门外观察了很久的人，等真正踏入这条河流的时候，才知道这和过去自己所取得的荣光不能完全融入，我还要经历绝大多数创业者都会经历的痛苦。

一、找人

首要的就是找人。现在来看，无论什么样的企业，要想找到优秀的人都很困难，而解决这个问题只有两种办法：其一，创始人每天要花足够多的时间去找人；其二，要把现有的产品和业务做好，展示公司未来的发展空间和机会，以达到筑巢引凤的效果。

小米创立初期，规模小，甚至连产品都没有，如何组建极强的团队，如何获得对方的信任？所以在最开始的半年，我每天花百分之七八十的时间去找人。我虽然是连续创业者，但毕竟没有玩过硬件，所以最难搞定的，就是优秀的硬件工程师。

我的做法其实挺笨的，就是用韧劲。我到处去找信得过的人请教，问他在这个工作上谁最棒？问了一圈下来，有了个二十人的名单，我就请名单上的每一个人去吃饭，差不多每个人吃了三顿饭，花了三四个月的时间，终于说服了两个人。我到如今也挺感谢他们的，当时他们能够接受三四千块钱的薪酬到金山来，很不容易。

我有个观点，要用最好的人，在核心人才上面，一定要不惜血本去找。这些优秀的人大多有所成，你要让他们自己去发现答案，为何要舍弃目前的一切和你来做一件看似“疯狂的事情”？

在刚创办小米的时候，我每天要见很多人，向他们每个人介绍我自己，我做了什么事，我想找什么人，能不能给我一个机会见面聊聊。结果失败的比例很高，那时我每天恨不得从早上谈到晚上一两点，但还是迟迟找不到志同道合的人，所以我内心承担着巨大的煎熬。但我还是相信事在人为，创业者招不到人才，只是因为自己投入的精力还不够多。

为了找到一个非常出色的硬件工程师，我曾连续打了90多个电话。为了说服他加入小米，我们几个合伙人轮流和他交流，整整12个小时。当时他没有创业的决心，始终不相信小米模式能盈利。后来我开玩笑问他：你觉得你钱多还是我钱多？他说当然是您钱多。我就对他说：那就说明我比你会挣钱，不如我们俩分工，你就负责产品，我来负责挣钱。最后他终于答应了。

为了找到硬件的负责人，我们几个合伙人和候选人谈了好几个月，进展非常慢，有的候选人还找了经纪人来和我们谈条件，不仅要高期权，而且还要比现在的大公司更好的福利待遇。有一次谈至凌晨，我们一度接近崩溃。

在这几个月当中，我见了超过100位做硬件的人选，最后终于找到了负责硬件的联合创始人周光平博士。第一次见面的时候，我本来打算谈两个小时，从中午12点到下午2点，但一见如故，我们一直谈到了晚上12点。

后来，他告诉我，愿意加入小米的最后一锤子推力，是我和他说，必要的时候，我可以去站柜台卖手机。所以，创始人到底有多想做成一件事情，在聊的过程中对方也在判断。如果你没有我那么多名单可以聊，你可以先问问自己，你最希望自己的合伙人是哪个公司，然后就去那个公司楼下的咖啡厅等着，看到人就拉进来聊，聊一圈下来，就会有名单了。早期我找人主要看两点：

一要最专业。小米的合伙人都是各管一块，这样能保证整个决策非常快。我要放心把业务交给你，你要能实打实做出成绩来。

二要最合适。主要是指要有创业心态，对所做的事要极度喜欢，有共同的愿景，这样就会有很强的驱动力。

找人是天底下最难的事情，十有八九都是不顺的。但不能因为怕浪费时间，就不竭尽所能去找。小企业，尤其是在逆境时，找人确实非常烦恼，但我还是想再强调一下，如果找不到人，首先应该反思一下找人在自己的时间表里占了多大的比重。

二、留住人

大多数创业者找到人以后，又会面临一个新问题——如何留住人？对于这个问题，我认为需要做好以下四点。

1. 打造利益共同体

有竞争力的报酬并不等于重金、高薪，我当时定了一套组合方案，邀请人才加入的时候会给出三个选择条件，他们可以随便选择：第一，选择和跨国公司一样的报酬；第二，选择2/3的报酬，然后拿一部分期权；第三，选择1/3的报酬，然后拿更多的期权。

实际情况是：少部分人选择了第一种和第三种的工资形式，大部分人选择了第二种，小米工资即2/3的报酬也是不低的数字，足够员工照顾生活，因为他们持有期权，也非常乐意与公司一起奋斗，共同成长，战斗力也会很足。

另外，小米初期的员工，每个人都投了钱，大家是真正破釜沉舟地愿意去参与创业。所以当时我每天都战战兢兢，因为每个员工都可以到我的办公室来问公司办得怎么样了。但也因为这样，大家花自己钱的感觉是不一样的，不愿意看到自己的钱打水漂了。

2. 将培养真正落到实处

我们努力去营造一个中高端人才的环境，将培养和引进相结合。创业公司都清楚人才的重要性，所以都很重视内部培训和提升，但又往往都做不好。

我觉得主要问题是没有设置专项的培训费。没有费用预算，人力资源部就不会把培训当成专门的事情来做，也没有办法引进好的讲师和好的课程。落实培训工作，必须有专门的预算和专人负责。唯有如此，才能保证企业有出色的执行力、创造力。

3. 用人要懂得包容

在企业发展的过程中，你会发现，你追求的目标比你现在的能力总是要高一些，很多岗位的人都不合适，同时又付不起很高的价钱来请人，只好呈现“小马拉大车”的状态。

我本人最开始是做技术的，转换成管理者的过程之中，自己最大的一个挑战就是如何学会宽容。在你的眼光看来，这个人一看上去就是不合适的，但你要容忍他现在的能力和他身上一些不完美的东西，然后告诉他应该达到什么样的高度，再通过学习和培训帮助他提升能力。

对于一家初创公司而言，暴露出来的问题会特别多，团队内部也容易不够自信，这时候管理者要拿着放大镜去寻找优点才行，这样能让他们逐步建立起信心。但我不是说要容忍缺点，而是说在初期的时候要放大优点，不能让公司散发出太多的悲观情绪。

4. 要能取信于团队

在创业初期，很多创始人会将公司当成自己的财产。比如我个人想去海南玩一趟，是否算休假？是否应该从公司报销？这样的事情，我相信很多创业者都会碰到。

在这点上，我当时给自己定了一个原则，只要分不清楚，就一定算自己的。我曾经举过一个例子，比如你请朋友吃饭，和这个朋友未来可能有合作，因为往往中国的合作都是从朋友最先开始的，这时候这笔费用算个人的还是算公司的？根据我当时给自己定的原则，就算个人的。

（资料来源：搜狐网，https://www.sohu.com/a/442986105_806967）

思考和讨论：

1. 通过阅读案例并结合相关资料，分析小米在早期招聘中主要用了哪些方法。

2. 小米是如何留住人才的，对你有何启示？

第六章　职业生涯规划与管理

本章要点

- 职业与职业生涯的含义
- 职业选择和职业发展阶段理论
- 职业生涯发展阶段理论
- 职业生涯管理的基本步骤
- 工作—家庭平衡计划
- 处理职业发展停滞的方法

学习用典

2013年5月4日，习近平总书记同各界优秀青年代表座谈，并发表重要讲话指出："广大青年一定要坚定理想信念。'功崇惟志，业广惟勤。'理想指引人生方向，信念决定事业成败。没有理想信念，就会导致精神上'缺钙'。"

"功崇惟志，业广惟勤"出自《尚书·周官》。《周官》记载了周成王消灭淮夷之后，回到王都，和群臣一起总结周王朝成就王业的经验。在教训"官君子"（即各级官长）要忠于职守、勤于政务时，成王说："戒尔卿士，功崇惟志，业广惟勤。"意思是说：巨大成就的取得，是因为有宏大的志向；丰功伟业的实现，在于勤勉不懈地工作。这句话，既是对周王朝崛起经验的总结，也是对成就一切功业所需条件的深刻认识。

我们每个人既要有追求崇高的志向，规划自己的职业生涯，也要用勤劳的双手，努力实现自己的目标。

第一节　职业生涯概述

职业生涯

一、相关概念

（一）职业的含义

职业（vocation）是人们在社会生活中所从事的，利用专门知识和技能为社会创造财富，同时获得物质报酬，作为自己主要物质生活来源的工作。职业是对人们生活方式、经济状况、文化水平、行为模式等的综合性反映。职业也是社会与个人、组织与个体的结合点。个人是职业的主体，但个人的职业活动又必须在一定的组织中进行。组织的目标靠个体通过职业活动来实现，个体则通过职业活动对组织的存在和发展做贡献。

（二）职业生涯的含义

职业生涯（career）是指一个人一生在职业岗位所度过的、与工作活动相关的连续经历。职业生涯并不包含在职业上成功或失败以及进步快慢的含义。也就是说，不论职位高低，不论成功与否，每个工作着的人都有自己的职业生涯。职业生涯不仅表示职业工作时间的长短，还包含职业发展、变更的经历和过程，包括从事何种职业、职业发展的阶段、从一种职业向另一种职业的转换等具体内容。

关于职业生涯，有以下五点说明值得关注：第一，每个人只有一个职业生涯历程。一个人可以在不同组织从事不同工作，但是这些都构成了他的职业生涯。第二，职业生涯是一个连续性过程。职业生涯历程通常从一个人接受教育、为职业做准备开始，直到他完全退出工作领域，会持续一个人的大半生。第三，职业生涯是一个不断变化的过程。人们在职业生涯中所经历的不同工作类型、不同组织类型，或者在一家组织中经历职位从低到高的变化，也就构成了职业生涯的变化。第四，职业生涯没有专业限制。任何和工作相关的历程都可以称为职业生涯，有些人甚至中断工作，重新回到学校学习，这都是职业生涯的一部分。第五，职业生涯并不排斥地位、责任、金钱或权力的下降，并不是只有发展提升的职业历程才算职业生涯。

（三）职业生涯规划的含义

从影响职业生涯的内在因素和外在因素出发，就产生了两个概念，职业生涯规划和职业生涯管理。

职业生涯规划（career planning）是个体通过对自身情况和客观环境的分析，确立职业目标，获取职业信息，选择职业，并为实现职业目标制订的行动计划和行动方案。尽管人们在职场中更容易看到的是表现为外在成功的职位晋升，但是对员工个人来说，职业生涯规划更应该重视的是实现心理上的成功，而不仅仅是获得职位的晋升。

（四）职业生涯管理的含义

职业生涯管理（career management）是组织帮助员工确定个体在本组织的职业发展目标，并提供在工作中增长职业素质机会的人力资源管理方法。职业生涯管理使组织发展目标和员工个人目标相联系并协调一致，建立组织和个人之间的双赢关系，促成二者结合成紧密的利益共同体。

职业生涯管理可以从员工个人和组织两个不同的角度来进行。从员工个人的角度考虑，职业生涯管理就是一个人对自己所要从事的职业、在职业发展上要达到的高度等做出规划和设计，一般通过职业选择、技能提升和职位晋升等实现。一个人在择业上的自由度很大程度上取决于个人所拥有的职业能力和素质，个体应该根据自身的潜能、兴趣、价值观和需要来选择适合自身特征的职业，这就需要对自己的职业生涯做出规划和管理。

从组织的角度，组织是个人职业生涯的载体。如果一个人的职业规划在组织内不能实现，那么他很可能就会离开组织去寻找新的发展空间。因此，如何吸引并留住人才是组织人力资源管理面临的难题。所以，员工的职业生涯管理不仅是个人行为，也是组织的职责。

二、影响职业生涯的因素

个人从事什么职业、职业的转换以及事业的成功与否受到教育背景、家庭和社会环境、个人需求与心理动机等许多因素的影响，具体体现在以下几个方面。

（一）教育背景

教育是人力资本投资的最主要的方式。教育是指赋予个人才能、塑造个人人格，从而促进个人发展的活动。获得不同教育程度的员工，在个人职业选择或被选择时，具有不同的能力。一般来说，接受过较高水平教育的人，在就业以后会有较大的发展，在职业如意时，再次进行职业选择的能力和竞争力也较强。因此，职业发展深受正规教育或专业培训的影响，受教育程度是事业成功中不可缺少的因素。

个人受教育程度的不同导致职业生涯的不同。不同的受教育程度将导致个体具有不同的人力资本存量，从而在进行职业选择时会有所不同。未受过任何教育的个人一般只能从事以体力劳动为主的职业，而很难选择从事知识水平要求较高的职业。受教育程度的不同还影响着一个人以后的发展与晋升，受教育程度越高，人力资本存量越大，就越容易获得发展与晋升的机会。

人们所接受教育的专业不同也将决定人们从事不同的职业。随着社会分工的不断加深，为了培养社会所需的专业性人才，学校教育的专业也进行了相应的细分，学生所学知识往往具有很强的专业性，在进行职业选择时会受所学专业决定性的影响。即便以后进行职业转换，也往往与所学专业有一定的联系。

（二）家庭环境

家庭环境也是影响职业生涯的重要因素。家庭氛围的浓厚程度将会对人的性格、责任感产生很大的影响。浓厚的家庭氛围往往会使人形成开朗的性格、热爱亲人、责任感也较强。家庭的殷实程度对个人的受教育程度以及性格也有重要影响。家境殷实能为个人接受充分的教育提供强有力的经济保障，家境较贫寒的个人往往具有很强的适应力和逆境中生存的坚强意志力。家庭生活的长期潜移默化会使人形成一定的价值观和行为模式。这种价值观、行为模式必然从根本上影响一个人的职业理想与人生目标，影响着其职业选择的方向、选择中的冒险与妥协程度、对职业岗位的态度和工作中的行为等。

（三）个人因素

行为模式理论认为需求产生动机，而动机导致人的行为。个人需求偏好的不同使个人产生不同的行为。由于每个人成长环境、受教育程度以及经历等的不同，个人需求会有极大的不同，因而对于职业生涯也会有不同的选择和设计。个人因素对职业生涯的影响还表现在进取心、责任心、自信心、自我认知和调节以及情绪稳定性等方面。进取心是个人具有目标指向性和适度活力的内部能源。责任心强的人通常能够审时度势选择适度的目标，并能持久地去追求。自信心为个体在逆境中开拓、创新提供了信心和勇气，自信常常会使自己的梦想成真。自我认知和调节是指了解自己的优势和短处以及与组织环境的关系，善于调节自己的生涯规划、学习时间等。稳定的情绪对技术性工作有预测性，冷静、稳定的情绪状态为工作提供了适度的激活水平。而焦虑和抑郁会使人无端紧张、烦恼或无力，恐惧和急躁易使人忙中出乱。

（四）社会环境

经济发展、社会文化、政治制度、价值观念等均会对职业生涯的发展产生影响。经济发展水平高的地区往往聚集了各类优秀的组织及其他社会组织，对个人来说也就提供了较多的职业选择机会，并因此有利于个人职业发展。社会文化环境包括教育条件和水平、社会文化氛围等，在良好的社会文化环境中，个人能受到良好的教育和熏陶，从而为职业发展打下更好的基础。政治制定不仅影响到国家的经济体制，而且影响着组织的组织体制，从而影响到个人的职业发展。另外，个人生活在社会环境中，必定会受到社会价值观念的影响，一个人思想的发展和成熟过程，其实是认可、接受社会主体价值观念的过程，社会价值观念正是通过影响个人价值观而影响个人职业生涯发展的。

三、职业生涯规划与管理的意义

（一）对组织的意义

1. 稳定员工队伍，减少人员流失

当前员工除了关注物质报酬外，对于自身职业发展的重视程度也越来越高，很多员工就是因为看不到发展前景而离职，给组织带来了损失。从组织的角度做好职业生涯规划和职业生涯管理，结合员工的职业兴趣和职业发展意愿对员工的职业发展通道和发展路径进行有效管理，帮助员工实现职业进步和职业成功，这对于员工来说，是组织独特的富有吸引力的因素。而对于组织来说，则可以稳定员工队伍，减少人员流失。

2. 提高组织绩效，促进组织发展

在员工和组织之间，存在一种心理契约。当组织满足了员工对组织的期望和要求时，员工也会反过来回报组织，积极努力地投入工作，帮助组织提高绩效。所以，在进行了有效的职业生涯管理的组织，员工能够满足自己的发展需求，实现职业抱负。员工对组织的归属感更强，工作积极性更强，工作更卖力，从而帮助组织提高绩效。

3. 促进组织文化建设，塑造组织形象

组织文化作为凝聚组织力量的灵魂和核心价值观的体现，对于员工的行为具有很强的塑造和约束作用，强势的组织文化也能让员工产生强烈的归属感。组织关注员工的职业发展，为员工的职业成功提供帮助，这些都向员工传达了组织对员工的重视和关怀，可以塑造组织的整体形象，营造以人为本的文化氛围，提高组织文化的推动力。

（二）对员工个人的意义

1. 实现职业目标和职业理想

通过职业生涯规划，员工可以初步确定自己的职业定位、职业兴趣和职业目标。经过职业选择，员工进入组织以后，组织结合员工个人的职业发展意愿帮助员工设定在组织的发展路径和发展目标，并帮助员工一步步向该目标迈进以最终实现目标。所以说，职业生涯规划和职业生涯管理有助于员工实现自己的职业目标和职业理想。

2. 帮助员工使整个职业历程中的工作更富有成效

每个人的职业生涯、时间和精力都是有限的，为了使有限的时间和精力发挥最大的效用，需要很好地对这些资源进行规划和管理。职业生涯规划和职业生涯管理可以帮助员工规划自己有限的职业生涯，更好地配置有限的资源，使个人在整个职业历程中的工作富有成效。

3. 帮助员工更好地控制职业生活，实现工作和家庭的平衡

工作和家庭作为每个人生活中的两大主旋律，占据了绝大部分的时间和精力，如果处理不好两者的关系，很容易顾此失彼，难以获得高质量的生活。做好职业生涯规划和职业生涯管理，员工可以拥有清晰的职业目标和通畅的职业发展通道，专注于重要的核心工作，避免在不必要的工作上浪费精力和时间，从而有更多的时间照顾家庭，实现工作和家庭的平衡。

第二节 职业生涯理论

一、职业选择理论

职业选择是指人们从自己的职业期望、职业理想出发，依据自身的兴趣、能力、特点等自身素质，从社会现有的职业中选择一种适合自己的职业的过程。自主择业、双向选择是现代社会的主要就业方式，职业流动、职业转换等现象司空见惯。从个体的角度出发，个人不仅在就业前面临着职业选择的问题，即使就业后仍然有重新选择职业的机会。从组织的角度看，从员工招聘开始就面临着对员工职业的管理和指导任务。

（一）特质-因素理论

特质-因素理论（trait-factor theory）是最早的职业选择理论。1909 年，美国波士顿大学教授帕森斯（Frank Parsons）在其著作《选择一个职业》中提出了这一理论。该理论认为，人与职业的匹配是职业选择的焦点。所谓特质，就是每个人都有自己独特的人格模式。而因素就是指工作上要取得成功必须具备的条件或资格。职业选择的焦点就是人与职业相互匹配，即寻找与自己个性相一致的职业。根据这一理论，员工个人在进行职业选择时可以采取以下步骤。

1. 个体生理和心理特质评价

员工个人应当了解自己的能力倾向、兴趣爱好、气质性格特点和身体状况等个人特征。员工及组织可以通过面谈、调查以及人员素质测评和自我分析方法获得相关信息，并对这些资料进行评价。

2. 分析各种职业对人的要求，以获得相关的职业信息

这些信息应该包括：职业性质、工资待遇、工作条件及晋升的可能性；求职的最低条件，如学历要求、身体要求、所需的专业训练及其他各种能力等；为准备就业而设置的课程计划，提供这种训练的机构、学习时间、所需费用等；以及就业的机会。一方面，组织应该向求职者提供有关职业的信息；另一方面，员工也可以通过各种途径收集相关信息。

3. 人职匹配

组织可以指导员工在了解个人特征和职业要求的基础上，帮助求职者比

较分析，以便选择一种适合个人特点、有可能获得且能取得成功的职业。

特质—因素理论对职业生涯管理产生了深远的影响，它为人们的职业选择提供了最基本的指导原则——人职匹配原则，具有很强的可操作性。但是该理论只强调个人特征要和工作要求相互匹配，忽视了社会因素对职业选择的影响和制约作用，而且它也忽略了个人和职业都是不断变化的这一事实。

（二）人格类型理论

约翰·霍兰德（John Holland）于1959年提出了人格类型理论（personality typology theory），这一理论融入了霍兰德本人的职业咨询经验，产生了广泛影响。

该理论认为人格特点和工作之间是需要匹配的，霍兰德进一步把人格划分成六种类型，即现实型（realistic）、研究型（investigational）、艺术型（artistic）、企业型（entrepreneurial）、社会型（social）和常规型（common），不同的人格类型对应不同的职业特征，如表6-1所示。

表6-1 霍兰德的六种人格类型及相应的职业特征

人格类型	个人特点	职业兴趣	典型职业
现实型	动手能力强，动作协调灵活。能坚持且稳定，但不善言辞、保守、谦虚。缺乏社交能力，喜欢独立做事	喜欢使用工具、机器，具备机械方面才能，对机器、工具、植物、动物等有兴趣	技术性职业，如工程技术人员、飞机技师、卡车司机、摄影师、机械装配工等
研究型	求知欲强，善思考，喜欢逻辑分析和推理，抽象思维能力强	喜欢独立的和富有创造性的工作	科研人员、教师、工程师、电脑编程人员、医生、系统分析员
艺术型	有创造力，乐于创造新颖、与众不同的成果，追求完美。善于表达	对语言、行为、声音、颜色和审美等工作有兴趣	演员、导演、艺术设计师、歌唱家、作曲家、小说家、诗人、剧作家
企业型	追求权力，有领导才能。喜欢竞争、敢冒风险、有野心。为人务实，做事有较强的目的性	喜欢要求具备经营管理和领导才能，以实现机构、政治、社会及经济目标的工作	项目经理、销售人员、营销管理人员、政府官员、企业领导、法官、律师

续表

人格类型	个人特点	职业兴趣	典型职业
社会型	喜欢与人交往、善言谈、愿意教导别人。关心社会问题、寻求广泛的人际关系，看重社会义务和社会道德	对提供信息、启迪、帮助、培训、开发或治疗等事务性的工作有兴趣	教师、咨询人员、公关人员及其他社会工作者
常规型	尊重权威和制度，细心、有条理，习惯接受他人的指挥和领导，缺乏创造性，富有自我牺牲精神	喜欢注意细节、精确度、有系统、有条理，具有记录、归档或程序、组织的职业	秘书、办公室人员、记事员、会计、行政助理、图书馆管理员、出纳员、打字员、投资分析员

根据人格类型理论，职业选择取决于人格与职业的相互作用。人们一般都倾向于寻找与其人格类型一致的职业。只有当个人的人格特征与职业要求相一致时，他们的职业生活才是令人愉快的。

霍兰德的人格类型理论主要是通过人格类型与职业类型的匹配，来说明个人职业选择和职业适应问题。需要注意的是，个人的人格特征虽然是职业选择和职业生涯成功的重要因素，但并非唯一因素。除了个人因素外，在进行职业生涯规划和设计时，还应综合考虑更广泛的社会背景和组织发展目标。

（三）职业锚理论

职业锚理论由美国著名的职业指导专家埃德加·沙因（Edgar Schein）通过长期研究提出。职业锚理论又称职业定位理论，该理论认为：在职业生涯发展这一持续不断的探索过程中，个体总在根据自己的天资、能力、动机、需要、态度和价值观等，慢慢形成较为明晰的与职业有关的自我概念。随着个体对自己越来越了解，自身就会越来越明显地形成一个占主要地位的职业锚。

职业锚是指当一个人不得不做出选择的时候，他无论如何都不会放弃的职业中的那种至关重要的东西或价值观。实际就是人们选择和发展自己的职业时所围绕的中心。职业锚是个体内心对个人能力、动机、需要、价值观和态度等相互作用和逐步整合的结果。在实践中，个体通过不断审视自我，逐步明确个人的需要与价值观，明确自己擅长之处及今后发展的重点，最终在潜意识里找到自己长期稳定的职业定位，即职业锚。

沙因最初在1978年提出了五种类型的职业锚，分别是：技术/职能型职业锚、管理型职业锚、自主/独立型职业锚、安全/稳定型职业锚、创业型职业锚。随后大量的学者对职业锚进行了广泛的研究，到20世纪90年代，又发现了三种类型的职业锚：服务型职业锚、挑战型职业锚、生活型职业锚。于是，职业锚增加到八种类型。

1. 技术/职能型职业锚

这类人追求在技术/职能领域的成长和技能的不断提高，以及应用这种技术/职能的机会。他们对自己的认可来自自身的专业水平，他们喜欢面对来自专业领域的挑战。他们一般不喜欢从事一般的管理工作，因为这意味着他们将放弃在技术/职能领域的成就。

2. 管理型职业锚

管理型的人追求并致力于工作晋升，倾心于全面管理，独自负责一个部分，可以跨部门整合其他人的努力成果，他们想去承担整个部门的责任，并将公司的成功与否看成自己的工作。具体的技术或功能工作仅仅被看作通向更高、更全面管理层的必经之路。

3. 自主/独立型职业锚

自主/独立型的人希望随心所欲地安排自己的工作方式、工作习惯和生活方式。他们追求能施展个人能力的工作环境，希望最大限度地摆脱组织的限制和制约。他们宁愿放弃提升或工作扩展的机会，也不愿意放弃自由与独立。

4. 安全/稳定型职业锚

安全/稳定型的人追求工作中的安全与稳定感。他们可以预测将来的成功从而感到放松。他们关心财务安全，如退休金和退休计划。稳定感包括诚信、忠诚以及完成老板交代的工作。尽管有时他们可以达到一个高的职位，但他们并不关心具体的职位和具体的工作内容。

5. 创业型职业锚

创业型的人希望使用自己的能力去创建属于自己的公司或创建完全属于自己的产品或服务，而且愿意去冒风险，并克服面临的障碍。他们想向世界证明公司是他们靠自己的努力创建的。他们可能正在别人的公司工作，但同时他们也在学习并评估将来的机会。一旦感觉时机到了，他们便会自己走出去创建自己的事业。

6. 服务型职业锚

服务型的人一直追求他们认可的核心价值，例如：帮助他人；改善人们的安全环境；通过新的产品消除疾病。他们一直追寻这种机会，这意味着即使变换公司，他们也不会接受不允许他们实现这种价值的工作变换或工作提升。

7. 挑战型职业锚

挑战型的人喜欢解决看上去无法解决的问题，战胜强硬的对手，克服无法克服的困难障碍等。对他们而言，参加工作或职业的原因是工作允许他们去战胜各种不可能。新奇变化和困难是他们的终极目标。如果事情非常容易，他们马上就会变得厌倦。

8. 生活型职业锚

生活型的人喜欢允许他们平衡并结合个人的需要、家庭的需要和职业的需要的工作环境。他们希望将生活的各个主要方面整合为一个整体。正因为如此，他们需要一个能够提供足够的弹性让他们实现这一目标的职业环境，甚至可以牺牲他们职业的一些方面，如提升带来的职业转换。他们将成功定义得比职业成功更广泛。他们认为自己在如何去生活、在哪里居住、如何处理家庭琐事，以及在组织中的发展道路等方面是与众不同的。

职业锚清晰地反映出员工的职业追求与抱负，对员工职业锚的关注能使组织获得正确的反馈；组织在获取员工的职业锚后，可以有针对性地对员工职业发展设置可行的、有效的、顺畅的职业渠道；另外，组织还可以运用职业锚理论设计员工岗位轮换制度，不断增加员工的工作经验，为员工奠定中后期工作的基础。

二、职业发展理论

一般认为，每个人的职业发展都要经过几个阶段。但是，不同的学者对职业发展阶段的划分有所不同。

（一）萨柏的职业发展理论

萨柏（Super，1957）提出的职业发展理论得到了大多数职业生涯研究学者的认可，成为职业生涯研究的重要理论。萨柏把人的职业发展分为五个阶段。

1. 成长阶段

该阶段属于认知阶段，一般是从一个人出生到14岁。在这一阶段，个人通过和家庭成员、朋友以及老师的接触、观察和模仿，开始了解、探索自我，逐渐建立起了自我的概念。在该阶段末期，进入青春期的青少年已经形成了对他们的兴趣和能力的某些基本看法，能考虑到各种工作的条件和意义，开始对将来各种可选择的职业进行带有某种现实性的思考。

2. 探索阶段

该阶段包括青少年时期和成年期，一般是15~24岁，涉及学校和工作前期。在这一时期，个人通过学校、娱乐活动和各种工作经验，认真地探索各种可能的职业选择，尝试把职业选择与自己的兴趣和能力匹配起来。在该阶段初期，个人倾向于做多种尝试；到该阶段结束的时候，相对合适的职业就被选定，并开始为这一工作做准备。

3. 确立阶段

该阶段一般是25~44岁，它是大多数人工作生命周期的核心部分。经过早期的试探后，个人会逐渐显现出一种安于某种职业的趋向。在该阶段，多数人能够找到合适的职业并为之努力奋斗，然而，大多数人仍然在不断地尝试与自己最初的职业选择不同的各种能力和理想。因此，萨柏又把这一阶段分成尝试期（25~30岁）和稳定期（31~44岁）。在尝试期，个体如果不能安定下来，就会对最初的职业进行检讨和重新思考，做重新选择或者变换职业。而稳定期则是个体实现职业目标，富有创造性的时期。

4. 维持阶段

很多人到了45~54岁这一年龄段时，就进入了维持阶段。在该阶段，多数人已经在自己的工作领域中占据了一席之地，因而他们的大多数精力主要放在保有和维持这一位置上，心态渐趋保守，重点是维持家庭与工作之间的和谐关系，享受努力后成功的喜悦及成果。少部分人则要面对失败或不如意的困境，成功者将逐渐传承经验，寻觅接替人选。

5. 衰退阶段

当临近退休的时候，一般是55~60岁，人们就进入了职业发展衰退阶段。在这一阶段，人的身心状况逐渐衰弱退化，不得不接受权力和责任减少的现实。这时应该学会接受新角色，学会成为年轻人的良师益友。

（二）格林豪斯的职业发展理论

格林豪斯（Greenhaus，2003）从个人不同年龄阶段职业发展的主要任务出发，将职业生涯发展分为五个阶段。

1. 职业准备阶段

该阶段是从出生到18岁，主要任务是发展职业想象力，对职业进行评估和选择，接受必需的职业教育。

2. 进入组织阶段

这一阶段是18~25岁，主要任务是在一个理想的组织中获得一份工作，在获取足量信息的基础上，尽量选择一种合适的、较为满意的职业。

3. 职业生涯初期阶段

该阶段个体在25~40岁，主要任务是学习职业技术，提高工作能力；了解和学习组织纪律与规范，逐步适应职业工作并融入组织，为未来职业成功做好准备。

4. 职业生涯中期阶段

该阶段是40~55岁，主要任务是不断学习新的知识，努力工作，对早期职业生涯进行重新评估，强化或转变自己的职业理想，重新选定职业。

5. 职业生涯后期阶段

该阶段是从55岁到退休，主要任务是继续保持已有的职业成就，维持自尊，准备退休。

第三节　职业生涯规划

一、员工职业生涯规划

（一）职业生涯规划的原则

职业生涯规划是员工对自身职业发展目标的一种预期和蓝图，在规划时应该遵循以下原则。

1. 指导性

规划有短期规划和长期规划之分，但不管是长期规划还是短期规划，都应该对员工具有一定的指导性，是针对员工未来职业发展的一种蓝图。

2. 清晰性

在做职业生涯规划时，不仅应该清楚界定职业发展目标，更重要的是事先对目标的行动计划和方案也应该清楚、明确。每项行动方案都要有时间规划，以作为检查行动的依据。

3. 挑战性

职业生涯规划应该具有一定的挑战性，即应该是需要员工经过努力才能实现的目标和计划，如果不具有挑战性，对员工而言就不会有发展。但同时，挑战性也应该适度，不能是员工经过努力也无法达到的目标。

4. 可行性

可行性就是说职业生涯规划要有事实根据，要有实现的可能性，不能是不切实际的幻想。

5. 一致性

职业生涯规划的一致性即连贯性。一致性是说职业理想、职业目标与具体的阶段目标和行动方案之间要保持一致，不能前后矛盾。而连贯性表现在职业生涯规划贯穿每个人的生命历程，每个生命阶段之间应该保持一定的连贯和延续。

6. 弹性

规划是在某个时间对未来情况的预计和设定，环境的多变性决定了规划也应该具有弹性，需要随着环境、自身等各项因素的变化进行调整，所以职业生涯规划要有适当的弹性。

（二）员工职业生涯规划的步骤

一般来说，员工在制定职业生涯规划时，可以按照以下六个步骤进行。

1. 自我评估与职业定位

自我评估是一个人对自身进行审视和评价的过程，它能帮助个体认识自我，从而为作出正确的职业选择打下基础。自我评估应关注两个方面：一是个体兴趣、价值观、内在动机等因素；二是自己的优势和劣势。在了解了自己的工作价值观、职业兴趣以及能力和优劣势后，就应该进行准确的职业定位，也就是选择自己感兴趣的行业及职业发展目标。

2. 职业生涯机会评估

这一步主要是针对外界环境中存在的、可能会影响自己职业选择、职业发展的因素进行分析。在这里可以采用 SWOT 分析法，从社会环境、行业、组织等方面，针对环境中存在的机会和威胁，并结合前一步所说的自身优势和劣势，展开职业生涯机会评估。

3. 设定职业目标

经过自我认识和对外界的分析后，员工可以在自我理想的基础上，初步确定职业生涯目标。设定职业生涯目标时，可以参考以下三个原则：

（1）择己所爱。也就是选择自己喜欢的职业方向，把自己的兴趣、爱好和事业发展结合起来，这样会给人的一生带来无穷的乐趣、无上的荣誉和无尽的财富。

（2）择己所长。也就是尽可能选择和自己的优势或长处相结合的职业，这样才可能在工作中游刃有余，也更有助于取得好成绩。

（3）择世所需。职业目标还应当和社会需要、组织目标和个人利益结合起来，勇立潮头，才有大展拳脚、施展才华的广阔舞台。

4. 进行职业选择

职业选择非常重要，因为员工所选的职业应该是能帮助个人实现职业目标的职业，否则只会离自己的职业理想越来越远。统计数据显示，在选错职业的人当中，有80%的人在事业上是失败的。那么如何才能正确选择职业呢？通常选择职业时考虑的因素包括：第一，工作价值观、兴趣爱好，性格和职业的匹配性；第二，自己的职业锚；第三，内外部环境和职业的适应性。事实上，从职业生涯规划的第一步到第三步，都是在为职业选择做铺垫。

5. 制定职业生涯策略

在明确了职业生涯目标之后，还应该制定相应的策略。职业生涯策略是为实现职业生涯目标所要采取的各种行为和措施。例如，为了实现职业目标，应该提升哪些能力，应该参与哪些培训等。另外，职业生涯策略还包括为平衡职业目标和其他目标而做的努力，例如为平衡工作和生活应该做什么。

6. 职业生涯规划的调整

由于个体和外部环境都处于不断变化中，因此作为一种对未来情况的预期和指导的规划也应该随着环境的变化而变化。调整职业生涯规划的过程，也是个体对自身认识不断深化的过程。个体在真正进入一个岗位后，可能会发现，很多情况和原来的理想有天壤之别，这时就应该及时调整职业生涯规划。

二、组织职业生涯规划

（一）职业发展通道设计

1. 职业发展通道的概念

职业发展通道是指组织为内部员工设计的自我认知、成长和晋升的管理方案，是组织内员工可能的发展方向及发展机会，组织内的每位员工可沿着组织的发展通道变换工作岗位。也就是说，职业发展通道是指个体在一个组织中所经历的一系列结构化的职位。例如，员工可以从技术方向和管理方向两个发展通道中进行选择。职业发展通道帮助员工胜任工作，确立组织内晋升的不同条件，对员工的职业生涯发展施加影响，使员工的职业生涯发展目标符合组织的需要。

2. 职业发展通道的类型

从职业生涯发展的形式来看，组织职业发展通道的设计模式有纵向发展通道、横向发展通道、行为发展通道和双重发展通道四种类型。

（1）纵向发展通道。纵向发展通道是员工沿着组织的等级层次跨越等级边界，获得职务的晋升。这种模式将员工的发展限制于一个职业部门内或一个组织单位中，通常是由员工在组织中工作的年限来决定员工的职业地位。这种职业发展模式是传统社会的产物。但实际上随着技术的进步、外部环境的变迁、组织战略的改变等，当前的组织需要以一种灵活的、可以不断改进的模式来设计组织内的职业发展通道。

（2）横向发展通道。横向发展通道是指跨越职能边界的调动。例如，员工由销售部门转到采购部门或后勤部门等。这种职业发展通道能够使工作具有多样性，有利于员工扩展个人的专业知识与经历，对个人的职业生涯发展具有重要的作用。横向发展通道既能拓展员工的成长空间，又能促进员工积累多方面的工作经验。此外，横向发展通道也符合组织结构扁平化的发展趋势。

（3）行为发展通道。行为发展通道是一种建立在工作分析基础上的职业发展通道模式。工作分析在明确各个岗位的素质、技能和行为要求的基础上，将具有相同要求的工作岗位归为一簇，然后以簇为单位进行职业生涯设计。这样，除了传统发展通道以外，员工还可以在职业簇内进行流动。行为发展通道设计为员工带来了更多职业发展机会，员工可以在组织内部转换到新的工作领域，开始新的职业生涯。这种职业发展通道设计也便于员工找到真正适合自己的工作。对组织来说，行为发展通道设计增强了组织的应变性。当组织战略发生转移或环境发生变化时，组织能够顺利实现人员转岗安排，并保持整个组织的稳定性。

（4）双重发展通道。双重发展通道主要用来解决专业技术领域员工职业生涯发展受限的问题，包括管理类职业发展通道和技术类职业发展通道。双重发展通道允许专业技术人员提升到管理岗位。双重发展通道的设计有利于鼓舞和激励在工程、技术、财务、市场等领域中的贡献者，使这些领域的人员能够增加他们的专业知识，为组织做出更大的贡献，同时得到更高的报酬。实施双重发展通道能够保证组织既聘请到高水平的管理者，又雇用到高技能的专业技术人员。

总之，职业发展通道不是固定不变的，在一定时期可能出现交叉与转换。对组织来说，设计多种职业发展通道能够为员工提供更多的发展机会、吸引和保留高素质的员工。而从个人的角度，个体可以在恰当的时候进行职务转换或工作变动，但这种转换可能存在一定的困难，这是因为积累起来的工作经验、人际关系及知识存在刚性特点，难以在短期内被有效利用，所以会阻碍个人的职业发展。因此，个人和组织都应该谨慎地对待员工职业发展通道设计。

（二）组织职业生涯规划的其他措施

目前，越来越多的组织开始重视员工职业生涯规划和管理。除了构建多种形式的职业发展通道之外，组织在开展职业生涯规划过程中还应注意以下几个问题。

1. 强化组织领导

为了领导和开展员工职业生涯规划工作，可以在组织中成立职业生涯规划指导委员会，日常工作可以由人力资源部负责，其成员包括组织党政领导，人力资源部门，组织部门，以及生产、计划、财务、技术等职能部门负责人等。通过领导的高度重视和各部门的有效合作，帮助员工确定职业生涯发展路线、扫除障碍、疏通员工职业发展通道，实现组织和员工个人职业生涯的同步发展。

2. 引导员工做好自我评估

由于职业生涯规划是一项非常专业的工作，组织应该加强职业指导和素质测评，为员工职业发展提供专业的指导和服务。在实践中，也确实有很多组织在内部设立了职业生涯评估指导中心或能力测评中心，建立起一套行之有效的职业生涯规划测评系统，帮助员工进行职业生涯评估并开展指导工作。只有当员工在组织中深刻地认识和了解自己，才能选定符合自身需求的职业发展路径，并对自己的职业生涯目标做出最佳抉择。应从组织的角度对员工进行测评规划，引导员工考虑性格、兴趣、特长、内外环境与职业的适应性问题，启发员工选择合适的职业通道发展。

3. 建立有效的培训体系

一方面，组织可以通过会议、内刊、网站、微信、墙报等各种形式，在内部积极宣传职业生涯规划工作，对不同层次的管理者实施差异化培训，以加强各层级管理者对职业生涯规划的认识。例如，对高层管理者进行职业生涯规划理念培训，对担负员工职业生涯规划和协调任务的人员进行职业辅导和定位方面的培训，对基层管理者开展工作指导、员工激励、绩效评价等方面的培训等。

另一方面，组织应当构建以战略为核心、以员工职业发展为导向的培训体系，围绕组织战略实现的需要开展培训工作。员工在不同的职业生涯发展阶段，其培训需求也存在较大差异，这就需要分析不同职业生涯发展阶段中员工的特点和需求，通过培训帮助员工实现职业发展。组织应制订一个与组织发展战略及员工个人职业发展规划相联系的培训计划，将员工培训计划与职业生涯规划相结合，以满足不同职业生涯发展阶段员工的需求。

4. 完善人力资源管理体系

组织应该高度重视人与工作的关系，不断完善人力资源管理体系。例如，做好职位分析、科学合理地设置岗位、编制职位说明书等人力资源基础性的工作，为职业生涯规划提供整体运行的基础和平台。现实中，一些组织为了减少管理层次，设置了较少的岗位层级，员工要在较低层级上工作多年后才有机会晋升。因此，开展员工职业生涯规划，要科学合理地设置岗位结构，建立适合员工成长的职业发展通道。只有做好人力资源管理基础工作，搭建好人力资源管理平台，把职业生涯规划融入人力资源管理活动，才能切实做好职业生涯规划工作，实现组织和员工的共同成长。

第四节　职业生涯管理

职业生涯管理

职业生涯管理，是个体对自身职业生涯进行的规划、管理和调整，也是组织对员工职业生涯进行的计划、组织和管理工作。从组织的角度，职业生涯管理包括下列内容。

一、职业生涯发展阶段管理

组织需要开展职业生涯发展阶段管理，也就是要找出员工职业生涯不同阶段的管理重点，帮助员工获得职业成功，同时培养员工忠诚和奉献精神。在员工进入组织阶段、职业生涯初期、职业生涯中期、职业生涯后期这四个阶段，员工的职业、工作任务、任职状态、职业行为都会有所不同，也呈现出不同的特征。因此，组织需要根据不同职业生涯阶段的员工特点，确定每个阶段的管理任务。

（一）进入组织阶段

员工新加入一个组织，在各方面都处于不适应的阶段。这个时期，新员工会经过三个阶段来完成社会化的过程，即前期社会化、碰撞、改变与习得。在前期社会化阶段，新员工会根据在招聘录用时所得到的信息以及其他各种与工作、组织有关的消息来源收集信息，在这些信息的基础上，初步形成自己的期望和判断。员工与组织之间的心理契约也从这个时候开始建立。在碰撞阶段，员工会发现自己的期望和现实之间存在一定的差距，对任务角色、人际关系等都处于试探和适应的阶段。如果之前的期望过高，现在得不到满足，新员工甚至可能产生离职想法。如果能够坚持下来，那么在改变与习得阶段，新员工会逐渐开始掌握工作要求，慢慢适应新的环境和同事关系，一切都开始步入正轨。

在员工进入组织阶段，组织应该做好招募、甄选和配置工作，根据组织发展目标和现状，向应聘者提供准确的职业发展信息，以供他们决策。其中，重点是把组织基本理念和文化传达给应聘者，帮助他们了解更真实的组织，同时组织也要尽可能地了解应聘者，以便做到人职高度匹配，为员工未来的职业发展奠定良好的基础。

（二）职业生涯初期

在员工经过进入组织阶段，适应组织文化和工作任务后，便进入了职业生涯初期。在这一阶段，员工更关注在组织中的成长、发展和晋升，开始寻求更大的责任与权力，更渴望在职场中的成功。组织应该在通过试用和新工作的挑战、发现员工的才能、帮助员工明确职业定位后，确定长期贡献区。

在这个阶段，组织的具体任务有五点：第一，了解员工的职业兴趣和技能，将员工放到最合适的职业轨道。第二，进行岗前培训，引导和帮助员工熟悉环境，减少焦虑感，增加归属感和认同感。第三，培训新员工的主管，让主管成为新员工的良师益友，发挥“皮格马利翁效应”，激励新员工干好工作，平稳度过磨合期。第四，分配给员工某项工作，对其工作表现和潜能进行测试，并及时进行初期绩效反馈，使他们了解自己做得如何，让他们学会工作。第五，协助员工做好职业规划，例如举行职业咨询会等，让员工确认他们应该在哪些方面进行职业开发活动。以上也是在员工职业生涯初期组织的工作要点。

（三）职业生涯中期

在这一阶段，员工事业发展趋向定型和达到顶峰，自我发展的需要仍然很强烈，但又意识到随着年龄的增长职业机会越来越受到限制，从而产生职业危机感。面对这个复杂的人生阶段，一方面组织要通过各种方法，帮助员工解决一些实际问题，激励他们继续奋斗，以获得更大的成就；另一方面，组织也要通过各种方式，针对不同员工的现实情况，为其指明和开辟事业发展的新通道。

（四）职业生涯后期

在这个阶段，员工的退休问题被提上议事日程。大量事实表明：退休会对员工产生巨大的冲击，对组织工作也会产生影响。因此，组织有责任帮助员工认识和接受这个客观事实。例如，组织可以帮助快要退休的员工制订一个退休计划，尽可能把退休生活安排得丰富多彩。另外，多数员工的能力并不会随着退休而快速下降，组织可以采取兼职、顾问或其他方式返聘他们，让他们把知识、经验传授给年轻人，以延长他们的职业生涯。

二、组织职业生涯管理方法

（一）举办职业生涯研讨会

职业生涯研讨会是一种有计划的学习和练习活动，一般由人力资源管理部门统一组织。组织希望通过这种活动安排，鼓励员工主动参与，形式包括自我评估和环境评估、与成功人士进行交流和研讨、进行适当的练习活动等，从而帮助员工制定职业生涯规划，即选定职业方向、确立个人职业目标、制定职业生涯发展路径。国外的很多实践都证明，举办职业生涯研讨会，可以大大提高员工对职业生涯管理的参与率，提高职业生涯管理的效率和效果。因此，定期举办职业生涯研讨会是职业生涯管理的重要内容和形式。

（二）填写职业生涯规划表

职业生涯规划表可以帮助员工明确职业发展目标，选择职业通道，进一步制订行动计划。同时，职业生涯规划表也可以帮助组织明确努力方向。职业生涯规划表一般包含以下三个方面的内容。

1. 职业

职业是典型的职业生涯规划表的内容之一。绝大多数人只选择一种职业，但也有人选择两种或两种以上的职业，从事兼职，如“管理与技术”。处于探索阶段的年轻人，可以暂不进行职业选择，其职业生涯规划表中可先缺失“职业”一项。

2. 职业生涯目标

在选定的职业领域，要取得的成绩即为职业生涯目标。其中，最高的目标可以称为人生目标，在迈向人生目标的过程中可设定若干阶段性目标。

3. 职业生涯发展通道

与职业生涯目标相适应，职业生涯发展通道可以分为人生通道、长期通道、中期通道和短期通道。通过职业生涯发展通道的填写，员工可以更加专注自身未来的发展方向并为之努力。

（三）编制职业生涯手册

通过职业生涯研讨会，绝大多数员工在制定职业生涯规划方面都不会有太大困难，但部分员工可能会有某些不甚明白的地方。此外，更常见的情况是，在职业生涯发展过程中，员工需要不断得到书面指导，以解决自我职业生涯发展过程中遇到的问题，或者反思职业生涯设计，进而修改职业生涯规划。因此，编制一本随手可得的职业生涯设计与职业生涯发展参考书——职业生涯手册，是十分必要的。

职业生涯研讨会和职业生涯手册都是职业生涯管理的有效手段，二者相辅相成。职业生涯研讨会依靠一定时间的集中活动，创造出一个教学环境和会议环境，从而可以使员工在短时间内强烈感受到有关知识和方法的冲击，形成特定氛围，有助于员工迅速形成职业生涯规划。职业生涯手册则作为一个常备指导工具，经常性地帮助员工进行职业生涯反思，进而能够自己解决职业生涯规划不同阶段出现的问题，以便对职业生涯发展中的冲突做出协调和重新设计。

（四）开展职业生涯咨询

员工在职业生涯规划和职业生涯发展过程中，会不断产生一些职业生涯方面的困惑和问题，因而需要管理人员或资深人员为其进行问题诊断，并提供咨询。

职业生涯咨询可以是正式的，也可以是非正式的。组织中中等和较高层的经理、技术专家以及其他成功人士都可自愿对有进取心的员工的职业生涯规划提出忠告和建议，并解释员工们提出的各种问题。

三、职业生涯管理中的其他问题

（一）工作-家庭平衡计划

传统观点倾向于当员工开始工作时，将家庭和自我留在了家里。但近年来，人们开始意识到工作、家庭和自我在个人生活中具有强烈的相互作用。工作与家庭生活之间的影响是深刻而全面的。当前，工作-家庭平衡计划（Work-life Balance Plan）已成为人力资源管理与职业生涯管理的重要内容。

工作-家庭平衡计划是组织开展的计划和活动，旨在帮助员工正确认识与处理家庭和工作间的关系，调和二者矛盾，帮助员工找到工作和家庭之间的平衡点，缓解由于工作-家庭关系失衡而给员工造成压力的。要达到这一目的，组织必须了解员工职业生涯不同阶段的特点及家庭各阶段的需要、工作情境对家庭生活的影响，然后给予员工适当的帮助。从个人的角度而言，也同样需要制订工作-家庭平衡计划，采取适当的措施协调个人、家庭生活与职业发展之间的关系。

1. 组织的工作-家庭平衡计划

组织可以采用弹性工作制、压缩工作周、临时性工作、职务分担、居家办公等工作形式，通过改变工作时间或者工作地点来实现工作-家庭平衡计划。此外，组织还应该考虑员工职业生涯周期及家庭生命周期的变化。一般来说，在职业生涯早期，寻找伴侣和决定是否结婚是员工面临的主要问题。在职业生涯中期，抚养和教育子女的责任成为员工的首要任务。在职业生涯后期，随着子女长大成人各自独立建立自己的家庭，这时员工要学习适应空巢家庭生活。

因此，组织必须制定有针对性的工作-家庭平衡措施。这些措施可以是以下几种：第一，向员工提供家庭问题和工作压力排解的咨询服务或心理辅导，以帮助员工缓解精神压力，寻找解决问题的对策和方案。第二，将组织的一部分福利扩展到员工家庭范围，以减轻或分担员工家庭压力。同时，把员工的家庭因素列入晋升或工作转换需要考虑的重要制约条件之一，以便进行合理的职业安排。第三，创造家庭成员参观组织或相互联谊的机会，促进家庭成员和员工工作伙伴的相互理解和熟悉，明确员工或家庭成员应承担的责任。

2. 个人的工作-家庭平衡计划

员工个人的工作-家庭平衡计划主要体现在增加对家庭和工作事务的交流和参与方面。具体来说，员工维持工作与家庭平衡的方法主要有以下几种：

（1）确定不同时期家庭与工作间的主次优先顺序。对此，最好的方法就是把眼光放长远，判断未来五年或十年里最要紧的事情是什么。大多数员工需要解决的重要问题是分清主次、学会取舍。如果子女很小需要父母的陪伴与照顾，这个时候读 MBA 就不是一个好的选择。

（2）抛弃传统的家庭观念和模式所带来的愧疚感。工作与家庭之间的失衡常常会给双就业的父母带来愧疚感，如因为工作繁忙而无法尽心尽力陪伴孩子。现代职业家庭需要有与传统不同的家庭与工作关系标准，员工要在家庭和职业二者之间寻求平衡，就必须改变传统的家庭观念和家庭模式。

（3）采用实用的家庭对策。员工可以通过以下方式减少家庭对工作的影响：延期生育或雇请保姆；夫妻之间进行恰当分工，轮流将精力投入工作和家庭；夫妻双方从事同样的职业或选择同一个单位。无论采取哪种方式，员工都应认真思考工作和家庭之间的关系。随着工作挑战性的增加及家庭结构的变化，工作和家庭之间新的平衡方式也处于不断的探索中。

（二）处理职业发展停滞

职业发展停滞是指员工进一步晋升的可能性很小的职业发展阶段。当员工到达某一职位，不太可能进一步晋升时，就进入了职业发展停滞阶段。职业发展停滞对大多数员工来说是普遍存在的，因为当一个人沿着职业等级阶梯向上攀升时，可能获得的位置本来就会越来越少，所以职业发展停滞并不代表失败。现实中，几乎所有的人在职业生涯中都会经历过职业发展停滞，尤其是那些早在退休之前就到达晋升顶点的员工。

处理职业发展停滞首先要采取措施预防这类问题的产生，要通过及时的沟通协调，采取预防措施尽量避免出现这类问题。其次，利用组织人力资源信息系统进行监控，以尽早发现无效员工及受挫折的员工。当他们出现职业发展停滞时，及时给予指导和帮助，向他们指出个人发展与成长的可行性途径，使他们认识到自身并没有失败，尽快解决心理层面的问题。最后，组织也可以采用一些方法使处于职业发展停滞的员工恢复活力。例如，使用晋升之外的方式承认员工的价值，包括赋予员工从事一项任务或分配其他特殊工作的权利，开发新的途径提升员工对目前工作的满意度，实施同级别的职位轮换，改变对处于职业发展停滞状态的员工的管理态度等。总之，组织应努力采取多种措施，帮助处于职业发展停滞状态的员工做出改变，恢复活力。

（三）打破“玻璃天花板”

“玻璃天花板”（glass ceiling）是指存在于许多组织结构中的看不见的，但却真实的或可以感觉到的障碍。这种障碍不仅仅影响员工的晋升，还反映在接受高层次的培训、薪资报酬、参加一些工作活动等方面的机会不平等上。“玻璃天花板”的受害者常常是女性员工及来自非主流文化背景的员工。

虽然有越来越多的女性员工走到管理岗位，但总体而言高层管理职位上的男女比例差异仍然十分巨大。这主要是因为社会观念和性别偏见所造成的。所以，打破女性职业发展中的“玻璃天花板”，首先要摒弃性别偏见；其次，组织可以帮助女性员工做好职业规划，对每个女性员工做出准确的评价，然后为她们设计职业路线，选择发展目标，包括可能胜任的管理岗位等。另外，在开发女性员工的职业发展道路时，要充分考虑女性的具体情况，因为传统上女性在家庭生活中往往要承担更多的责任。

在全球化背景下，组织越来越多地面对来自不同文化背景的员工。文化差异既包括本国不同民族、不同地域间的差异，也包括不同国家间的差异。文化差异是一个巨大的障碍，跨国组织中来自东道国的员工常常发现，由于组织提供良好的培训发展机会，自己的职业生涯得到了快速的发展。但是，跨国组织中的中高层管理者仍然以东道国的员工居多，这对来自其他文化背景的员工来说就遭遇了“玻璃天花板”。解决这一问题的方法是与组织全球化发展同步的跨文化培训，培训内容可以包括对不同文化的认识、文化敏感性训练、外语学习、沟通技能、文化冲突的解决技能等。

本章小结

职业是人们在社会生活中所从事的，利用专门知识和技能为社会创造财富，同时获得物质报酬，作为自己主要物质生活来源的工作。职业生涯是指一个人一生在职业岗位所度过的、与工作活动相关的连续经历。职业生涯规划是个体通过对自身情况和客观环境的分析，确立职业目标，获取职业信息，选择职业，并为实现职业目标制订的行动计划和行动方案。职业生涯管理是组织帮助员工确定个体在本组织的职业发展目标，并提供在工作中增长职业素质机会的人力资源管理方法。组织是个人职业生涯得以存在和发展的载体。如果一个人的职业规划在组织内不能实现，那么他就可能离开组织去寻找新的发展空间。所以，员工的职业发展不仅是个人的行为，也是组织的职责。

职业选择是指人们从自己的职业期望、职业理想出发，依据自身的兴趣、能力、特点等自身素质，从社会现有的职业中选择一种适合自己的职业的过程。常用的职业选择理论有：帕森斯的特质—因素理论、霍兰德的人格类型理论和沙因的职业锚理论。

员工在职业发展的不同阶段，有相应的特征和职业发展任务。萨柏把职业发展分为成长、探索、确立、维持和衰退等五个阶段。格林豪斯把职业发展过程分成职业准备阶段、进入组织阶段、职业生涯初期阶段、职业生涯中期阶段和职业生涯后期阶段。

在进行职业规划时，员工个人可以通过自我评估与职业定位、职业生涯机会评估、设定职业目标、进行职业选择、制定职业生涯策略和职业生涯规划的调整等步骤，进行个人职业生涯规划。而组织可以通过设计纵向发展通道、横向发展通道、行为发展通道和双重发展通道等职业发展通道，并采取其他措施为员工职业生涯规划提供帮助和指导。

另外，组织还应该在员工进入组织阶段以及职业生涯初期、中期和后期，和员工一起做好职业生涯管理，具体的方法可以是举办职业生涯研讨会、填写职业生涯规划表、编制职业生涯手册、开展职业生涯咨询。随着社会的不断发展，职业生涯管理的新问题不断出现，职业生涯与家庭责任之间的平衡已成为人力资源管理与职业生涯管理的重要内容，在工作—家庭平衡计划中，组织主要考虑员工职业生涯周期及家庭生命周期的变化，个人主要体现在增加对家庭和工作事务的交流和参与方面。组织还要积极处理员工职业发展停滞和“玻璃天花板”问题。

本章习题

本章扩展习题及答案

1. 什么是职业生涯？职业生涯发展有哪些理论？
2. 什么是职业生涯规划和职业生涯管理？
3. 职业生涯管理与人力资源其他管理职能之间有什么关系？
4. 如何进行职业生涯规划？
5. 组织可以从哪几个方面来进行职业生涯管理？

案例学习

吴敏的职业规划

吴敏是一名28岁的女性，刚获得企管硕士学位，并与陈震东先生一起工作。然而目前的职位并不是吴敏所期望的，因此她正在犹豫自己是否应该留在GM投资银行。

GM投资银行具备清晰的管理结构，但并没有刻板的等级制度。其管理风格相对不拘泥形式，具有较强的灵活性，工作积极主动的人能迅速脱颖而出，具有创新意识的思路能够迅速传递到银行上层。

GM投资银行历来注意拓展员工的经验范围，重视各项业务之间技能的互通性，承诺为公司内的优秀人才提供最佳发展机会。当需要专业化技能时，公司鼓励个人朝这个方向发展，但并不强求。参观过光明投资银行的人都会感受到一种同事间的友谊和真诚，一种轻松自如、大门随时敞开的感觉。在这里，每个人都至关重要，个性得到充分的发展。GM投资银行是一个倡导鲜明个性、鼓励积极主动、重视创造能力的公司。

GM投资银行个人发展的宗旨是将公司的战略目标同个人发展目标相结合，这种哲学始终是企业文化的一部分，也是公司未来计划中的一个具体组成部分。公司聘用的员工具有广泛的专业背景，以使公司人员专业能力的深度和广度都能得到拓展。他们来自世界各地，专业范围也越来越宽，从金融到哲学，从经济学到工程学。公司认识到保持技术领先地位至关重要。在为客户服务、向客户提供信息时，技术优势转化为公司的竞争优势，所以公司大力投入资源保持这一优势。

GM投资银行能持续发展，关键是在适应环境不断变化的同时，能够保持优秀的公司文化及信念：在工作方法方面，公司重视以客户为重点、业务范围多样化的团队合作和创新；在员工相互协作方面，公司重视信守承诺以及职业精神、尊严和尊重；在员工事业发展方面，公司重视岗位流动、唯才是举及提供优越的薪酬福利。公司的环境要求雇员保证充分的时间和精力进行工作。作为回报，公司也承诺为专业人员提供优越的报酬。从一开始，员工就会享受到较高的薪酬及福利。员工的年度收入一般包括基本薪金加上按业绩评定的浮动性奖金。

我们可以看出GM投资银行是一个充满活力、有大好发展前景的公司，那么为什么吴敏要离开GM投资银行呢？

当吴敏刚从大学取得数学学士之后，她进入了位于上海市的大上海国际银行，担任电脑程序设计师。她晋升得很快，从程序设计师到系统分析师，她希望有机会去从事具有挑战性及重要性的工作，吴敏感觉到她还需要追求一些别的。

由于吴敏对银行方面的知识十分了解，因此大上海国际银行派她到GM投资银行对接一个计划。当然，吴敏是设计规划小组的组长，她的责任就是帮GM投资银行开发一套用于自动交换机的软件程序，而计划的委托人就是陈震东先生。

在吴敏尚未与陈震东先生谋面时，她就耳闻陈震东先生在GM投资银行是最闪亮之星，他45岁，似乎无所不通，而且他知道该如何去激励及激发他的下属。因此她和陈震东谈得十分融洽，她也多次在午餐时间与陈震东先生谈到她目前的需求，她希望能拥有一个更广阔的前景，而非目前在大上海国际银行做被指定的工作。陈震东先生鼓励她去进修一些企管方面的课程，并且告诉她，如果她对行销有兴趣的话，他会在GM投资银行留个职位给她。因此，在吴敏完成了这个自动交换机软件程序的计划案以后，就辞职去攻读企管硕士课程，该课程是令她兴奋的，但也是十分吃力的，不过，她仍然维持着上进的努力。

当吴敏毕业后，陈震东先生也兑现了他的诺言，给了她一个十分好的职位——行销经理，掌管自动交换机网络并负责开展对新ATM产品的行销活动。该行销活动旨在将产品推广到郊区各角落。此时，吴敏第一次真正体验到她的经理工作。通过企管硕士课程，吴敏获得有关企管方面的知识，并且在思考上更有信心。因此，没过多久吴敏就不再需要在办事之前先去找陈震东先生讨论，也不再需要陈震东先生的忠告。她开始监视并检查所有她负责的工作，而且也变得十分易怒。以往的她是那么懂得感激和鼓舞他人，可是现在变得很容易干扰他人，与他人频频发生冲突。对于如何行销 ATM 的产品，她也开始与陈震东先生意见相左，处处显示出她不是一位好的工作伙伴。

思考和讨论：

1. 吴敏目前正处于职业生涯的哪个阶段？

2. 如果你是吴敏，你是否继续留任？为什么？

3. 如果吴敏要在公司继续留任，她应该学习什么知识来帮助她更适应目前的职位？

4. 陈震东先生作为吴敏的上司，应该采取一些什么措施来帮助吴敏？

第七章　培训与开发

本章要点

- 培训与开发的概念及其内涵
- 培训与开发的作用
- 培训开发模型
- 构建有效的培训开发体系
- 培训成果的转化与应用
- 培训效果评价
- 管理人员的培训与开发

学习用典

中国人自古以来就有很多读书学习的名言，“朝闻道，夕死可矣”是孜孜以求的最高境界，“腹有诗书气自华”是读书人的底气，“读万卷书，行万里路”是人们在学识和见识上的追求，“吾生也有涯，而知也无涯”“路漫漫其修远兮，吾将上下而求索”是中国古代人对知识的渴望。

习近平总书记酷爱读书，即使身处困难年代和艰苦环境，他也依然秉持良好的读书习惯。到梁家河插队时，他随身带了沉甸甸的一箱书。白天干活，劳动间隙时在看书，放羊时也在黄土高坡上看书……到了晚上就在煤油灯下苦读到深夜。在村民的记忆中，习近平经常边吃饭边看“砖头一样厚的书”。

习近平说：“学习是文明传承之途、人生成长之梯、政党巩固之基、国家兴盛之要。”除了读书，习近平也引用“纸上得来终觉浅，绝知此事要躬行”“耳闻之不如目见之，目见之不如足践之”强调实践的重要性，指导我们“既要向书本学习，也要向实践学习；既要向人民群众学习，向专家学者学习，也要向国外有益经验学习”。

“国势之强由于人，人材之成出于学”。在组织当中，培训与开发是组织学习的主要途径，也是人力资源管理的重要职能。

第一节　培训与开发概述

随着社会的不断发展，外界环境变得日益纷繁复杂与快速多变，组织正经历着前所未有的来自全球一体化、信息网络化、知识与创新、发展速度与变革等各方面的挑战和冲击，每一种挑战和冲击都对人力资源培训与开发提出了新的需求，例如组织持续性学习的需求、员工核心专长与技能形成的需求、员工素质能力提升的需求、组织领导者和管理者领导方式与管理风格转型的需求。这些需求要求组织具备全球的视野，从支撑组织核心竞争力的角度去思考和构建组织的人力资源培训与开发系统，也使得组织的人力资源培训与开发成为人力资源管理实践中一个投入大、产出高并极具增长潜力的领域。

一、培训与开发的含义

（一）培训与开发的含义

培训与开发是两个既相互联系又有区别的过程：培训是组织向员工提供工作所必需的知识与技能的过程；开发是依据员工成长需求与组织发展要求，对员工的潜能开发与职业发展进行系统设计与规划的过程。

从传统意义上讲，培训与开发在定义上很难划分，因为二者实质是一样的，两者的最终目的都是通过改善员工的工作业绩来提高组织的整体绩效，通过提升员工能力实现员工与组织的共同成长，只是二者的侧重点略有不同。

（二）培训与开发的对比

表 7-1 列出了培训和开发在侧重点、目标、对工作经验的要求以及参与方面的不同。培训更多的是侧重短期目标的行为，是向新员工或现有员工传授其完成本职工作所必需的基本技能的过程。其目的是使员工掌握目前所需要的知识和技能，并迅速地将其运用到本职工作中，在更短的时间内为组织带来经济价值。而开发往往是一种侧重长期目标的行为，主要是指管理开发，指一切通过传授知识转变观念或提高技能来改善当前或未来管理工作绩效的活动。开发的目的是使员工掌握将来所需要的知识和技能，以应对未来工作中可能会出现的新的问题。

对组织而言，培训与开发是注重员工个人与组织当前和未来发展需要相匹配的重要的人力资源开发工作，都是组织为了使员工获得与工作有关的知识和技能，或改变员工工作动机、态度和行为，提高员工的绩效及员工对组织目标的贡献，所做的有计划的系统的工作。概括起来，员工培训与开发是组织为了使员工获得或改进知识、能力、态度和行为，提高组织工作绩效，实现员工和组织共同发展的目的，有计划进行的系统化的教育训练与开发活动。

表 7-1 培训与开发的对比

内容	培训	开发
侧重点	现在	未来
目标	为当前工作做准备	为未来变化做准备
对工作经验的要求	较多	较少
参与	必须参与	自愿参与

在实践中，往往对培训和开发不做严格的区分，因为培训和开发具有共同性。两者的共同之处表现在三个方面：第一，两者的出发点是一致的，即通过提高员工的能力来提高员工的工作业绩，进而提高组织的整个工作业绩。第二，两者的实施主体都是组织，接受者都是组织内部员工。第三，两者使用的方法相同。所以通常提到培训，实际上是培训和开发的一个简称。以下的培训也包含了开发。

越来越多的组织将培训开发用于实现两个新的目的：一是向员工传授其他更为广泛的技能，使员工的技能由单一技能转向多重技能，以适应不断变化的客户需求与组织发展的需要，如主动解决客户需求的技能、有效的沟通技能、团队合作技能及学习技能；二是利用培训开发来强化员工对组织的认同，提高员工的忠诚度，培养员工的客户服务意识，增强员工的适应性和灵活性，使员工与组织同步成长。

（三）培训开发系统与其他系统的关系

培训开发系统是组织人力资源管理体系的子系统，作为该系统的重要组成部分，它与其他人力资源管理模块之间存在密切的联系。如果把人力资源开发与管理体系比喻为一辆“汽车”的话，任职资格系统是“车架”，人力资源战略与规划系统是“方向盘”，绩效管理系统是“发动机”，薪酬管理系统是“燃料”和“润滑剂”，培训开发系统则是“加速器”。组织要想保证并持续加速员工的核心专长与技能的形成，就必须建立有效的培训开发系统，并使之能很好地与其他人力资源子系统相衔接，形成有效的协同。只有这样，才能发挥出培训开发系统的加速器作用，才能取得培训开发系统在人力资源开发与管理体系中应有的地位。

1. 培训开发系统与任职资格系统之间的关系

任职资格系统一方面为培训开发工作确定培训需求提供了依据，并且为组织建立分层分类的培训课程体系提供了帮助；另一方面为组织设计员工的职业生涯规划提供了跑道，并且描绘了各种跑道的长度和阶梯。反过来，组织的培训与开发工作为员工获得任职资格等级晋升与职业化行为能力的提高，以及职业生涯的发展提供了外部条件。

2. 培训开发系统与组织人力资源战略与规划系统之间的关系

一方面，人力资源规划指导组织培训开发活动的实施；另一方面，人力资源规划的某些内容需要通过培训开发活动来执行。

3. 培训开发系统与绩效管理系统之间的关系

绩效考核结果以及绩效改进要点是确定员工培训开发需求的重要信息来

源之一。而培训开发活动的根本目的就是改善绩效状况，其实施效果的好坏将直接通过员工的工作行为表现出来，最终作用于员工的绩效结果。因此，绩效考核结果以及绩效管理面谈是检验培训开发活动有效性的重要手段。

4. 培训开发系统与薪酬管理系统之间的关系

两者虽然没有直接的联系，但是培训开发活动所导致的任职资格等级变化以及工作绩效改变，将间接作用于薪酬与福利。

二、培训与开发的作用

(一) 对组织的作用

组织越来越重视培训与开发工作，是因为它具有非常重要的作用和意义。主要表现在以下几个方面。

1. 有助于改善组织的绩效

员工个人绩效是组织实现绩效的前提和基础，有效的培训与开发工作能够提高员工的知识、技能，改变员工的态度，增进员工对组织战略、经营目标、规章制度、工作标准等的理解，不断提高工作积极性。从这个角度来说，通过培训改善员工的工作业绩，进而改善组织绩效，是培训与开发最重要的意义。尤其当员工的工作绩效低于绩效标准时，这种意义就更加突出。

2. 有助于增强组织的竞争优势

赢得竞争优势是组织在激烈的竞争中谋求生存和发展的关键所在。随着知识经济的迅猛发展和科学技术的突飞猛进，组织的经营环境日益复杂多变，在这种环境下，组织赢得竞争优势的根本在于比竞争对手学习得更快。培训与开发，一方面可以使员工及时掌握新的知识、新的技术，确保组织拥有高素质的人才队伍；另一方面也可以营造出良好的学习氛围，创建学习型组织，培育良好的组织文化，提高组织的学习能力，增强组织的竞争优势。所以，要想在激烈的竞争中立于不败之地，组织就必须重视员工的培训与开发。

3. 有助于增强对优秀人才的吸引力

随着组织对优秀人才的竞争日趋激烈，越来越多的员工尤其是知识员工更加看重发展机会和自身进步，因此对于组织能否提供培训机会就特别关注。毫无疑问，组织提供的培训与开发项目，提高了员工的满意度，也就能留住这部分员工，并对外部人员产生较强的吸引力。

(二) 对员工的作用

1. 有利于新员工尽快适应工作岗位

培训对新入职的员工尤其重要。新员工可能是刚从学校毕业的学生或是来自其他组织的“工作转换者”。对于前者而言，培训帮助新员工完成从学生到组织员工的身份转换；对于后者，培训能够帮助他们理解组织文化并融入组织。因此，组织往往通过系统的岗前培训来帮助员工尽快适应工作岗位，通过提供全面系统的信息，帮助员工了解工作环境、组织气氛并培训新岗位所需要的知识与技能。

2. 满足员工自身发展的需要

根据马斯洛的需要层次理论，人的需要由低到高可分为生理需要、安全需要、社交需要、尊重需要和自我实现需要。有效的培训能够帮助员工迅速学习工作所需要的知识和技能，使员工对组织战略、经营目标及工作标准有更好的理解，从而改善和提高员工的工作绩效。而工作绩效的提高对满足员工高级需要具有重要作用，因为工作绩效得到提高，员工尊重和自我实现需要等高层次的需要就能得到满足，而这些需要不仅是员工自身发展的必然要求，也在人们的需要结构中占据非常重要的位置，对人的行为有较大的激励作用。因此，培训与开发能够促进员工绩效的提高，满足员工自身发展的需要。

3. 是员工福利的构成

培训与开发项目需要组织投入相应的资源，这些资源实际上是组织对参加培训项目的员工的投资。因此，培训与开发项目也被组织作为外在薪酬来激励员工，越来越多的组织将培训作为员工福利。做好了培训，不仅能提升组织绩效，还能提升员工满意度。于是，培训与开发不仅仅是一种福利形式，也是员工和组织共同发展的原动力，已经被越来越多的组织设计到整体薪酬包之中。

三、培训流程

培训的基本过程包括四个步骤，即培训需求分析、培训计划制订、培训实施和培训效果评估。

（一）培训需求分析

培训需求分析是指在培训需求调查的基础上，由培训主管部门、主管人员、工作人员等采取各种方法与技术，对组织内各部门及其成员的目标、知识、技能等方面进行系统的鉴别与分析，以确定是否需要培训、谁需要培训、何时需要培训、需要何种培训的过程。它是整个培训工作流程的出发点，其准确与否直接决定了整个培训工作的有效性。

培训需求分析的首要目的在于确定是否需要培训。培训并不是解决问题的唯一手段，培训也不能解决所有的问题。培训需求分析就是要明确培训是否能解决问题、解决什么问题，以及培训内容、培训对象与培训时间等主要问题。

（二）培训计划制订

培训计划是指从组织战略出发，在全面、客观地分析培训需求的基础上对培训时间、培训地点、培训者、培训对象、培训方式和培训内容等预先进行系统设定。培训计划必须满足组织和员工双方面的需求，兼顾组织资源条件及员工素质，并充分考虑人才培养的超前性及培训结果的不确定性。

（三）培训实施

培训实施是培训过程的核心环节，是指组织按照事先拟定好的培训计划，采用适当的步骤和方法，选择恰当的培训方式实施培训，并根据目标和计划，对培训过程中出现的问题及时做出调整，控制整个培训过程的顺利进行，为受训者营造一个合适的学习环境，帮助他们尽快掌握工作所需要的知识和技能，调整好工作态度。

（四）培训效果评估

培训效果评估是整个培训过程中最复杂的环节。培训作为一项人力资本投资活动，需要衡量其投入产出比，了解培训活动的真实效果，找出培训过程中的偏差与失误，从而使培训活动始终处于科学理性的控制范围之内。

四、培训与开发的内容

（一）知识培训

知识培训又称知识学习或认知能力的学习，是指以业务知识为主要内容的培训，要求员工学习各种有用知识并运用知识进行脑力活动，促进并完善所从事的工作。知识学习包括行为规范和行事规则、记忆和推理、符号图案的辨认、生产与管理知识的回忆和应用，以及知识驱动的工作场所、学习性组织等项目内容。通过培训，员工应具备完成本职工作所必需的知识，包括基本知识和专业知识。同时，还应了解组织的发展战略、经营方针、经营状况、规章制度等基本情况，增强参与意识，发挥更大作用。

（二）技能培训

技能培训是指以工作技术和工作能力为主要内容的培训，是要求员工做好本职工作，处理和解决实际问题技巧与能力的培训与开发，其目标是要解决“会”的问题。实际上，以胜任工作职位能力为基础的技能培训越来越得到组织认同。当然，这里的技能不仅包括能够按照规定的程序和标准完成工作，也包括胜任职位综合能力。通过技能培训，员工应掌握完成本职工作所必备的技能，包括一般技能和特殊技能，并培养开发这方面的潜力。

（三）态度培训

态度培训又称态度学习或情感性学习，它主要涉及对员工的价值观、职业道德、认知、情感、行为规范、人际关系、工作满意度、工作参与、组织承诺、不同主体的利益关系处理，以及个人行为活动方式选择等内容和项目的培训与开发。通过态度培训，员工应该树立起与组织之间的信任感，清楚组织希望他们具备什么样的工作态度，这不仅是一种指导，同时也是一种约束。

第二节　培训需求分析

培训需求分析

培训需求分析是培训工作的起点，它决定着培训活动的方向，对培训质量起决定性作用，如果前期的培训需求分析出现偏差，那么整个培训工作可能就会南辕北辙，达不到预期的效果。虽然培训需求分析具有非常重要的意义，但在实践中，许多组织在进行培训时并没有重视这个问题，这也是导致培训工作效果不佳的一个重要原因。

一、培训需求分析模式

一般来说，培训需求分析主要从组织分析、任务分析、人员分析三个方面进行，如图 7-1 所示。

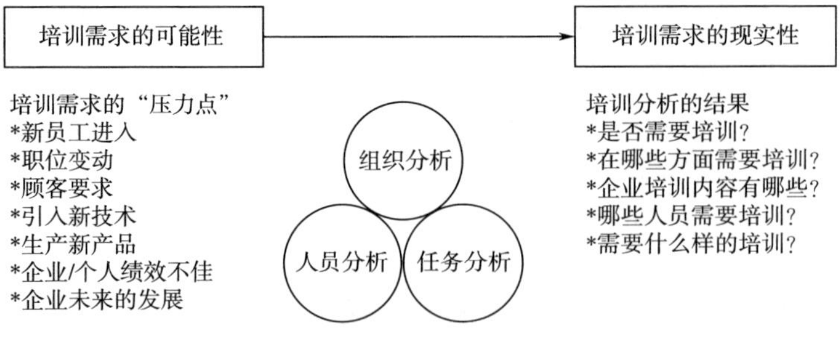

图 7-1　培训需求分析示意图

（一）组织分析

组织分析是指在组织层面进行分析。主要分析两点：第一，对组织未来的发展战略和方向进行分析，以确定组织今后的培训重点和培训方向。第二，对组织的整体绩效作出评价，找出存在的问题，并分析产生问题的原因，以确定组织目前培训的重点。通过组织分析，可以确定在组织层面需要进行什么样的培训。

（二）任务分析

任务分析的主要对象是组织内的各个职位，通过任务分析确定各职位的工作任务、各项工作任务要达到的标准，以及成功完成任务所必须具备的知识技能及其他因素。从这里可以看出，任务分析其实就是我们前面所讲的工作分析或职位分析，只是它比工作分析更详细。任务分析的主要目的是确定新员工的培训需求，这里所说的新员工，不仅指组织新招聘录用的员工，也包括那些调到新职位任职的员工。因为从完成工作任务的角度来看，他们并没有什么区别。另外，任务分析的结果也有助于界定个人层面的培训内容范围，这是设计培训项目的重要依据。

（三）人员分析

人员分析是针对员工进行的分析。通过人员分析，可以确定组织中哪些人员需要培训，以及需要什么样的培训。我们也可以从三个方面来说明人员分析。

1. 基于员工绩效考核的分析

这种分析是把员工的当前工作绩效和设定的绩效标准进行比较，绩效水平下降或低于标准时，就构成了培训需求的压力点。但这个压力点并不代表必须对员工进行培训，通常组织还要对员工绩效不佳的原因进行深入分析。

2. 基于员工职位变动计划的分析

这种分析就是把员工现有能力与其未来的职位要求进行比较，以确定适应或储备相应能力的培训需求。这种分析首先要确定哪些员工在未来一定时期内会有职位变动，然后把员工目前所具备的知识、技能和态度与未来职位进行比较，并确定培训需求。

3. 针对员工培训准备的分析

这种分析就是确定员工接受培训的基本能力和动机。有些员工确实需要进行培训，却不具备接受培训的基本能力或主观动机，这种情况下强行实施培训效果并不好。

在培训需求分析的三个方面中，尽管并没有规定要按照组织分析、任务分析和人员分析或特定的顺序进行，但是，由于组织分析关注的是培训是否与组织战略目标相匹配，解决的主要是组织层面的问题，因此进行培训需求分析时，往往最先进行组织分析，然后进行任务分析和人员分析。

二、培训需求分析方法

关于培训需求分析的方法，最常用的有观察法、问卷调查法、访问法、资料查阅法、关键事件法等。

（一）观察法

观察法是指培训者亲自到员工的工作岗位上了解员工的具体情况，通过与员工一起工作，观察员工的工作技能、工作态度、在工作中遇到的问题等，找出其中可以通过培训解决的问题。这种方法通常适用于操作技术方面的工作，对于一般管理类的工作也有一定帮助，但不适合技术开发和销售等工作岗位。原因在于，技术开发类岗位无明显的外部行为特征，主要以内隐方式完成工作；而针对销售类岗位使用观察法则存在成本过高、可行性差等缺点。

观察法一般在非正式的情况下使用，否则容易造成被观察者的紧张和不适应。通常，观察前要先设计一份观察记录表用以考察要了解的各个细节。

（二）问卷调查法

问卷调查法是收集信息的有效方法之一。它是将一系列的问题编制成问卷，发放给培训对象填写，通过对收回的问卷进行分析来获取培训需求信息的方法。这种方法能够在较短的时间内收集到大量的反馈信息，而且成本较低，所得到的信息资料也比较规范，容易分类汇总处理。

但是问卷设计和分析需要大量的时间和特定的技术，也很难收集到关于问题产生的原因和解决问题的方法等方面的准确信息，而且问卷的回收率也是要考虑的问题之一。

（三）访问法

访问法是指通过与被访问者进行面对面的交谈来获取培训需求的相关信息。访问对象既包括组织的管理层，也包括工作承担者及其直接上级。

按照访问对象的人数可以将访问法分为个别访问、集体访问和小组访问。个别访问指访问者单独与被访问人进行的访问活动，具有保密性强、访问形式灵活、调查结果准确、访问表回收率高等优点。集体访问指访问者邀请若干被访问对象，通过集体座谈的方式了解培训需求相关信息的访问方法，具有效率高、费用低的优点，但不适合询问某些涉及保密、隐私的敏感性问题。小组访问又称焦点小组座谈法，是采用小型座谈会的形式，挑选一组具有同质性的访问对象，由一个经过训练的主持人以一种无结构、自然的形式与一个小组的具有代表性的被访问者交谈，从而获得对培训需求的深入了解。

（四）资料查阅法

资料查阅法是指通过查看组织允许范围的内部相关资料和信息，如公司业绩指标、公司发展战略和规划、组织结构和流程图、人员结构、工作岗位和任职人员等文件资料来综合分析培训需求。资料信息来源也可以包括事故记录、辞职面谈记录、顾客投诉、质量控制数据等。

（五）关键事件法

当组织内外部发生对员工或客户影响较大的事件时，往往采用关键事件法来收集培训需求信息。常见的关键事件包括产品质量或服务质量投诉、产品供应断货、重大安全责任事故、员工违纪并造成重大损失、员工集体辞职、经销商或代理商产品大量滞销、经销商及代理商出现信用危机、竞争对手行动对组织造成较大冲击、新闻媒介等社会机构对组织的负面反应等。当上述事件出现时，组织往往会针对这些关键事件进行综合分析，确定培训需求。

第三节 培训方法

培训方法

在确定了培训需求以后，接下来的工作就是要制订培训计划。培训计划包括培训目标、培训内容、培训师资、培训对象、培训时间、培训地点、培训方法及培训费用等。在培训计划中，培训方法是一个非常重要的内容。

一、常用培训方法

随着培训的不断发展，新的培训方法也不断出现。根据不同的标准，可以把培训方法分成不同的类型。例如，按照参加培训的人员是否脱岗，可以把培训方法分成两类：一类是在岗培训；另一类是脱岗培训。

（一）在岗培训

在岗培训也叫在职培训，就是指员工不离开工作岗位，在工作岗位和工作场所接受培训。在岗培训的优势在于以下几点：第一，员工的实际工作不会受到影响，可以边干边学，培训的实用性很好；第二，培训环境也就是真实的工作环境，这样可以避免适应和调节环境；第三，节省培训费用，因为在岗培训不需要添置任何设备，只要采用实际工作的设备即可。但是，在岗培训也有缺点。例如：在岗培训过程很容易受到外界干扰，从而影响培训效果；边干边学的结果可能是，干也干不好，学也学不好，导致工作效率降低。在岗培训在以下几个方面是很有用的：新员工培训；在引进新技术时提高有经验员工的技能水平；对同一个部门或单位内的员工进行跨职能培训；使调动工作或者得到晋升的员工适应新的岗位。

1. 学徒制

学徒制培训是最为传统的在职培训方式，也就是师傅带徒弟的培训方法。这种方法主要针对非管理类的员工，是由经验丰富的老员工和新员工结成较固定的师徒关系，由师傅对徒弟的工作进行指导和帮助。最早的学徒制培训没有一定的方法和程序，新员工只是从观察和体验中获得技能，因而成效相当迟缓。后来的学徒制培训发展成为向新员工提供高技能的工作所要求的理论和实践方面的综合培训方法，其主要形式是由一名经验丰富的员工作为师傅，带一名或几名新员工。学徒工在师傅的指导和培养下，熟悉操作规程、掌握技能和技巧，最终成为合格的技术工人。

学徒制培训包括示范、实践、反馈和评估四个基本步骤。首先，师傅要确认徒弟是否具备关于某一操作过程的基础知识或技能；其次，师傅演示这一过程的每一步骤，并强调安全事项和关键步骤；最后，师傅要为徒弟提供实践的机会，在徒弟实际操作中如果操作不规范或出现错误，师傅应给予反馈，并再次传授正确的操作方法，直到师傅认为徒弟已经能安全且准确地完成该项工作为止。

学徒制培训特别适合于一些技能性很强的工作岗位，尤其是手工操作含量大的技术工作。很多传统的手工及技术，比如木匠、铁匠、民间手工艺制作及许多传统技术传承等，在很长时间内都是通过这种方式培训的。

2. 导师制

导师制也是一种在职培训方式。采用这种方法时，由受训者以一对一的方式向经验丰富的人员学习，通常导师可以是年长的或有工作经验的员工。这种方法类似于学徒制，但不同的是，这里的辅导者不一定是师傅，也可以是以朋友、知己或顾问的身份来对受训者进行辅导，两者之间的关系也不像学徒制中师傅和徒弟的关系那样紧密。

3. 工作实践法

工作实践法是让员工亲身体验不同岗位中会遇到的问题、任务，通过真实体验工作进行培训与开发。例如，在工作实践中，经常采用工作轮换和临时派遣的方式。工作轮换是让员工在特定时期变换职位，以获得不同的职业体验。通过工作轮换可以丰富员工的工作经验，扩展他们的知识和技能。而临时派遣则主要有两种情况：一是允许员工到其他组织或组织中去工作一段时间；二是允许员工利用休假等机会，离开组织去更新或开发新技能。

（二）脱岗培训

脱岗培训，也就是脱产培训。脱产培训是员工离开自己的工作岗位，专门去参加培训。这种培训方法的优缺点和在岗培训刚好相反。

1. 课堂讲座和讨论

一直以来，课堂讲座和讨论都是培训项目中的主要实施方法。它是指培训者向一群受训者进行课堂讲授，并辅以问答、讨论、自由发言等形式。这种方法能够以最低的成本、最少的时间耗费向大量的受训者提供某种专题信息。受训者在培训中学会并能够运用到工作中的信息量与受训者参与培训的积极程度和练习程度有关。另外，课堂讲座和讨论只能同等程度地传授材料，不能恰到好处地根据学习者个体在能力、态度和兴趣上的不同而采取合适的方式。有经验的培训者可以通过安排丰富的讲课内容，给予受训者积极反馈，并且有效地引导讨论和发言来克服这一缺点。因此，采用这种方法时，选择合适的培训讲师是至关重要的。

2. 角色扮演

角色扮演主要运用在人际问题分析、态度改变以及人际关系技能的发展方面。采用这种方法时，受训者将在特定的场景中或情境下扮演分派给他们的角色，他们将有许多机会经历工作中的问题。受训者可以尝试运用各种不同的方法去解决问题，并且考虑哪种方法更成功，以及为什么成功。角色扮演的学习效果取决于参与者是否愿意实际地扮演角色，并尽可能像在真实的工作环境中一样来表现。

3. 工作模拟法

工作模拟法是指利用受训者在工作过程中实际使用的设备或模拟设备，根据实际工作环境来对他们进行培训。这种方法有下列三个优点：第一，由于和实际工作比较接近，因此培训效果比较好；第二，能够对培训过程进行有效控制；第三，可以避免因在实际工作中进行培训而造成的损失。但是这种方法也存在以下缺点：第一，培训的费用比较高；第二，不可能做到和真实工作环境完全一样；第三，同样存在培训效果转化问题。工作模拟法经常被用在那些出现错误的代价和风险比较高的工作，例如飞行员培训、管理决策培训等。

二、采用新技术的培训方法

随着技术的发展，计算机网络等越来越多地被用于组织培训中。新技术的应用使数字化合作成为可能，降低了培训成本，而互联网更推动了学习革命，使得学习过程更加动态化、形象化和灵活化。

（一）计算机辅助培训

计算机辅助培训是将培训材料传输到电脑终端，使学员可以通过计算机互动学习的培训方式。与传统的课堂学习不同，计算机辅助培训包括互动性录像、视频或音频和其他一些计算机驱动系统，受训者通常利用安装在电脑上的特定软件进行学习，主要包括计算机辅助指导（computer assisted instruction，CAI）和计算机管理指导（computer managed instruction，CMI）两种类型。计算机辅助指导可以提供个性化的教育指导，如操练与实践、情景模拟、游戏指导等，学员可以自行设定学习进度。计算机管理指导可以准确地对教学数据进行收集、监控和决策，实现教学过程管理、跟踪、监控、反馈、评估、与教师的互动等活动的计算机化。计算机辅助指导与计算机管理指导相辅相成，可以在电脑上对学习效果进行评分。随着教学软件的发展和网络的日益广泛使用，计算机辅助培训也日趋完善。

（二）互联网培训

互联网培训是指通过因特网或者公司的内部局域网传递、展示培训内容的一种培训方式。随着互联网技术的发现与应用，互联网培训已经成为一种不可阻挡的趋势，越来越多的组织开始采用这种培训方法。培训师将培训课程存储到网站上，散布在世界各地的学员利用网络浏览器进入该网站进行培训。在培训的过程中，无论是资料的即时更新、数据的分发与共享，还是学员间的交流都没有任何障碍。与传统培训相比，互联网培训有着较为明显的优势。

首先，互联网培训可以降低培训费用。一般来说，传统的培训需要将学员从各地召集到一起，他们的差旅费用本身就是一笔巨大的开支，还有各种教室和设备租赁费用、管理费用等。而在互联网培训中则可省下上述费用，学员只需通过网络在家便可接受培训。

其次，互联网培训便于学员学习。在课堂培训中，学员不得不中断工作；而互联网培训则可使学员灵活安排培训时间，且能自行设定学习进度。同时，互联网培训课程中有着大量的声音、图片和影音文件，课堂生动有趣，有利于提高受训者的学习兴趣和效率。

最后，互联网培训有利于促进组织文化的良性改变，调动学员的学习积极性，使整个组织变成一个学习型组织，紧跟最新的技术和市场变化。

互联网培训的不足主要表现在技术支持方面。由于音像文件占用的空间很大，所以对网络的传输能力提出了很高要求。另外，互联网培训中使用的软件、媒介类型和超文本语言可能不兼容，用来制作培训内容的不同授权程序也可能不兼容，这会极大地影响培训的感受和培训效果。但是随着信息技术的不断发展、带宽的增加和标准化浏览软件的推广和普及，上述问题正在逐步得以解决。

需要注意的是，互联网培训为受训者提供了时空便捷性，但这可能会挤占员工的非工作时间，造成无补偿的变相加班；另外，这种“随时随地”的学习实际上意味着受训者必须完全依靠自己来完成培训，难以监控培训过程和培训效果。

（三）虚拟现实培训

虚拟现实（virtual reality）培训是指利用虚拟技术为学员提供三维学习体验的一种培训方式。虚拟现实培训借助 VR 技术，通过技术支持，受训者能够看到他们在工作中可能遇到的各种情境的 3D 世界，在这个模拟世界中受训者能够接触、观看、参与设置。虚拟现实培训受到提倡是因为它能够极大地激励和吸引员工，可以把学习经历迁移到模拟情境中去，并且不受环境和时间的限制。

虚拟现实培训特别适用于军事人员、飞行器驾驶员、空中交通管制人员、汽车驾驶员、医务工作人员、体育运动员等类型的专业人员培训，原因在于学员能够看到自己在工作中可能遇到的任何情境，在这个虚拟的环境中学员能够接触、观看及进行操作演练，给人一种“身临其境”的感觉。也就是说，他们能从培训中获得感性知识和实际经验。

虚拟现实培训的优点在于仿真性、自主性和安全性。由于学员在虚拟培训中操作的设备与现实中的设备功能一样，操作方法也一样，因此虚拟现实设备的仿真性不仅可以让学员在没有实际危险的情况下进行一些危险性的操作和行为，还可以让学员获得相应的实际操作经验。另外，学员可以自主选择或组合虚拟培训场地与设施，超越了时空的限制，而且可以反复训练，以增强训练效果。

虚拟现实培训的缺点在于开发或购买成本较高，质量较差的设备有时达不到让人身临其境的效果，反而会使学员产生不良的生理反应，如晕眩、恶心等。

三、团队培训方法

除了针对个体的培训，组织还经常需要开展团队培训。有效的团队要求团队成员必须具有高度的技能，能够有效完成团队必须完成的各种任务。为了建立团队成员的任务工作技能，团队中的个体必须经过培训，以便胜任主要的工作职责。同时，有效的团队还必须具有良好的团队工作技能，个体成员需要理解他们怎样协作才能够使团队整体运行起来。团队工作技能是指一个团队的成员作为一个整体能够有效行使的功能，包括适应性、共同的情境知觉性、行为监控和反馈、领导和团队管理、人际关系、协调、交流和决策。这些技能强调的是团队成员独立完成任务时的交互作用。

从培训的观点来看，把一群个体转变为一个有效的工作团队需要建立大量的团队胜任能力。团队胜任能力指的是有效完成团队任务所需要的知识、技能和态度。以团队为基础的工作系统迫切要求提高团队成员任务工作技能与团队工作技能，以下是针对团队的培训方法。

（一）体验式培训

体验式培训也叫冒险性学习、拓展训练或户外培训，它是通过采用团队训练的方式，基于个人在活动中获得的体验，在培训师指导下，团队成员共同交流和分享体验，提升认识的一种培训方式。

常见的体验式培训主要包括三种：①拓展训练。拓展训练以短期培训为主，大多在户外进行，利用崇山峻岭、瀚海大川等自然环境，通过精心设计的活动，在专门的训练场上，利用各种设施，如高架绳网等，展开攀登、跳跃、下降、通过等活动。②野外训练，包括远足宿营、登山攀岩、伞翼滑翔、户外生存技能等课程。③水上训练，如泅渡、跳水、扎筏、划艇、漂流等，以达到“磨炼意志、陶冶情操、完善人格、熔炼团队”的培训目的。体验式培训注重利用有组织的户外活动来开发团队协作和领导技能。它适用于开发与团队效率有关的技能，如自我意识、问题解决、冲突管理和风险承担等。从某种意义上讲，体验式培训是一种“成人寓言”，以活动开始，先行后知，最终实现态度、人生观和团队精神方面的统一和提升。

（二）行动学习法

行动学习法通常也被称为“做中学，学中干”。这种方法的基本假设是，许多学习是通过在正式培训过程中直接处理和工作相关的问题而发生的，因此，培训的重点是理解并解决真实工作中复杂的问题。在运用行动学习法时，首先给团队或工作群体一个实际工作中面临的问题，让他们合作解决并制定出一个行动计划，然后由他们负责实施这一计划。行动学习法可以允许参与者反馈、实验和从经历中学习，这对提高组织的有效性非常重要。尤其是当管理者以行动学习的团体或自愿组成小组的方式聚集在一起时，学习效果就非常好。

（三）交叉培训

交叉培训是指让团队成员熟悉并实践多种工作，以便在有人暂时或永远离开团队后其他成员可以介入并取代他的位置。通过交叉培训，团队的成员能够获得超越自身已有的知识和技能，成功地完成团队中其他成员的工作。交叉培训的实施办法是通过提高员工地位的灵活性来阻止雇员的退化，并通过允许团队进行自我管理来加强主动性。

（四）团队的自我管理

交叉培训和行动学习的一个重要结果是可以允许团队更加具有主动性和自我特性。团队的自我管理强调能够管理它的内部过程，如把人员分配在工作项目中，评价团队的成功性，采取行动提高团队的效率和监控自我学习。其关键是要求团队能为团队学习营造良好的环境，有效管理团队的资源，并且能够从关于团队绩效表现的反馈中获得学习。

另外，团队培训还会采用协作培训和针对团队领导技能的培训等方法。协作培训也就是对团队进行旨在确保信息共享和决策责任承担的培训，其目的在于实现团队绩效的最大化，这种培训对于那些必须通过共享信息才能作出决策的团队尤为有效。针对团队领导技能的培训也是面向管理人员的开发手段之一。

第四节 培训效果评估

培训实施与效果评价

一、培训效果转化

组织必须清楚，并不是说制订了完整的培训计划，也按照流程实施了培训计划，就能实现培训效果。事实上，只有当员工把在培训中所学的内容运用到实际工作中时，培训效果才可能实现，培训也才有意义。培训效果转化就是指把培训中所学的知识、技能和行为应用到实际工作中。

（一）培训效果转化模型

图 7-2 所示的培训效果转化模型说明了如何实现培训效果转化。在这个模型中，培训效果能否顺利转化并长久保持效果，受到多种因素影响。首先，受训者学习能力和学习动机，以及在实际工作中运用新技能的动机和能力，

都会对培训效果转化产生影响。其次，在培训中给员工提供相似的流程、实践机会和反馈，能够帮助员工学习并维持培训效果。最后，良好的工作氛围、上级和同事的支持、拥有实践机会和技术支持，也都会加速培训效果转化过程。

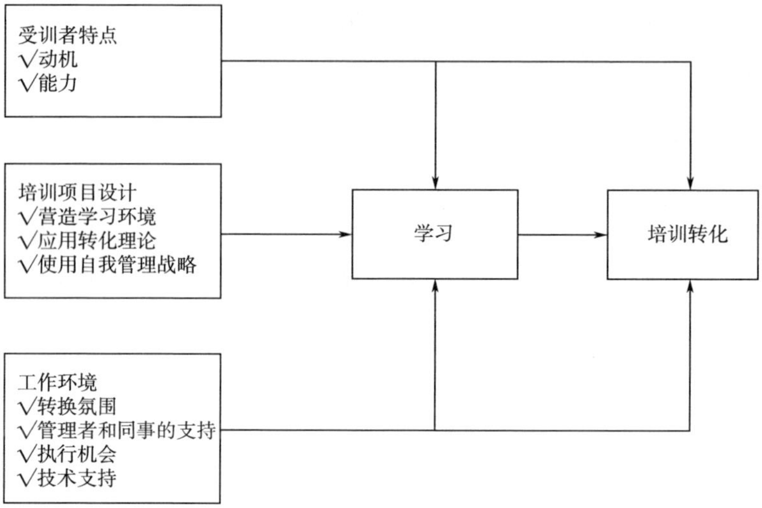

图 7-2　培训效果转化模型

（二）促进培训效果转化的措施

在实践中，组织可以从以下几个方面落实培训效果的转化。

1. 给员工提供运用所学技能的机会

也就是在员工参加培训以后，组织应该在实际工作中给他们提供运用这些知识和技能的机会。例如，组织支持尝试使用新技能，允许和接纳因使用新技能而发生的失误，或者安排员工从事一些需要使用新技能的任务。

2. 提供良好的培训效果转化工作氛围

例如，对按照培训要求开展的受训者进行表彰，对能够运用培训内容的受训者进行奖励等。

3. 上级支持是影响培训效果转化的重要因素

一般来说，上级越支持，培训效果就越有可能得到转化。上级支持，可以表现在四个方面：首先，鼓励受训者在工作中运用培训所学内容；其次，在受训者没有使用意识时，提醒他们在工作中运用所学内容；再次，给受训者提供机会，让他们能够在工作中运用培训所学到的内容；最后，在受训者运用培训所学内容时，上级及时给予指导和反馈。

4. 同事的支持对培训效果转化也很重要

这里的同事不仅包括一起参加培训的同事，也包括那些没有参加培训的同事。

二、培训效果评估标准

在评估培训效果时，首先要考虑培训效果评估标准问题。培训效果评估标准，就是指要从哪些方面来对培训进行评估，也可以说是培训评估的内容。

唐纳德·科克帕特里克的四层次评估模型，为培训效果评价提供了很好的借鉴，这个模型把培训效果评估标准分为以下四个层次。

（一）反应层

培训效果评价标准的反应层，也就是说受训者对培训的印象，受训者是否满意培训。对反应层的评估比较容易实现，要了解和评估这方面的内容，可以调查受训者，询问他们是否喜欢该培训，对培训组织和培训内容等方面是否满意。针对反应层的评估，可以采取问卷调查法、面谈法、座谈法等方法，其中最常用的评估方法是培训满意度问卷调查。

（二）学习层

学习层的评估也就是指受训者对培训内容的掌握程度，受训者在接受培训以后在知识和技能方面是否有所提高以及有多大程度的提高，受训者在态度方面是否有所改善及改善的程度如何等。学习层的评估是对受训者学习成效的评价，这个评价十分重要，因为知识、技能的提高以及态度的改变，关系到员工行为和工作结果的改善，并最终影响工作绩效。针对学习层的评估，可以采取考试法、演讲法、讨论法、角色扮演法、演示法等方法。

（三）行为层

行为层的评估也就是针对受训者在接受培训以后，工作行为是否有变化，例如在工作中是否改进了以前的行为，是否运用了培训的内容等进行评价。对行为层的评估，主要是根据相关管理指标来进行。

（四）结果层

结果层也就是指受训者或组织绩效的改善，经过培训后员工和组织的绩效是否得到了改善和提高。显而易见，这些结果从组织的绩效指标上就可以看出来。

借鉴科克帕特里克的四层次评估模型，培训效果评估标准主要考虑培训是否实现了预期的目标。在实践中，还可以考虑培训效率，也就是培训是否以最有效的方式实现预期目标。评估培训效率不仅要考虑费用成本，也要考虑时间成本。

三、培训效果评估方法

一般在进行反应层的评估时，可以采取问卷调查法、面谈法、座谈法等方法；进行学习层的评估时，可以采取考试法、演讲法、讨论法、角色扮演法、演示法等方法；对行为层和结果层的评估，则主要根据指标来进行。具体的评估方法有以下几种。

（一）培训后测试

培训后测试，也就是在培训结束后，对受训人员的培训效果进行测试。这种方法简单易行，但得到的评估结果只是一个绝对值，虽然能够反映培训目标的达成程度，但不容易看出培训改进效果。因此，这种方法更多地适用于对反应层的评估。

（二）培训前和培训后的对比测试

对受训人员进行培训前和培训后的对比测试，这种方法需要测试两次，也就是在培训前进行一次测试，培训后再进行一次测试，然后对比两次测试的结果，从而得出培训效果。这种评估方法既可以得出培训结果的绝对值，也能够看出培训效果。但这种方法没有考虑受训人员的行为或结果可能受到了其他因素的影响，这种忽视可能会影响对培训效果的正确评估，因此这种方法多用在对学习层的评估上。

（三）受训人员和控制组进行培训前后的对比

这种方法比上一种方法更复杂。为了消除其他外界因素对培训效果的影响，在进行评估时，除了对受训人员进行对比测试，还要选择一组没有经过培训的人员进行对比测试，也就是采用控制组对比。这样的对比测试，能够反映出受训人员和控制组的对比结果，也就能够看出真实的培训效果。为了保证测试效果的有效性，测试组和控制组除在培训方面有所不同之外，其他的任何条件都要保持一致。这种控制组对比测试主要用于行为层和结果层的评估。

（四）时间序列法

时间序列法就是对评价者在培训前和培训后的一段时间内，按照一个既定的时间间隔，来收集培训效果信息。当然，在使用时间序列法时，也可以使用控制组对比测试。时间序列法的优点之一，就是能够分析培训效果在一定时间内的稳定性。

本章小结

培训与开发是两个既相互联系又有区别的过程：培训是组织向员工提供工作所必需的知识与技能的过程；开发是依据员工需求与组织发展要求，对员工的潜能开发与职业发展进行系统设计与规划的过程。两者的最终目的都是通过提升员工的能力实现员工与组织的共同成长。

组织培训开发活动通常包括培训需求分析、培训计划制订、培训实施及培训效果评估四个环节。培训需求分析要从组织分析、任务分析和人员分析三个方面展开。

培训方法包括学徒制培训、导师制、工作实践法等在岗培训，课堂讲座和讨论、角色扮演和工作模拟法等脱岗培训，以及采用新技术的培训方法。组织在选择培训方法时，往往需要从学习成果、学习环境、培训效果的转化、培训成本等方面综合考虑。

培训效果评估是运用科学的理论、方法和程序，从培训结果中收集数据，并将其与整个组织的需求和目标联系起来，以确定培训项目的优势、价值和质量的过程，其实质是对培训信息进行效益评估。培训效果评估标准分为反应层、学习层、行为层和结果层四个层次。针对不同的层次，可以采取不同的评估方法。

本章习题

1. 如何理解培训与开发的含义？
2. 培训与开发有什么样的意义？应当遵循什么样的原则？
3. 培训与开发的步骤有哪些？
4. 如何进行培训需求的分析？
5. 培训与开发的方法有哪些？

本章扩展习题及答案

案例学习

中粮集团把培训作为一种工作方法

中粮集团有限公司（简称“中粮集团”）是中国最大的粮油食品进出口

公司和实力雄厚的食品生产商，享誉国际粮油食品市场，在与大众生活息息相关的农产品贸易、生物质能源开发、食品生产加工、地产、物业、酒店经营以及金融服务等领域成绩卓著。1994 年以来，中粮集团一直位列《财富》世界 500 强。2008 年中粮集团入选世界品牌价值实验室编制的《中国购买者满意度第一品牌》。

1999 年上半年以来，中粮集团实施重组、改制、上市的发展战略。集团顺应经济全球化发展趋势，在公司内部建立全球视野的资源配置体系、管理架构和运行机制，积极参与国际经济合作与竞争，实现资本利润最大化。通过重组、改制，集团进一步强化核心业务和核心竞争力。在中粮，董事长宁高宁奉行通用电气公司前 CEO 韦尔奇成长法则："要么第一，要么第二，要不你就把它整好，要么就卖掉，要么就关门。"

对于中粮，"国有组织、外贸组织、多元化组织以及转型组织"，每一个都存在危险，既要把鸡蛋放在不同篮子里，又要强调专业化的优势。因此，宁高宁确定了组织的发展战略，转型为以产业、实业为根本的组织，同时搞有限相关的多元化，对组织进行全方位的整合。

集团的种种变革对人力资源也提出了新的挑战。面对这些挑战，中粮人毫不畏惧，在人力资源领域，尤其是在员工培训方面，中粮做得颇具特色。中粮始终把培训当作一种工作方法对待，取得很大的成就。

一、培训理念

"无规矩不成方圆，无培训不得生存"，培训在组织自身茁壮成长和可持续发展过程中的重要作用日益显著。不同组织对培训这一核心概念的理解不尽相同，认识不同，反映出的理念不同；理念不同，培训的做法和收效自然就不同。中粮人在竞争日趋激烈、社会飞速发展的时代背景下，也形成了自己独特的培训理念。

理念一：现在的组织培训，无论在理念还是方法方面，已经不是传统意义的培训，不是老师或领导在台上讲、员工在台下听。

理念二：培训是为了形成有效的团队工作方法，不断思考自己存在什么问题、怎么解决、用什么方法解决，从而促进组织的发展。

理念三：与学校不同的是，中粮希望把培训与团队建设、工作方法、决策形式逐步结合起来，要能代表一种科学、系统、参与、投入、透明、团队共同提高的工作态度和方法，形成学习型团队，从根本上改善组织的工作氛围和习惯。

理念四：它与传统培训的区别是基点不同，它认为老师不是专家，大家才是专家，真理和答案在大家中间。老师的责任就是组织，用方法把大家引入到一个环境中，把智慧激发出来、总结出来、凝练出来，引导大家形成统一的思维。

理念五：培训其实是一种工作方法，是团队决策的方法，是团队建设的方法，是推动人才发展和组织进步的方法。

二、培训逻辑与结构

中粮把培训作为一种工作方法，贯穿于业务、组织及个人三个层面。在面临集团重要战略转型、需要解决重大问题的时候，培训能够促使中粮人聚集一起，集思广益，从而提高决策的科学性。而这一决策过程无形中又进一步促进了团队的融合与建设，塑造了中粮这种独特的将培训作为一种工作方法的文化。

三、培训方法

中粮培训的主要方法是团队学习。团队学习是在统一的逻辑结构和思维框架下，通过激发团队成员的智慧，达到形成共识、解决团队发展的重大问题、团队融合、提升团队能力、塑造团队文化的目的。

基于“解决问题六步法”，中粮集团形成了一个结构化的培训研讨模式。每次培训研讨都从组织需要解决的实际问题入手，由组织内部专家担任培训师，按照导入理念和分析工具—集体研讨—引导催化—总结关闭四个环节，提出解决问题的方法，进而做出决策。

四、一把手担任培训师

一个组织要有普遍的学习行动，首先就得有普遍的学习意识。而学习意识属于较高层次的组织文化范畴，其形成不是某一个部门可以做到的，需要高层乃至一把手的强力灌输、强力推进、强力塑造。在中粮，董事长是第一培训师，他的理念是培训真正的动力源泉和思想源泉。与此同时，各单位的一把手是各单位的第一培训师，负责传递集团的战略与文化，使得各个单位在集团的统一战略指引下能够协同作战。

五、培训核心在于设计和提问

中粮的培训核心在于设计和提问，通过丰富多彩的拓展训练能够增强团队凝聚力。在研讨问题时，研讨题目的挑选、研讨气氛的把握和控制、组长的选择、研讨过程中的引导/催化技巧都经过精心的准备。

六、培训的基本特点

经过多年来不懈的努力，中粮的培训在国内组织中已经形成了一道独特的风景，具体表现在以下几点：

(1) 直接服务战略。培训针对业务发展中的关键问题，直接服务于集团的战略，是战略转型的切入点、抓手。

(2) 普遍工作方法。集团各级经理人都把培训作为一种组织管理普遍的工作方法，作为推进战略执行的重要管理工具。各类工作会议和工作研讨都是集团培训工作的组成部分，体现集团的培训理念，使用集团的培训工具。

(3) 重要工作技能。培训是经理人工作的重要组成部分，是必须掌握的领导技能，是经理人领导力的重要体现。经理人是各单位培训工作的第一责任人，是第一培训师。

(4) 激发团队智慧。培训重在激发团队智慧，通过组织的改变和组织能力的提升来提升个人能力。

(5) 改善团队氛围。培训注重改善团队氛围，体现集团组织文化。

(6) 质疑反思与系统思考。培训倡导质疑反思的精神，强调系统思考。

七、把培训作为推进战略的有效方法

培训之于中粮已经成为一种工作方法，已经超出了传统对培训的定义范畴，是一种团队决策、团队建设的方法，是一种推动人才发展和组织进步的方法。从集团的培训会议再到各经营单位的专业性培训会议已经成为中粮统一思想，达成集团愿景、使命和战略的一个载体。

思考和讨论：

1. 中粮的培训理念与传统的培训理念有何区别？
2. 中粮如何将培训与组织需要有效结合在一起？
3. 谈一谈你对中粮将培训作为一种工作方法的理解。

第八章　绩效管理

本章要点

- 绩效管理的内涵
- 绩效管理的作用
- 绩效计划的内容
- 绩效监控
- 绩效考核方法
- 绩效考核过程中常见的错误
- 绩效反馈面谈

学习用典

在我国，绩效考核的历史可以追溯到三皇五帝时期。据《尚书·舜典》记载，帝舜“三载考绩，三考，黜陟幽明，庶绩咸熙”。可见在原始社会末期，舜当部落首领时，就有了考绩的做法，并以此为依据进行了赏罚劝惩。

之后，管理考核制度在中国历史上延续数千年，虽然受当时阶级性和社会发展水平的限制，考核体制和考核方法未必完美，但是对官员考核的内容基本归纳为德、能、勤、绩四个方面，并延续下来。

德，即对员工思想和道德品质表现的考核。古今中外，对品德的考核始终是绩效考核的首要内容。组织在创业阶段，只求其才，不求其德，只是权宜之计；守业阶段，要靠德来巩固业绩。所以，员工的行为如是否尊重别人、是否与他人合作、是否实事求是、是否遵纪守法、是否保守公司的商业秘密等都应成为绩效考核的项目。能，即员工的业务知识和能力，也就是从事本职工作所具备的基本能力和应用能力。能力是决定工作业绩的重要方面。能力具体可划分常识和专业知识、技能和技巧、工作经验以及体力四个方面。勤，即员工在工作中的态度和勤奋敬业精神的表现。员工的工作态度是工作能力向工作业绩转换的“中介”。绩，即员工工作数量、质量、效益和贡献大小。从“绩效考核”一词的字面上可以看出，对组织和人员的考核是以实际成效为中心的，是注重人们劳动成果的。因此，“绩”是绩效考核的核心。员工的工作数量、质量、效益和贡献等“绩”的指标也是唯一可以量化的考核指标。

除了德、能、勤、绩，崇廉尚洁也是历代先贤所倡导的。齐国大夫晏子是我国历史上第一个提出“廉政”概念的人，也是廉政思想的忠实践行者。2014 年 1 月 7 日，习近平在中央政法工作会议上强调“公生明，廉生威”。廉洁，不仅是为官从政的基本品质，更是为人处世的永恒追求；廉洁，不仅是一种规范的行为准则、一种健康的生活习惯，更是一种全新的价值理念、一种高尚的道德品格。只有节制自律，理性面对欲望诱惑，才能善始善终。

第一节 绩效管理概述

一、绩效的内涵

（一）绩效的含义

1. 绩效的概念

绩效（performance）是指通过个体或群体的工作行为和态度表现出来的工作效率和结果，是直接成绩和最终效益的统一体，也称为工作业绩、成效等。

2. 绩效的构成要素

绩效的构成要素包括以下两个方面：

（1）工作效率。工作效率是指工作投入与工作产出的关系，工作效率越高，完成工作任务需要耗费的工作时间越短。

（2）工作效果，即工作活动对预定目标的达成情况。工作效率与工作效果是互相联系的，效率涉及的是工作方式，而效果涉及的是工作结果。

3. 绩效要点

理解绩效应该把握以下几点：

（1）绩效基于工作而产生，与员工的工作过程直接联系在一起，工作之外的行为和结果不属于绩效的范围。

（2）绩效与组织目标有关，对组织的目标有直接的影响。由于组织的目标最终都会体现在各个职位上，因此与组织目标有关就直接表现为与职位的职责和目标有关。

（3）绩效应当是能够被评价的工作行为和工作结果，那些不能被评价的行为和结果不属于绩效。

（4）绩效还应当是表现出来的工作行为和工作结果，没有表现出来的就不是绩效。这和招聘录用时的甄选评价是有区别的，甄选的重点是员工取得绩效的可能性；而绩效则是现实性，就是说要评价员工是否做出了绩效。

（二）绩效的分类

1. 按绩效实施主体的不同分类

按绩效实施主体的不同，可以将绩效划分为组织绩效、部门绩效和个人绩效。

（1）组织绩效。组织绩效是指在一定时期内整个组织所取得的绩效。20世纪六七十年代，人们大多从财务的角度界定组织的绩效；到了80年代，逐渐形成了一套以财务指标为主、非财务指标为辅的组织绩效评价体系；到了90年代，非财务指标受到了更多的关注，尤其是平衡计分卡的使用，为组织绩效的评价提供了一个全面的框架。

（2）部门绩效。在组织实现其战略目标的过程中，部门或者团队往往是基本的战略业务单位，部门绩效目标的实现是组织战略目标实现的保证。部门绩效包括部门任务目标的实现以及为其他部门之间服务、支持、协调、配合、沟通等行为的表现。

（3）个人绩效。个人绩效是指在完成工作目标与任务的过程中所体现出的个人业绩。个人绩效主要考察的是员工实现目标的行为是否达到职业化行为的标准、员工是否在按照职业化工作程序做正确的事情。部门是由个人组成的，只有充分激发部门内每一个员工的积极性和创造性，才能有效地实现部门的绩效目标。

2. 按评估角度的不同分类

根据评估的角度不同，可以将绩效分为任务绩效、周边绩效和管理绩效。

（1）任务绩效。任务绩效是指与工作产出直接相关的，能够直接对其工作结果进行评估的这部分绩效指标。它是与具体职务的工作内容密切相关的，同时也与个体的能力、完成任务的熟练程度和工作知识密切相关的绩效。换言之，任务绩效就是组织成员对组织的贡献，或对组织所具有的价值。在组织中，任务绩效具体表现为员工完成工作的数量、质量、成本费用以及为组织做出的其他贡献等。任务绩效应该是绩效考评最基本的组成部分。通常可以用质量、数量、时效、成本、他人的反应等指标来考量评估任务绩效。

（2）周边绩效。周边绩效又称关系绩效，是指与周边行为有关的绩效。当员工主动帮助工作中有困难的同事，努力保持与同事间良好的工作关系，或者通过额外的努力而准时完成某项任务时，他们的表现被视为周边绩效。周边绩效对组织的技术核心没有直接贡献，但它构成了组织的社会、心理背景，能够促进组织内的沟通，对人际或部门沟通起润滑作用。周边绩效可以营造良好的组织氛围，对工作任务的完成起到促进和催化作用，有利于员工任务绩效的完成以及整个团队和组织绩效的提高。

（3）管理绩效。管理绩效主要是针对行政管理类人员，考核其对部门或下属人员管理的情况。例如，管理者为下属制定具有心理挑战性的工作目标，工作过程中及时跟踪检查、监督与指导，解决员工工作中的困难，及时提供工作结果的反馈信息，充分激发下属的工作积极性，协调各种人际关系，化解矛盾和冲突，提高团队的凝聚力和向心力，所有这些表现都构成了管理者的管理绩效。

（三）绩效的特点

1. 多因性

员工绩效的优劣不是取决于单一的因素，而是受到主观、客观多种因素的影响。影响工作绩效的主要因素有员工的激励、技能、环境和机会。

决定绩效的内因分别是技能和激励。技能是员工的技巧和能力水平，而激励是指员工的工作积极性。决定绩效的外因分别是机会和环境。机会是指员工得到某一工作岗位的机会或者承担某一任务的机会，机会的公平性是影响员工组织公平感和满意度的重要因素，从而也是影响绩效的一个重要因素。环境既包括组织内部的客观条件，如劳动场所的布局、工作设计的质量、培训机会以及组织文化、上级领导的作风等，也包括组织之外的客观环境，如社会的政治经济情况、市场竞争程度等宏观条件。

2. 多维性

多维性是指员工的绩效往往体现在多个方面，员工的工作结果和工作行为都属于绩效的范围。例如，一名操作工人的绩效，除了生产产品的数量、质量外，原材料的消耗、出勤情况、与同事的合作、纪律的遵守等都是绩效的表现。因此，对员工的绩效评估必须从多个方面进行考察。一般来说，我们可以从工作业绩、工作能力和工作态度三个方面来评价员工绩效。当然，不同方面在整体绩效中的重要性是不同的。

3. 动态性

动态性是指员工的绩效并不是固定不变的，在主客观条件发生变化的情况下，绩效是会发生变动的。员工的绩效往往会随着时间的推移而不断地发生变化，原来较差的业绩有可能好转，或者原来较好的业绩也有可能变差。这种动态性也是绩效的时限性，绩效往往是针对某一特定时期而言的。这实际上解释了绩效考核和绩效管理中的绩效周期问题。因此，在评价员工的绩效时，应以发展的眼光看待员工的绩效，切忌以主观僵化的观点看待。

二、绩效考核与绩效管理

（一）绩效考核的概念

绩效考核（performance appraisal）又称为绩效评价、绩效考评或绩效评估，它是指按照绩效目标和绩效标准，采用考评方法对员工的素质、工作行为和工作结果进行全面、系统、科学的分析、评估，并传递考核结果和处理结果申诉的过程。绩效考核也分为员工、部门和组织三个层次，一般所说的绩效考核往往以员工绩效考核为重点。

绩效考核不是目的，而是手段，其实质是为人力资源管理提供现有员工的信息，为员工的报酬、晋升、调配、培训、激励、招聘、辞退和职业生涯管理等工作提供科学的依据。绩效考核的合理开展和结果的正确运用，将影响组织人力资源管理的各方面工作，并最终影响员工个人绩效和组织整体绩效。

（二）绩效管理的概念

绩效管理（performance management）是指制定并与员工沟通绩效目标，收集与绩效有关的信息，定期对员工的绩效目标完成情况做出评价和反馈，以确保员工的工作活动和工作产出与组织保持一致，保证组织目标完成的管理手段与过程。绩效管理体现着“以人为本”的思想，强调组织目标和个人目标的一致性，追求组织和个人同步成长。绩效管理的各个环节都需要管理者和员工的共同参与和持续沟通。

正确理解绩效管理需要注意以下几个方面：绩效管理的基础是管理员工绩效；绩效管理的总体目标是实现和提高组织绩效；绩效管理的根本目的是支持组织战略，实现组织远景规划和战略目标；绩效管理的实质是通过持续动态的沟通来促进员工提高素质，向组织目标的方向行动，达到组织所要求的结果。

（三）绩效管理与绩效考核的关系

绩效管理经常被等同于绩效考核，而事实上，二者并不是等价的，绩效考核只是绩效管理中的关键环节，是进行绩效管理的一种手段。

1. 绩效管理与绩效考核的区别

具体来说，绩效管理与绩效考核有如下区别：

（1）绩效管理是一个联系着组织、团队和个人目标的完整系统，它将不同主体的需求整合在一起；而绩效考核是这个系统的一个重要组成部分，是系统整合过程中的一个有效的管理工具。

（2）绩效管理是事前计划、事中管理和事后考核所形成的三位一体的系统，能帮助组织较早地发现问题、及时地解决问题和有效地规划组织和员工的未来发展方向；而绩效考核更多的是事后考核工作结果，对过去一个阶段的成果进行总结和回顾。

（3）绩效管理是一个动态的过程，贯穿于整个日常工作中，注重对过程的管理和能力的培养，强调素质、行为和结果共同在绩效中发挥作用；而绩效考核注重的是一个阶段的结果和成绩的大小，强调用科学的方法对绩效进行全面、客观的评价。

（4）绩效管理有着完善的计划、监督和控制的手段和方法，侧重于信息的沟通，强调提升未来的绩效；而绩效考核只是提取绩效信息的一个手段，侧重于判断和评估绩效水平的高低，强调客观地反映过去的绩效。

（5）绩效管理强调员工在组织的帮助下，通过持续的沟通和培训提升绩效，实现自我持续发展，能建立管理者与员工之间的绩效合作伙伴关系；而绩效考核强调管理者对员工工作绩效的评定，可能会导致紧张的气氛和关系。

2. 绩效管理与绩效考核的联系

绩效考核是绩效管理过程中的一个重要组成部分，它不等于绩效管理的全部；而绩效管理是一个由绩效计划、绩效监控、绩效考核和绩效反馈构成的整体系统。

绩效考核的重点在于考核，在绩效考核过程中，管理者的角色是“裁判”。而绩效管理着眼于员工绩效的改善，在绩效管理中，管理者的角色是“教练”，其主要目的是通过管理人员和员工持续的沟通，指导、帮助和支持员工完成工作任务，实现员工个人绩效和组织整体绩效的“双赢”。但是，绩效考核能够为绩效管理的改善提供所需的资料和信息，帮助员工找到绩效提升中的不足和未来发展的方向，帮助组织提高绩效管理的水平和有效性，使绩效管理能够真正帮助组织获得理想的绩效水平。

三、绩效管理的意义

（一）绩效管理是人力资源管理系统的核心

绩效管理在人力资源管理系统中处于核心地立，为组织提高竞争力提供了基本信息和衡量基础，为人力资源规划、薪酬管理、招聘配置、培训开发等提供了信息参考。另外，绩效管理以职位分析为依据设立个人目标，以胜任力模型为分析框架设置能力测评内容。绩效管理在人力资源管理系统中发挥纽带作用，能够促进人力资源系统中各部分的互动。

（二）绩效管理促进组织战略目标的实现

绩效管理围绕组织战略目标展开，通过绩效管理将组织战略目标进行分解，实现员工个人目标与组织目标的统一；通过对每位员工的绩效进行有效管理、改进和提高，就能实现部门绩效的增长；部门绩效的实现又保证了组织绩效的完成，最终保证了组织战略目标的实现。

（三）绩效管理有助于加强管理层和员工的沟通

在绩效管理过程中，管理者是在组织员工参与的基础上进行绩效考核，管理者可以发现员工工作中出现的问题，员工也可以提出自己的看法，双方可以在互相沟通的层面上进行交流和反馈绩效情况。这样员工不仅可以参与到组织的管理过程中，而且还可以得到个人绩效的反馈信息，从而使他们感到自己在组织中受到了重视，进而提高了满意度。

（四）绩效管理能帮助形成优秀的组织文化

组织文化是在组织发展过程中逐渐形成的，优秀的组织文化是一种组织成员共享的价值观念和管理机制。组织文化激发员工不断提升自己的绩效水平，为提高组织绩效贡献自己的力量。绩效管理就是要将组织所倡导的抽象的精神文化，尤其是核心价值观，转变为具体的绩效指标和权重，并将其制度化，引导和强化符合组织价值导向的员工行为，从而使组织文化落到实处、实现外显化并发挥作用。一方面，绩效管理中各种科学方法的运用使组织价值观和经营管理观念进一步具体化和强化；另一方面，绩效管理也是提高员工绩效、开发团队及个人潜能、使组织文化不断强化和优化的管理方法。

第二节　绩效计划

绩效计划

一、绩效计划的定义

绩效计划是指组织和员工双方对工作绩效周期、绩效目标、绩效标准和绩效考核方法进行沟通，确保双方理解一致的过程。绩效计划作为绩效管理的一种有力工具，是绩效管理体系的首要和关键步骤，能将组织利益和员工个人利益有机地整合在一起，其价值已经被广泛认同和接受。

绩效计划的设计从组织最高层开始，将绩效目标层层分解到各级子组织及部门，最终落实到个人。对于各子组织而言，这个步骤即为经营业绩计划过程；而对于员工而言，则为绩效计划过程。

需要强调的是，绩效计划是一个双向的沟通过程，一方面管理人员需要向员工沟通部门对员工的期望和要求，另一方面员工也需要向管理人员沟通自己的认识及需要的资源。实际上，在制订绩效计划的过程中，员工参与和承诺是至关重要的因素，因为按照目标激励理论，只有当员工承认并接受某一目标时，这一目标实现的可能性才比较大。在绩效计划阶段，争取员工的积极参与和赢得员工对绩效目标的承诺，更有助于绩效目标的实现。

二、绩效计划的内容

制订绩效计划是绩效管理过程的第一步。绩效计划的主要内容是构建绩效目标体系与考核周期。

（一）绩效目标

绩效目标即绩效考核目标，是对员工在绩效考核期间的工作任务和工作要求所做的界定。绩效考核目标是对员工进行绩效考核时的参照系，由绩效内容和绩效标准构成。

1. 绩效内容

绩效内容可以分为绩效项目和绩效指标两部分。绩效项目也就是从哪些方面对员工进行绩效考核。一般可以把绩效项目分成三个方面：工作业绩；工作能力；工作态度。

绩效指标是对绩效项目的具体化和分解化。例如，对工作能力这一项目，可以把它细分为判断能力、沟通协调能力、组织指挥能力、开拓创新能力、决策能力以及公共关系能力等多个指标。

在设定绩效指标时，应该注意以下两个问题：一是绩效指标应当有效。也就是说，绩效指标应当涵盖所有工作内容，但是又不能超出该岗位的工作职责范围，工作职责范围以外的工作内容不应该包括在绩效指标中。二是绩效指标应该具体明确。例如，应该清晰界定指标的含义，而不应该让被考核者产生误解，也就是说，指标要明确标出到底在考核什么，不能过于笼统。

2. 绩效标准

绩效标准是组织和员工约定各项考核指标的基准，也就是确定每一项指标应该符合什么样的目标，对员工应当怎样做或者做到什么程度作出明确界定。明确的绩效标准不仅是进行绩效考核的前提，也是员工工作努力的方向和目标。绩效标准可以分为绝对标准和相对标准两类。

（1）绝对标准。绝对标准可以进一步细分为业绩标准、行为标准和任职资格标准。业绩标准是对完成任务的指标要求，例如对生产工人的定额要求；行为标准是对工作行为的要求，例如上班不许迟到、上班时间不许使用手机等；任职资格标准是对员工任职资格要求。在绩效考核时，大多采用绝对标准。如产品合格率不低于98%、出勤率要达到90%、文化程度为大学本科及以上等都是绝对标准。这种标准以现实为依据，不随被考核员工的不同而改变，因而具有较强的客观性。

（2）相对标准。相对标准强调被考核者在总体中的位置，例如“末位淘汰”或者评定先进时规定20%的指标。这时每个员工既是被考核的对象，也共同决定考核的尺度，因而标准在不同的被考评群体中往往有差别，而且无法对每一个被考评员工单独做出“好”或是“不好”的评价。

一般来说，设定绩效目标应该符合SMART原则。第一，具体（specific）原则。绩效目标必须是具体的，以保证其明确的引导性。在实践中，由于每位员工的具体情况不同，绩效目标也要明确体现出管理者对每一位员工的绩效要求。第二，可衡量（measurable）原则。绩效目标必须是可以衡量的，必须有明确的衡量指标，也就是指可以根据目标来评价和比较员工的实际绩效表现与绩效目标之间的差距。第三，可达成（attainable）原则。绩效目标必须是可以达到的，不能因为绩效指标无法完成而使员工产生挫败感，但这并不是否定目标应该具有挑战性。第四，相关（realistic）原则。绩效目标必须是相关的，它必须与组织战略目标、部门任务和岗位职责相联系。第五，目标时间（time-bound）原则。绩效目标必须以时间为基础，也就是目标必须有明确的时间要求。

（二）绩效考核周期

制定绩效计划时还有一项任务，即确定绩效考核周期。绩效考核周期就是多长时间对员工进行一次绩效考核。由于绩效考核需要耗费人力、物力，考核周期过短会增加管理成本开支，但是考核周期过长又会降低考核的准确性，不利于员工绩效改进。在设定考核周期时，通常考虑以下几个因素。

1. 职位的性质

职位的性质不同，工作内容是不同的，考核周期可以有所差异。一般来说，针对相对比较容易考核的职位，考核周期相对要短一些，例如生产工人的考核周期比管理人员的要短。另外，针对工作绩效对组织整体绩效影响比较大的职位，考核周期相对可以短一些，这样有助于及时发现问题并加以改进，例如，对销售职位的绩效考核周期就应当比后勤职位的要短。

2. 指标的性质

不同的绩效指标，其性质是不同的，考核周期也应该体现差异。一般来说，性质稳定的指标，考核周期相对要长一些；相反，考核周期相对就要短一些。例如，员工的工作能力比工作态度相对要稳定一些，因此能力指标的考核周期比态度指标的要长一些。

3. 标准的性质

在确定考核周期时，还应当考虑到绩效标准的性质，就是说考核周期的时间设定应当使员工经过努力能够实现这些标准，这一点其实是和绩效标准的适度性联系在一起的。例如“销售额为 50 万元”这一标准，按照经验需要 2 周左右的时间才能完成，如果将考核周期定为 1 周，员工根本就无法完成；如果定为 4 周，又非常容易实现。因此，考核周期设定过长或过短，对实际的绩效考核都是没有意义的。

三、绩效指标的设计方法

（一）关键绩效指标

1. 关键绩效指标的内涵

关键绩效指标（key performance index，KPI）是通过对组织内部流程的输入和输出的关键参数进行设置、取样、计算和分析，在职位分析的基础上，将工作岗位职责的关键环节以定量化或行为化的方式来设计的考核指标。这种方法的关键是建立合理的 KPI 指标，必须在研究组织内部各种工作流程的基础上，准确地找出关键参数，通过对这些关键参数的衡量，制定绩效考核最重要的业绩指标。实施 KPI 方法的思路是基于“抓主要矛盾”的“二八原理”，即在一个组织的价值创造中，20%的骨干员工创造 80%的价值，或是在每一个员工身上，80%的工作任务是由 20%的关键行为完成的。因此，应当抓住 20%的关键行为进行分析和衡量，从而抓住绩效考核的重点。

关键绩效指标与组织战略目标有着密切的关系，它是对组织战略目标的分解，体现组织战略目标实现中最能增值的活动环节，它将员工工作绩效与组织绩效连接起来，是实现考核者与被考核者的沟通和评价被考核者工作业绩的标准体系，成为组织进行绩效管理的基础。

2. 关键绩效指标的设计

从组织运行的整体角度出发来设计关键绩效指标，通常有三个根据和来源：首先是组织目标，这是组织必须要完成的目标。通常在明确组织战略和业务重点后，就能设计出组织 KPI，再运用目标管理法将总目标分解到各个职能部门，进而落实到每一个工作岗位上，设计出部门 KPI 和个人 KPI，这样，组织各层级目标紧密结合在一起，每个部门、每个人都有明确的关键绩效指标，确定了方向和要求。其次是过程目标。为了实现组织的战略目标，必须要加强对过程的控制，设计战术性的 KPI 就非常重要。根据职位说明书找出各职位最关键的可量化的工作，就可以设定员工个人 KPI。对于基层人员来讲，战术性 KPI 是最主要的绩效考核指标。最后还有突发性的任务目标。组织在正常运营的过程中，难免遇到一些突发性的事情，而这些突发事情就成为一定时期的关键事件或特殊任务。在设计关键绩效指标时，不能忽视对这些事件或任务目标的描述，这些突发的事件或任务目标就会成为临时性的关键绩效指标。需要说明的是，不论是组织目标，还是过程目标和突发性的任务目标，都具有动态性，环境、时间、工作条件的变化都会影响到关键绩效指标的改变。

基于上述的根据和来源，采用适当的方法就可以设计出关键绩效指标。常用的方法有绩效指标图示法（即鱼骨图）、访谈法、问卷法、专家法等。常用的关键绩效指标如下：

（1）数量。产品的数量、工作时数、销售额等，可从业绩记录和财务数据中获取。

（2）质量。优质品率、劣质品率、准确性、独特性，可从生产记录、上级评价和客户评价中获得。

（3）成本。单位产品的成本、投资回报率。

（4）时限。及时性、周期长短。

（5）行为。胜任素质，关键事件行为。

在关键绩效指标设计中，业务“硬”指标容易量化，如产量、成本、销售额、人员数等；但一些反映人员特性、行为、态度的“软”指标难以量化，而这类指标对绩效管理又特别重要。因此，可将“软”指标尽量转化为可测量的指标，通过数量、质量、时间、成本等要素来表示。

此外，设计关键绩效指标时，要突出重点，指标项目不要过于烦琐、设置重叠，更不要过于空洞、理想化。关键绩效指标重要项目数要适中，以 3~7 项为宜。指标要有针对性，即能针对组织的实际情况，通过对关键绩效指标的规范整理，赋予不同的权重，形成统一的格式文件，作为绩效管理的基础。

（二）平衡计分卡

平衡计分卡是美国学者罗伯特·S. 卡普兰和大卫·P. 诺顿共同开发的，1992 年两位学者在《哈佛商业评论》第一次提出“平衡计分卡——驱动绩效的评价指标体系”。1996 年，《平衡计分卡》一书出版。随后，这一方法在大量组织得到运用并取得了效果。根据统计，《财富》杂志评选的 1 000 强中的超半数组织采用了平衡计分卡。卡普兰和诺顿认为：“如果你不能描述，就不能衡量；如果你不能衡量，就不能管理。”平衡计分卡与战略地图相结合，使这套工具作为衡量绩效的工具上升到了战略管理工具。

1. 平衡计分卡的内涵

平衡计分卡以组织战略为基础，将各种衡量方法整合为一个有机整体，从财务指标、顾客满意度、内部流程、学习和成长四个维度构建绩效评价系统，并将这四个方面相结合，建立有助于组织在产品、程序、顾客和市场开发等关键领域取得突破性进展的管理体系。平衡计分卡是根据组织的战略要求而精心设计的指标体系，它可以向员工、外部利益相关者传递各种结果，以及有助于组织实现其使命和战略目标的绩效动因。

2. 平衡计分卡的内容

平衡计分卡建立了组织战略与财务、顾客、内部业务流程、创新与学习四个方面的联系，具体如下：

（1）在财务方面，目标是解决如何满足股东的要求。该部分通过设置一系列财务指标来显示组织的战略及其执行是否有助于组织利润的增加、组织财务目标的实现。其测评指标包括资本报酬率、现金流、每股报酬率、项目营利性、利润预测可靠性、销售储备等。

（2）在顾客方面，目标是解决如何满足顾客的需要。从顾客的角度评价组织营运状况，其测评指标包括顾客满意度、市场份额、价格指数、顾客排名调查等。

（3）在内部业务流程方面，目标是解决组织擅长什么才能满足顾客的需要。该部分通过设置一系列内部测量指标，及时反馈影响顾客评价的程序、决策和行为是否有效。其测评指标有投标成功率、与顾客讨论新工作的小时数、返工、安全事件指数、项目业绩指数等。

（4）在创新与学习方面，目标是解决如何继续提高并创造价值的需要。创新学习能力包括组织技术领先能力、产品成熟所需时间、开创新市场能力和对竞争对手新产品的敏感程度。其测评指标包括可用新服务收入所占的比例、提高指数、雇员建议数、雇员人均收益等。

3. 平衡计分卡的特点

（1）组织内部群体评价指标与外部群体评价指标的平衡。在平衡计分卡中，股东与客户为外部群体，员工和内部业务流程是内部群体，平衡计分卡认识到在有效实施战略的过程中平衡这些群体间矛盾的重要性。平衡计分卡将评估的视线范围由传统的只注重组织内部评估扩大到组织外部，包括股东、客户；将以往只看重内部结果扩展到既看重结果同时还注意组织流程与组织的学习和成长这种无形资产上。平衡计分卡还把组织管理层和员工的学习成长视为将知识转化为发展动力的一个必要渠道。

(2) 财务指标和非财务指标的平衡。传统组织考核的一般是财务指标，而对非财务指标的考核很少，缺乏系统性和全面性。而平衡计分卡是从财务、顾客、内部业务流程及创新与学习四个维度全面地考察组织，它体现了财务指标（财务）与非财务指标（顾客、内部业务流程及创新与学习）之间的平衡。

(3) 前置指标与滞后指标之间的平衡。财务、顾客、内部业务流程、创新与学习这四个方面包含了前置指标和滞后指标。财务指标就是一个滞后指标，它只能反映组织上一年度发生的情况，不能告诉组织如何改善业绩。平衡计分卡对于顾客、内部业务流程、创新与学习等前置指标的关注，使组织更关注于过程，而不仅仅是事后的结果，从而达到了前置指标和滞后指标之间的平衡。

(4) 短期目标和长期目标之间的平衡。平衡计分卡是一种战略管理工具，是从组织的战略开始，也就是从组织的长期目标开始，逐步分解到组织的短期目标。在关注组织长期发展的同时，平衡计分卡也关注了组织近期目标的完成，使组织的战略规划和年度计划很好地结合起来，解决了组织战略规划可操作性差的问题。平衡计分卡不但关注组织的有形资产，而且关注为组织带来超额利润的无形资产。这种无形资产包括组织的品牌、人力资源、信息系统和组织优势等。

平衡计分卡作为一种新型、简洁、科学、适用的评价体系，值得各类组织重点关注。当然，建立平衡计分卡是一个系统工程，需要组织内外部专家协同配合、深入研究，探索适合组织的绩效评价创新体系。

第三节　绩效监控

绩效监控

管理者在和员工就绩效目标达成一致后，还需要对员工的工作行为和工作表现进行监督，这就是绩效监控，也称为绩效跟进。在绩效监控阶段，管理者需要做好四项工作：第一，选择自己的领导风格；第二，和员工进行持续沟通；第三，对员工进行辅导和咨询；第四，收集绩效信息。

一、领导风格

在绩效监控阶段，管理者要采用恰当的领导风格指导工作以及与下属进行沟通。实际上，管理者的行为方式和处事风格会大大影响下属的工作状态，这就要求管理者能够采取适当的管理风格。关于领导风格，有很多理论，例如领导情景理论、路径—目标理论、领导者—成员交换理论，目前被广泛认可的是领导情景理论。

（一）领导情景理论

领导情景理论由保罗·赫塞和肯·布兰查德提出。这一理论认为领导的成功来自选择正确的领导风格，而领导风格是否有效还与下属的成熟度有关。所以这里有两个关键问题：领导风格和下属成熟度。借助任务行为和关系行为两个维度，可以把领导风格分为四种类型，分别是指示型、推销型、参与型、授权型。从图 8-1 可以看出，指示型领导风格高度关注任务，但不太关注行为。推销型领导风格高度关注任务，同时也高度关注关系。参与型领导风格不太关注任务，而更多地关注关系。授权型领导风格对任务和关系的关注都比较低。

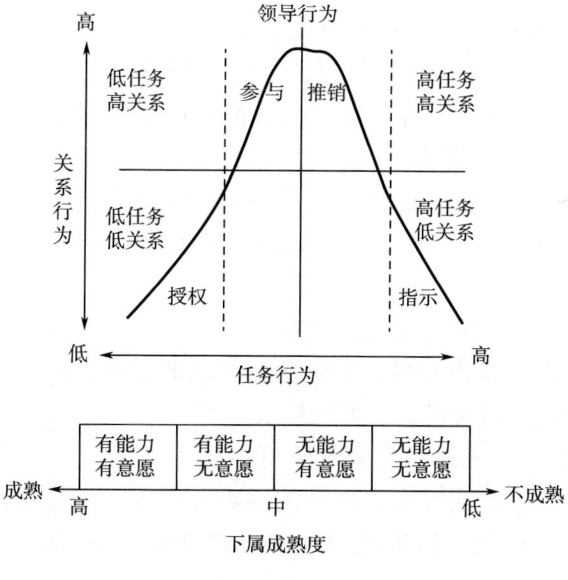

图 8-1

（二）领导风格与下属成熟度的匹配

实际上并不存在一种适合所有下属的领导风格，而应该关注领导风格和下属成熟度的匹配。保罗·赫塞和肯·布兰查德根据能力和意愿两个维度把下属成熟度分成了四种类型，分别是无能力也无意愿、无能力但有意愿、有能力但无意愿、有能力也有意愿。领导风格应当和下属成熟度相匹配，当下属成熟度发生变化时，管理者的领导风格也应该做出调整。例如，当下属对完成某项任务既没有能力又不情愿时，管理者需要给他们明确的指示，告诉他们应该如何去做。

二、持续的绩效沟通

在绩效监控过程中，领导和员工应该就绩效问题进行持续的沟通。绩效沟通的目的表现在两个方面：一方面，对于员工来说，为了保证绩效目标的顺利实现，需要通过沟通来了解影响绩效目标的因素，并根据各方面的信息来调整绩效目标。另一方面，对于管理者来说，通过沟通可以更加详细地了解绩效目标的进展及员工需要什么样的信息和帮助，以便更好地为实现绩效目标而服务。

（一）沟通的内容

一般来说，绩效沟通的内容包括以下六个方面。

1. 阶段工作目标、任务完成情况

应对照绩效计划每个时间节点的要求，就每项工作完成情况进行沟通。上级主管可以就岗位职责、各项指标的完成情况进行逐项讨论、确定。

2. 员工工作过程中的优良表现

这项沟通要求管理者注意观察和发现员工在日常工作中表现出的优秀方面，及时给予表扬和奖励，以通过正面宣传带来积极影响。

3. 员工的工作中需要改进的地方

应针对具体问题，明确指出员工在工作过程中哪些地方做得不到位，哪些地方还可以提高，请员工本人分析存在问题的原因，描述下一步该如何克服和解决这些问题，同时提出恰当的建议。

4. 员工在工作中遇到的困难或障碍

询问员工在绩效实施过程中碰到的困难和问题。讨论这些问题产生的原因，并找出解决的对策。如果是技能方面的不足，应该给员工安排培训和辅导。

5. 协助下属制订改进工作的计划

如果目标偏离，要帮助员工调整方向，根据当前工作的进展状况，和员工一起研究绩效计划，并对需要改进的地方制订改进措施和行动计划。

6. 下一阶段绩效工作目标、计划的制订和确认

要点在于与员工一起讨论、确定工作目标，完成进度表和检查考核计划，

让员工对总体目标、阶段性目标、何时反馈等有明确的认识。

(二) 沟通方式

一般来说，管理人员和员工的沟通可以是正式沟通，也可以是非正式沟通。

1. 正式沟通

管理人员和员工的正式沟通方式很多。例如：书面报告，采用工作日志、周报、月报、季报、年报等方式沟通；定期面谈，管理者和员工定期就绩效进行正式面谈；团队会议，召开正式的会议讨论绩效问题等。

2. 非正式沟通

管理人员也可以采取非正式沟通方式对员工的绩效进行监控。非正式沟通方式多种多样，例如走动式管理、开放式办公、休息时间的沟通、非正式会议。和正式沟通相比，非正式沟通更容易让员工开放地表达自己的想法，沟通范围也更加宽泛。对于管理人员来说，应该充分利用各种非正式沟通机会。

三、绩效辅导与咨询

(一) 绩效辅导

管理者也可以通过对员工的辅导进行绩效监控。辅导是改善个体知识、技能和态度的技术。辅导的主要目的是及时帮助员工了解自己的工作进展，确定哪些工作需要改善、哪些知识需要学习或哪些技能需要掌握。必要时，辅导还能够指导员工完成特定的任务。应该注意，辅导是一个学习过程，而不是一个教育过程；管理者应对学习过程给予支持，并及时给予员工必要的反馈；反馈应该具体、及时，并集中在好的工作表现上。

进行辅导的具体过程如下：①确定员工胜任工作所需要学习的知识、技能，提供持续发展的机会，掌握可迁移的技能；②确保员工理解和接受学习需要；③与该员工讨论应该学习的内容和最好的学习方法；④让员工知道如何管理自己的学习，并确定在哪个环节上需要帮助；⑤鼓励员工完成自我学习计划；⑥在员工需要时，管理者应提供具体指导；⑦管理者和员工就如何监控和回顾员工的进步达成一致。

(二) 咨询

当员工没有达到预期绩效标准时，管理者应该借助咨询来帮助员工克服工作中遇到的障碍。咨询过程包括三个阶段：首先是确定和理解，即管理者和员工就面对的问题进行讨论，确定和理解存在的问题。其次是授权，即管理者帮助员工确定自己的问题，鼓励员工把问题表达清楚，思考解决问题的方法，进而积极采取行动解决问题。最后，管理者还应该向员工提供资源，确定员工需要获得的帮助并协调资源，给予支持。

在咨询时，还应该注意以下五个方面：一是及时咨询，也就是出现问题后立即进行咨询。二是咨询前做好计划，确保在安静、舒适的环境中进行咨询。三是咨询是双向交流。咨询不是教育，管理者应该做积极的倾听者，并鼓励员工多发表自己的看法。四是咨询不只集中在消极问题上，对员工取得的良好绩效也应该及时给予反馈，对良好绩效的反馈应该说出事实依据，而对不良绩效应该提出具体的改进措施。五是管理者和员工共同制订绩效的具体行动计划。

四、收集绩效信息

在绩效监控阶段，需要观察和记录员工的绩效表现，收集必要的信息。这些记录和收集到的信息的主要作用体现在两个方面：一是为绩效考核提供客观的事实依据。有了员工绩效表现信息，对员工绩效进行考核就有了事实依据，就可以对员工的绩效进行更客观的评价。二是为绩效改善提供具体事例。进行绩效考核的目的之一是不断提升员工的能力水平。通过绩效考核，可以发现员工还有哪些地方需要进一步提升。而这些收集到的绩效表现信息就可以作为具体事例，用来向员工说明为什么他们还需要进一步改进与提升。

在绩效监控阶段，管理人员需要收集的信息有三类：能证明目标完成情况的信息；能证明绩效水平的信息；关键事件。收集绩效信息常用的方法有观察法、工作记录法、他人反馈法。观察法是管理人员直接观察员工在工作中的表现，并如实记录。工作记录法是通过查阅工作记录来获取员工工作目标完成情况等信息，例如销售额、废品数量等信息。他人反馈法是从员工的服务对象或者在工作中与员工有交往的人那里获取信息，例如客户满意度调查就是通过这种方法获取信息的典型方法。无论采取哪种方法，所收集的绩效反馈信息都必须客观、真实。

第四节　绩效考核

绩效考核

管理者在和员工经过沟通达成一致的绩效目标以后，还需要不断地对员工的工作表现和行为进行监督管理，并最终对员工的绩效进行考核。绩效考核是一项系统工作，主要内容包括：考核对象、考核内容、考核主体和考核方法。

一、考核对象

一般来说，组织的绩效考核对象包括组织、部门和员工三个层面，针对不同的考核对象，考核内容也会有所不同。通常在绩效管理过程中应该优先考虑组织层面的考核，然后关注部门层面的考核，最后关注员工层面的考核。现实中的绩效考核往往是指对员工层面的考核。

二、考核内容

绩效考核内容有工作能力、工作态度和工作业绩。事实上，可以利用胜任力或者胜任素质，来考核工作能力和工作态度。

工作业绩也就是员工的直接工作结果。对员工的工作业绩进行评价，可以直观地说明员工工作完成的情况。同时，由于绩效的多因性和多维性特点，员工工作业绩在某种程度上体现了员工工作能力和工作态度。更加重要的是，工作业绩可以作为一种信号和依据，揭示员工可能存在的需要提高和改进的地方。因此，在绩效考核中，对员工工作业绩的评价就非常重要。

一般来说，可以从数量、质量和效率三个方面出发来衡量员工的业绩。但是，不同类型工作的业绩体现也有不同，例如销售人员和办公室工作人员的业绩就不能用同一套指标和标准来衡量。所以，一定要针对不同的岗位设计合理的考核指标体系，这样才能科学、有效地对员工的业绩进行衡量。尽可能量化要考核的业绩方面，对于实在不能量化的方面，也要建立统一的客观标准。

三、考核主体

考核主体也就是谁来考核的问题。由于岗位的复杂性，仅凭借一个人的观察和评价，很难对员工作出全面的绩效考核。为了确保考核的全面性和有效性，在实施考核的过程中，应该从不同层面、由不同的人对员工进行绩效考核。一般来说，考核主体可以包括五类成员：上级、同事、下级、员工本人和客户，也就是360度考核。

（一）上级

上级是最主要的考核主体，因为上级通常最了解员工的工作情况。但是上级考核也容易受到个人的领导风格态度以及对员工偏好的影响，可能产生个人偏见。

（二）同事

也可以让同事来对员工进行评价，但是，同事考核可能会受到同事与员工之间相互关系的影响。例如，和某人关系好就给其一个高分，也可能会出现大家相互协商一致、相互给高分的情况。

（三）下级

让下级作为考核主体来评价上级，这样做的好处是可以促使上级关心下级，建立融洽的员工关系。但也存在缺点，例如很多下属往往顾及上级的反应，不敢提供真实的情况。

（四）员工

绩效考核也可以让员工作为考核主体进行自我考核，如果绩效考核能同时和员工个人工作目标结合在一起，对绩效管理就更有意义了。让员工自我考核的优点是可以增强员工的参与感，有助于员工接受考核结果；但也存在一些缺点，一般员工对自己的评价往往偏高。

（五）客户

客户作为员工的服务对象来参与考核，有助于员工更关注自己的工作结果，提高工作质量。这里说的客户不仅包括外部客户，也可以包括内部客户。

四、考核方法

（一）比较法

比较法是一种相对考核的办法，通过员工之间的相互比较而得出考核结果。这种方法简单易行，可以避免宽大化、严格化和中心化的误区。但这种方法对于发挥绩效管理的作用不大，并不能提供有效的反馈信息。另外，这种方法也很难对不同部门的员工进行比较。

1. 排序法

排序法也叫排队法、分级法，即综合各绩效指标的内容，然后将员工按完成工作情况的优劣次序排序。该方法的好处是操作简单，适用于人员比较少的组织，但是不能显示出员工之间的差距。

排序法可分为简单排序法和交替排序法。简单排序法是指把本部门的所有员工从绩效最高者到绩效最低者或从最好者到最差者进行排序。交替排序法则是指管理者对被评估员工的名单进行审查后，从中找出工作绩效最好的员工列为第一名，然后从剩下的员工中找出工作绩效最差的员工排为最后一名；继续在剩下的员工中再找出一名工作绩效最好的员工排为第二名，找出一名工作绩效最差的员工列为倒数第二名，以此类推，直到将所有的员工排序完。

2. 配对法

配对法也称相互比较法、两两比较法、成对比较法或相对比较法，就是把每个员工和其他员工进行一一配对，分别进行比较，绩效好的员工可得 1 分，如果两个员工绩效相同各得 0 分，在完成所有比较后，将各员工所得分数相加，分数最高者即等级最高者，按分数高低顺序将评价对象进行排列。显然，这种方法得出的结论是比较准确的，但是这种方法耗时耗力。

3. 强制分布法

采用强制分布法时，首先确定出绩效考核的结果等级，然后按照正态分布的原理即俗称的“中间大、两头小”的分布规律，得出各个等级的比例，最后根据这个比率把员工归入不同等级。例如，组织规定考核结果为不合格的比例是 10%，或者必须有 15%的人绩效考核为优秀。

（二）量表法

量表法是指将一定的分数或比重分配到各个绩效考评指标上，使每项考评指标都有一个权重，然后由考评者根据考评对象在各个考评指标上的表现情况，对照标准对考评对象做出判断并打分，最后汇总计算总分，得到最终的绩效考评结果。应用量表法进行绩效考评时，通常要先进行维度分解，再沿各维度划分出等级，并通过设置量表来实现量化考评。实际使用量表法时，要设计出一套可操作的考评表格。

1. 等级量表法

等级量表法是指在事先规定各等级标准的基础上，由考评人员根据考评对象的实际状况决定其属于某一等级。等级量表法是一种简单而又实用的考评方法，表 8-1 是一个等级量表的例子。

表 8-1 等级量表

考评指标	考评尺度				
	优秀	良好	尚可	满意	不满意
专业知识	5	4	3	2	1
沟通能力	5	4	3	2	1
判断能力	5	4	3	2	1

续表

考评指标	考评尺度				
	优秀	良好	尚可	满意	不满意
管理技能	5	4	3	2	1
人际关系能力	5	4	3	2	1
主动性	5	4	3	2	1
创造性	5	4	3	2	1
解决问题能力	5	4	3	2	1

2. 行为量表法

行为量表法是指描述与各个具体考评项目相对应的一系列有效行为，由考评者判断、指出被考评者出现各相应行为的频率，以此来考评被考评者的工作绩效。应用行为量表法的关键在于界定取得高绩效的关键行为。行为量表的开发需要收集关键事件，并按照维度分类。针对具体的工作行为赋予相应分值，例如从“1”到“5”的行为得分。将员工在每一个行为项上的得分相加得到总评分，绩效分值高就意味着该员工经常表现出合乎期望的行为。

行为量表法的优点在于：首先，它能够向员工提供有效的信息反馈，指导员工的行为；其次，这种方法有利于管理人员利用量表中的信息监控员工的行为；最后，该方法使用方便，员工参与性强，容易被接受。它的主要缺陷表现在三点：一是需要花费大量的精力和时间用于开发行为量表；二是不同的工作要求有不同的行为，因此每一种工作需要一份单独的量表，除非一项工作有许多任职者，否则专门为某项工作开发一个行为观察量表不具备成本效率；三是考评者的主观性影响较大，如对“有时”与“偶尔”的区分不容易界定。因此，行为量表法比较适合对行为比较稳定、不太复杂的工作进行考核。

3. 行为锚定量表法

行为锚定量表法是由美国学者帕特里夏·凯恩·史密斯（Patricia Cain Smith）和洛恩·肯德尔（Lorne Kendall）于1963年提出的，它是量表法与关键事件法的结合。使用这种方法，可以对源于关键事件的有效和非有效的工作行为进行更客观的描述。在使用过程中，可通过一张登记表反映不同的业绩水平，并且对员工的特定工作行为进行描述。考虑到熟悉某项特定工作的人能够识别这项工作的主要内容，因而由他们对每项内容的特定行为进行排列和证实。表 8-2 是生产主管行为锚定等级标准实例。

表 8-2 生产主管行为锚定等级标准实例

等级	考评要素：计划的制订与实施
7——优秀	制订综合工作计划，编制好文件，获得必要的批准，并将计划分发给所有的相关人员
6——很好	编制最新的工作计划完成图，使按要求修改的计划最优化，偶尔出现小的操作问题
5——好	列出每项工作的所有组成部分，对每一部分工作做出时间安排
4——一般	确定工作日期，但没有记载反映工作进展的重大事件，时间安排上出了疏漏也不报告
3——较差	没有很好地制订计划，编制的时间进度表通常是不现实的
2——很差	对将要从事的工作没有计划和安排，对分配的任务不制订计划或者很少作计划
1——不能接受	没有计划，且对制订计划漠不关心，很少完成工作

行为锚定量表法的优点在于它的绩效考评尺度更精确、考评标准更明确，因此也就具有良好的反馈功能，能将组织战略与组织期望的行为有效结合，可以向员工提供有效的指导和信息反馈。另外，行为锚定量表法各考评要素之间的独立性也较强。

行为锚定量表法的局限性表现在三点：一是设计和实施的成本较高；二是对组织基础管理水平及考评者的素质要求较高；三是考评者在从量表中选择一种代表某员工绩效水平的行为时，往往会有困难，因为有时一个员工的行为可能表现在量表的两端。

（三）描述法

描述法是考评者用文字描述和评论被考评者的能力、态度、行为、成绩、优缺点等的一种方法，它具有使用简单、成本低、适应性强的特点。常用的描述法包括关键事件法和评语法。

1. 关键事件法

关键事件法是由美国学者福莱诺格（Flanagan）和伯恩斯（Burns）在 1954 年创立的。关键事件是指那些会对组织或部门的整体工作绩效产生积极或消极的重大影响的事件。关键事件法是指通过对被考评者在关键工作中极为成功或极为失败的事件的观察和分析，来判定该员工在类似事件或在介于关键事件与非关键事件之间可能的行为和表现。

关键事件法的优点如下：首先，能够将组织战略和它所期望的行为结合起来；其次，能够向员工提供指导和信息反馈，提供改进依据；再次，可以避免近因效应的误区；最后，它的设计成本很低且以事实为依据，容易被接受。它的局限性主要表现为五点：一是考评结果依赖于考核者个人的考核标准，主观随意性较强；二是对关键事件的定义不明确，不同的人常有不同的理解；三是无法在员工之间进行横向比较，人力资源决策的参考性较差；四是考评者记录关键事件会耗费大量时间，应用成本很高；五是容易引起员工与管理者或记录事件的人之间的摩擦，造成关系紧张。

2. 评语法

评语法是指由考核者用描述性的文字表述员工在工作业绩、工作能力和工作态度方面的优缺点，以及需要加以指导的事项和关键性事件，由此得到对员工的综合考核。评语法最适合小组织或小规模的工作单位，而且主要目的是开发员工的潜能，激发员工的工作积极性。

评语法的优点是操作灵活简便，针对性强；同时能够减少考核者的偏见和晕轮效应。评语法的缺点如下：首先，考评者撰写考核评语，需要花费较多的时间；其次，缺乏具体的标准规范，难以相互对比，掺入的主观成分也很多。因此，评语法一般会与其他绩效考评方法结合使用。

五、绩效考核的误区

（一）晕轮效应

在绩效考核中，由于考核者对被考核对象的某些突出特征看得过重，而忽略了被考核对象其他方面的表现和品质，导致以偏概全、某一点扩大化，这就是绩效考核中的晕轮效应。为了避免晕轮效应，在进行绩效考核时，应该对所有被考核对象的同一项考核内容同时进行考核，而不要以人为单位进行考核。

（二）近因效应

近因效应是考核者只注重被考核对象近期的表现和成绩，而对其整个考核期间的表现缺乏印象，导致以近代全、近期印象的扩大。为了避免近因效应，在绩效考核中，考核者可以采用关键事件法等技术，全面考核员工在较长时期内的行为表现和工作业绩。

（三）首因效应

在绩效考核的过程中，考核者往往根据自己对被考核对象的第一印象来对被考核对象进行绩效评定。而被考核对象可能因为自己本身的因素或者受外界的干扰，并没有显示出自己的真实能力。若考核者在首因效应的基础上进行考核，就会出现对被考核对象的不公正看法和判断。避免首因效应的方法是对考核主体进行培训，使其有意识地克服先入为主的观念和做法。

（四）居中趋势

这是指对被考核对象做出的考核结果相差不大，既没有太好的也没有太差的，评价结果都集中在中心附近。当出现这种情况时，绩效考核的目标就不太可能完成，绩效考核也就失去了意义。采用强制分配法限定各等级比例可以避免居中趋势，最关键的还是让考核主体认识到区分考核结果的重要性。

（五）偏见效应

在进行绩效考核时，考核者可能对被考核对象的个人能力或者个人特征存在偏见，或者偏爱与自己行为或人格相近的人，由此造成考核的不公平和不公正。避免方法：采用 360 度反馈评价等技术方法，将可能怀有偏见的某特定考核者的影响降到最低限度。

（六）过宽或过严

在绩效考核中，过宽的绩效评价往往是对被考核对象做出高于其实际业绩的评价结果。这种现象产生的原因是多方面的，而要避免考核过宽就需要加强对考核主体的培训，使其以组织大局为重，提高整体发展意识，严格按照规定的考核内容和评价标准做出评价。

绩效考核还会出现过严问题，有时候考核主体以表现优秀的员工绩效为标准对其他员工进行比较，导致产生偏离标准的考核结果。要避免考核过严，就要严格采用明确的绩效标准进行考核，而不是水涨船高。

（七）逻辑错误

在绩效考核中，可能出现考核主体使用简单的甚至错误的逻辑推理而不是依据客观标准对员工进行评价。例如，“口头表达能力强则工作能力就强”这一逻辑就是错误的，如果根据这个逻辑进行评价，就不能客观反映员工的工作绩效。

总之，为了减少和避免上述误差，应该注意建立完善的绩效目标体系，选择恰当的考核主体和合适的考核方法。如果有必要，还应该对考核主体进行培训。

第五节　绩效反馈面谈

绩效反馈与面谈

绩效考核完成后，就进入绩效反馈面谈环节，即将考核结果与考核对象进行反馈和沟通交流。从员工的角度，绩效反馈面谈有助于员工了解自己的工作成绩、在哪些方面存在不足，从而进一步提出绩效改进计划；而对组织来说，绩效反馈面谈有助于组织了解员工绩效产生的原因并加以指导和帮助，并且可以在绩效反馈面谈的过程中向员工灌输组织文化和组织价值观。

一、绩效反馈面谈的作用

（一）有助于正确评估员工

在实践中，员工即便在工作中有同样的行为表现，往往也会得到不同的评价；即使对行为表现的评价一致，对产生这种行为的深层次原因，不同的人掌握的信息也是不一样的。因此，管理者和员工进行绩效沟通，对员工的绩效表现达成一致看法是非常重要的。

（二）使员工正确认识自己的工作成绩

绩效反馈面谈的重要内容就是肯定员工的成就和优点，从而对员工起到积极的激励作用。有效的绩效反馈面谈可以使员工真正认识到自己的潜能，从而知道如何发展自我。

（三）保证绩效考评的公开、公正

面谈是一种比较有效的沟通方式，可以把很多问题摆在明面上，使员工相信绩效考评是公平、公正和客观的，否则员工就有可能怀疑绩效考评的真实性。绩效反馈面谈可以促使管理者认真对待绩效考评工作，而不是仅凭个人好恶来进行考评。

（四）有助于达成绩效改进计划

通过绩效反馈面谈，双方对绩效评定的结果达成一致意见后，员工和管理人员可以在绩效反馈面谈中一起制订绩效改进计划。员工可以提出自己的绩效改进计划并向管理者提出所需要的资源支持；管理者应该和员工充分讨论改进计划的可行性，并协助员工制订具体的行动计划。

二、绩效反馈面谈过程

(一) 面谈前的准备

绩效反馈面谈的主要内容是讨论员工工作目标考核完成情况，帮助员工分析成功与失败的原因，提出解决问题的建议和意见，并讨论下一步的努力方向，达成员工对绩效考核结果的认可和接受。为了确保绩效反馈面谈达到预期的效果，管理者和员工都应该在面谈之前做好准备工作。

1. 管理者的准备

为了有效地进行绩效反馈面谈，在面谈开始之前管理者要进行充分的准备。这种面谈前的准备包括面谈时间、面谈场所和面谈资料的准备。

(1) 选择恰当的面谈时间。绩效反馈面谈要在一定的时间内进行和完成，因此面谈时间的选择对绩效反馈面谈效果具有很大的影响。绩效反馈面谈应该选择在管理者和员工双方都有空闲的时间，一般不要安排在非工作时间来进行。时间长度安排要恰当，过长或过短都不适宜。在对面谈时间进行安排时，管理者一定要在征得员工认可的情况下做出最终决定。

(2) 选择恰当的面谈场所。绩效反馈面谈要在一定的具体环境下进行，因此面谈场所的选择是影响绩效反馈面谈效果的重要因素。面谈场所选择最主要的是要能够在安静的环境下进行面谈，避免受到来访者或电话等的干扰而打断面谈。面谈时双方的位置和空间距离也要安排好，双方距离既要保证能够清晰地获取信息，也要避免因距离太近给双方造成过大的压力。

(3) 准备面谈资料。绩效反馈面谈就是要对通过绩效考评所反映的员工工作绩效状况进行反馈，因此在面谈之前要准备好有关员工工作绩效状况的资料。这些资料包括员工所从事工作的工作描述，员工日常工作的事实记录和总结，对员工的基本绩效考评结果，工作绩效考评标准，以及员工以往工作绩效考评档案等。管理者在面谈之前要对这些资料进行整理和分析，熟悉和掌握其中的主要内容。

(4) 熟悉员工的基本信息。面谈之前，面谈者应该充分了解被面谈的员工的各方面信息，包括教育背景、家庭环境、工作经历、性格特点，当然，员工的岗位、职务、业绩情况更加要事先熟悉。只有对员工的基本情况了解和熟悉了，才可能针对面谈做更充足的准备。

2. 员工的准备

对于员工来说，在绩效反馈面谈之前也要做好准备工作。员工可以从以下三个方面来准备：

（1）重新回顾自己在一个绩效周期内的行为态度与业绩，从工作态度、工作行为和工作结果等方面，准备表明自己相关绩效的证明材料。

（2）员工应客观正视自己的优缺点，对自身职业发展有一个初步的规划。绩效反馈面谈时，组织通常会针对员工在各考核项目的情况进行详细说明，一般还会提供相关实例，员工应该重视和记录这些信息，作为考虑自我职业发展的信息依据。

（3）员工应总结并准备好工作过程中遇到的相关疑难问题，并将有关情况反馈给面谈者。绩效反馈面谈是一次双向沟通的机会，员工不仅需要了解组织对自己的评价结果，也需要和上级进行有效的沟通，充分利用面谈机会，表达自己的困境和需要的支持。

（二）面谈过程

1. 开场阶段

尽管人力资源部门可能会提供一个通用的面谈提纲，但是具体进行面谈的人员还需要对面谈制订详细的计划，其中开场阶段是面谈的第一环节，设计好开场白非常重要。面谈最初几分钟的开场阶段，往往决定了面谈的成功与否。

面谈可以从一个轻松的话题入手，帮助员工放松心情，使员工在面谈时更好地阐述自己的看法。当然，如果员工已经很好地理解了面谈目的，也为面谈做好了准备，那也可以采用开门见山式的方法。

2. 绩效反馈及沟通

绩效反馈面谈需要向员工反馈其在考核周期内的工作绩效状况，并与员工探讨取得绩效结果的原因，进而告知员工针对考核结果的奖罚情况。在绩效反馈及沟通阶段，要针对绩效评价结果，和员工共同分析绩效问题并确定解决方法。在这一阶段，管理者要获取导致员工最终绩效的真正原因，在此基础上寻求解决问题的办法，以纠正错误改进绩效。例如，员工由于缺乏知识和技能导致的不良绩效，就可以通过培训让员工掌握工作所必需的知识和技能来提高绩效。而对流程不合理、资源匮乏所导致的绩效问题，就需要合理地规划流程和配置资源，或者进行必要的职位调整，以改进绩效。

3. 总结与鼓励阶段

在绩效反馈面谈的最后一个阶段，面谈者要对面谈内容进行回顾，对员工反馈的信息进行总结，说明下一阶段的绩效期望，用正面的语气对员工未来工作做出鼓励，表明组织对员工的肯定和支持，用积极的态度为绩效反馈面谈收尾。

（三）面谈结束后的工作

为了将面谈的结果有效地运用到员工工作实践中，在面谈结束后还需要做好两方面的工作。

1. 对面谈信息进行全面的汇总记录

这方面工作就是将此次面谈的内容信息列出，如实地反映员工的情况，同时绘制出一个员工发展进步表，帮助员工全面了解自己的发展状况。

2. 采取相应对策提高员工绩效

面谈的结果应该有助于员工绩效的提高。经过面谈，对于员工个人来说，可以正确了解到自己的绩效影响因素，提高改进绩效的信心和责任感；对组织来说，可以全面掌握员工心态状况，据此进行综合分析，结合员工的各方面原因，有的放矢地制订员工教育、培养和发展计划，真正帮助员工找到提高绩效的对策。

三、绩效反馈面谈应注意的问题

（一）绩效反馈应当及时

在绩效考核结束后，上级应当立即就绩效考核的结果向员工进行反馈。绩效反馈的目的是指出员工在工作中存在的问题，从而有利于他们在以后的工作中加以改进。如果反馈滞后，员工在下一个考核周期内还会出现同样的问题，这就达不到绩效管理的目的。

（二）要指出具体的问题

绩效反馈是为了让员工知道自己到底什么地方存在不足，因此反馈时不能只告诉员工绩效考核的结果，而是应当指出具体的问题。例如，反馈时不能只告诉员工“你的工作态度不好”，而应该告诉员工到底怎么不好，如“你的工作态度很不好，在这一个月内你迟到了 10 次；上周开会时讨论的材料你没有提前阅读”。

（三）要明确问题出现的原因

除了要指出员工工作存在的问题外，还应当在绩效反馈中与员工一起剖析造成这些问题的原因，并制订有针对性的改进计划，帮助员工确定目标并且提出员工实现这些目标的措施和建议。

（四）绩效反馈不能针对人

绩效反馈也是沟通，要遵循“对事不对人”的沟通原则。在反馈过程中，针对的只能是员工的工作绩效，而不能是员工本人，因为这样容易伤害员工，造成抵触情绪，影响反馈的效果。例如，不能出现“你怎么这么笨?”“别人都能完成，你怎么不行?”之类的话。

（五）其他反馈技巧

由于绩效反馈是一种面谈，因此相应的反馈技巧会影响到反馈效果。在进行反馈时要注意：首先，要消除员工的紧张情绪，建立起融洽的谈话气氛；其次，在反馈过程中，应当以正面鼓励为主，不指责、不批评、不评价员工的个性与习惯，同时语气要平和，不能引起员工的反感；再次，要给员工说话的机会，允许他们解释，绩效反馈是一种沟通，不是在指责员工；最后，控制好面谈时间，一般掌握在 20~40 分钟为宜，该结束的时候一定要结束，否则就是在浪费时间。

总而言之，在绩效反馈面谈时，应本着建设性态度，采用积极语言和非语言沟通技巧，对事不对人，使员工保持积极的情绪，通过反馈增进信任，促进工作。在面谈结束后进行汇总，也就是把面谈的信息列出，如实地反映员工的情况，可以制定一个员工发展进步表，帮助员工全面了解自己的发展状况，充分利用面谈提高员工未来的绩效。

本章小结

绩效管理是人力资源的一项重要职能，它是指制订并与员工沟通绩效目标，收集与绩效有关的信息，定期对员工的绩效目标完成情况做出评价和反馈，以确保员工的工作活动和工作产出与组织保持一致，保证组织目标完成的管理手段与过程。

绩效管理的主要工作是绩效计划、绩效监控、绩效考核和绩效反馈。绩效计划的主要内容是构建绩效目标体系及考核周期。在绩效监控阶段，管理者应当首先明确自己的领导风格，并对员工进行持续沟通、开展辅导和咨询，同时也要为绩效考核收集信息。绩效考核是一项系统工作，主要内容是要确定考核对象、考核内容、考核主体和考核方法，并在实施考核方案的过程中注意避免考核误区。绩效反馈是将考核结果与考核对象进行反馈和沟通交流，通常采用面谈方式进行。

本章习题

本章扩展习题及答案

1. 如何理解绩效管理?
2. 绩效管理有什么意义?

3. 如何制订绩效考核目标？
4. 什么是关键绩效指标？
5. 绩效考核中的误区有哪些？如何避免？
6. 如何进行绩效反馈？

案例学习

阿里巴巴的绩效考核

一、阿里巴巴的绩效管理体系

阿里巴巴的成功离不开清晰的发展战略、有效的营销策略，但同时也在很大程度上归功于其高绩效的管理模式。阿里巴巴建立起的绩效管理体系将对企业文化的理解融入对员工的绩效考评中，使员工认同阿里的价值观，从而发自内心地为阿里巴巴努力工作。阿里巴巴于2005年引进Oracle PeopleSoft企业人力资本管理（Oracle PeopleSoft Enterprise Human Capital Management，以下简称“Oracle PeopleSoft HCM”）软件，通过实施人才规划、人才获取、绩效管理、培训与学习、职业生涯规划、接班人计划、薪酬激励、衡量与报告等诸多模块，构建了集团统一的电子化人力资源管理平台（以下简称“e-HR平台”）。“e-HR平台”与阿里巴巴各个下属企业的项目管理、财务管理等系统实现了充分集成与全面整合，为各个业务系统提供了获取集团人员信息和组织结构数据的单一可信数据源。利用Oracle PeopleSoft HCM基于互联网和基于规则的系统架构，阿里巴巴数以百计的分支机构通过集团统一的e-HR平台开展员工档案管理、招聘管理、薪资管理、绩效审核、薪金支付、福利等方面的工作，整个集团的人力资源工作流程实现了规范化和自动化，各种统计分析报表自动生成，显著提高了人力资源管理工作的效率和精确性，为阿里巴巴人力资本战略的成功实施奠定了坚实的基础。依托“e-HR平台”，阿里巴巴成功地将人力资源部门的员工从事务性的工作中释放出来，使他们有更多的时间用于从事公司价值观和政策宣导等战略性的活动。

有了基于Oracle PeopleSoft HCM的高绩效管理体系，阿里巴巴的发展逐渐向着更科学、更正规的方向迈进。调查表明，尽管外部环境改善、产业机会、战略远见、英雄领袖等各种综合因素决定了阿里巴巴的成功，但是把绩效管理和价值观贯彻进行有效和深度的结合，形成了阿里巴巴独具特色的绩效考核体系，是阿里巴巴持续取得高绩效的关键因素。在阿里巴巴，高绩效的秘诀就是：不管目标多疯狂，都要向着目标跑。而能够做到这一点，阿里巴巴独特的价值观考核至关重要。价值观考核就像“定海神针”，让阿里巴巴的队伍向前狂奔的同时保持凝聚力。

阿里巴巴的绩效管理体系在借鉴自通用电气的基础上形成了自己的特点：一是制订高目标；二是把价值观纳入考核；三是建立了政委体系来做“人”的工作。

二、源于通用的基本体系

阿里巴巴绩效管理体系的基本理念和框架借鉴自通用电气。2001 年，为通用服务了 25 年的关明生加盟阿里巴巴，帮助阿里巴巴打造了一套与国际接轨的绩效管理体系，奠定了阿里巴巴绩效管理的基础。例如，阿里巴巴借鉴和进一步强化了通用电气对价值观的推崇，采用了“活力曲线”法则以及基于这个法则的淘汰和激励制度。

“活力曲线”法则在阿里巴巴指的是，用“271 排名”的方式来考察员工的相对业绩。前 20%属于优秀员工，公司给予更多的奖励；70%是中间部分，属于多数人；后 10%是落后分子，属于面临淘汰的员工。那么在这个过程中怎样保证考核的公正性呢？阿里巴巴采用了主管考核和员工自我评估相结合的模式。主管给员工考核时，如果考核成绩在 3 分以上或 0.5 分以下，都要用实际案例来说明这个分数。主管完成对员工的评估，同时跟员工进行绩效谈话以后，员工就可以在电脑上看到主管对自己的评价。同时员工可以随时找 HR 反映考核中的问题。“271 排名”比较清晰地考察了每个人的业绩在团队中的排名，是对员工优秀与否的一种区分方式，也是一种淘汰和激励机制。对表现优异的 20%员工，阿里巴巴在物质、精神和个人发展方面都会提供更多的激励。不过阿里巴巴对后 10%员工的淘汰没有像通用那么严厉。对价值观表现好而业务弱的员工，阿里巴巴会给予他们考察、培训、转岗的机会。尽管阿里巴巴高度看重价值观，但除了作假行贿等触犯道德底线的员工绝不可原谅之外，阿里巴巴很少因为价值观考核而直接开除员工。

但是，末位淘汰制是始终存在且永不停止的，淘汰掉一些落后的员工也是对优秀员工的保护，以便激活整个组织。因此，尽管阿里巴巴努力为员工营造一个相对宽松的工作氛围，但员工丝毫不敢懈怠，这样“宽猛并济”的绩效管理体系保证了阿里巴巴的业绩。

三、疯狂的目标

在阿里巴巴，对业绩目标的追求体现了马云的狂人风格。他制定的目标通常都不是“太高”，而是“疯狂的高”。2003 年，马云提出每天收入 100 万元的时候，谁也不信；2004 年，马云提出每天利润 100 万元的时候，很多人将信将疑；2005 年，马云提出每天交税 100 万元的时候，只有少数人质疑。当马云提出的目标一个一个都实现的时候，阿里巴巴从管理层到员工都学会了不再怀疑马云的疯狂目标，而是都习惯于把目标制定得很疯狂。

“疯狂”的组织业绩目标是建立在个人业绩目标基础上的。阿里巴巴的个人业务指标设计也同样体现了目标的高难度取向。在个人绩效考核方面，阿里巴巴采用 5 分制的打分方式，每个季度、每年都对个人进行绩效评估。在每年年末制定新一年业绩目标的时候，会详细标明不同的业绩目标对应的分值。

在阿里巴巴，大概只有 10%的员工能在绩效考核中拿到 4 分，也就是能够超预期；而达不到预期，也就是得分低于 3.5 分的员工比例常常高于 15%；得分在 3.5 分以下的员工或者管理者不能得到晋升。事实上，3.5 分通常也不是可以轻松拿到的分数。“如果说你可以花 7 分、8 分努力能完成的目标，是绝对不会给你定 3.5 分的，你至少付出 9 分、10 分的努力完成的目标，才给你定 3.5 分。”支付宝金融合作部负责人葛勇狄说。

“能够拿到 4 分是很难很难的。”淘宝 HR 经理冯琳说，“拿到 4 分不仅意味着 12 分的努力，还要发挥创造性。按照常规的方式方法工作，基本上达不到 4 分。拿到 4 分需要突破常规进行创新。”在阿里巴巴，基本上没有人能够拿到 5 分。

这样一种业绩指标设计和打分标准，体现了阿里巴巴的指导思想：如果目标定低了，你就会降低对自己的要求；你可以拿不到 5 分或 4 分，但是我要确定你已经尽了 12 分的努力去实现 4 分、5 分的目标。

四、独到的价值观考核

对于组织而言，仅仅设置富有挑战性的目标并不会带来预期的结果。难度过大的目标甚至会导致结果与目标背道而驰。通用电气首席学习官斯蒂夫·克尔就告诫管理者说：“不要给员工设定使其压力太大以至于令其‘发疯’的目标。”那么，在阿里巴巴，为什么员工能够接受疯狂而且多变的目标并全力以赴呢？阿里巴巴的强大武器就是之前已反复提及的价值观考核。

1. 野狗、小白兔与猎犬

阿里巴巴考核员工的标准有两个：一个是业绩，一个是价值观。阿里巴巴把那些业绩很好但没有价值观的员工称为“野狗”，这种人是一定要被踢出去的。还有一种人，业绩虽然不好，但他们的价值观非常好，阿里巴巴称之为“小白兔”，这种类型的员工最终也会被踢出去。阿里巴巴最终留下的是业绩、价值观都好的人。不过，“小白兔”在离开公司三个月后，还是有机会再进阿里巴巴的，只要他能把业绩搞上去，而“野狗”就没有这个机会了。当然，对于“小白兔”型的员工也不可放任不管。“小白兔”是很肯干，价值观也符合企业要求，但总出不了业绩。很多时候，因为态度好就对他们总是放任，造成的恶果是使得“明星员工”得到的关注度不够因而产生不良情绪。对低业绩的姑息从另一个角度就打击了“明星员工”的积极性。因此，对于价值观好而业绩差的员工要进行及时的培训。

在马云的思维里，对于“野狗”，无论其业绩多好，都要坚决清除；“小白兔”也会被逐渐淘汰掉；只有“猎犬”才是阿里巴巴需要的。马云说道：“在阿里巴巴公司的平时考核中，业绩很好，价值观特别差，也就是，每年销售可以卖得特别高，但是他根本不讲究团队精神，不讲究质量服务，这些人我们称其为‘野狗’。因为，这些人对团队造成的伤害是非常大的。”可见，阿里巴巴需要的是业绩和价值观都出色的“猎犬”型员工。

2. 30条价值观考核指标

阿里巴巴对价值观的重视众所周知，马云甚至将阿里巴巴的价值观称为“六脉神剑”，时刻指导阿里巴巴的日常运行。这六大条价值观中的每一条又可被细分为五小条。

（1）客户第一，即客户是衣食父母。员工必须尊重他人，随时随地维护阿里巴巴的形象；要微笑面对投诉和受到的委屈，积极主动地在工作中为客户解决问题；在与客户交流的过程中，即使不是自己的责任，也不推诿；站在客户的立场思考问题，在坚持原则的基础上，最终达到客户和公司都满意；要具有超前服务意识，防患于未然。

（2）团队合作，即共享共担，平凡人做非凡事。要积极融入团队，乐于接受同事的帮助，配合团队完成工作；决策前积极发表建设性意见，充分参与团队讨论，决策后，无论个人是否有异议，必须从言行上完全予以支持；要积极主动分享业务知识和经验，主动给予同事必要的帮助，善于利用团队的力量解决问题和困难；善于和不同类型的同事合作，不将个人喜好带入工作，充分体现“对事不对人”的原则；要有主人翁意识，积极正面地影响团队，改善团队士气和氛围。

（3）拥抱变化，即迎接变化，勇于创新。要尽快适应公司的日常变化，不抱怨；面对变化，理性对待，充分沟通，诚意配合；对变化产生的困难和挫折，能自我调整，并正面影响和带动同事；在工作中有前瞻意识，建立新方法、新思路；创造变化，并带来绩效突破性的提高。

(4) 诚信，即诚实正直，言行坦荡。员工必须诚实正直，表里如一；能通过正确的渠道和流程，准确表达自己的观点，表达批评意见的同时能提出相应建议，直言不讳；不传播未经证实的消息，不背后不负责任地议论事和人，对于任何意见和反馈“有则改之，无则加勉”；勇于承认错误，敢于承担责任，并及时改正；对损害公司利益的不诚信行为能正确有效地制止。

(5) 激情，即乐观向上，永不放弃。喜欢自己的工作，认同阿里巴巴的企业文化；热爱阿里巴巴，顾全大局，不计较个人得失；以积极乐观的心态面对日常工作，碰到困难和挫折的时候永不放弃，不断自我激励，努力提升业绩；始终以乐观主义的精神和必胜的信念，影响并带动同事和团队；不断设定更高的目标，今天的最好表现是明天的最低要求。

(6) 敬业，即专业执着，精益求精。今天的事不推到明天，上班时间只做与工作有关的事情；遵循必要的工作流程，没有因工作失职而造成的重复错误；持续学习，自我完善，做事情充分体现以结果为导向；能根据轻重缓急来正确安排工作优先级，做正确的事；遵循但不拘泥于工作流程，化繁为简，用较小的投入获得较大的工作成果。

这30条指标把抽象的价值观分解成为对具体的行为和对精神层面的要求。对行为的要求，体现在“积极融入团队，乐于接受同事的帮助，配合团队完成工作”等方面；对精神层面的要求，体现在“热爱阿里巴巴，顾全大局，不计较个人得失”等方面。在细化的30条考核指标中，也突出了阿里巴巴业绩导向的取向，例如，“以积极乐观的心态面对日常工作，碰到困难和挫折的时候永不放弃，不断自我激励，努力提升业绩”。阿里巴巴把追求高绩效作为价值观的一部分根植到阿里巴巴的文化中，这才使员工在内心深处产生了不断追求高绩效的动力。不过，阿里巴巴在不断的发展壮大中招聘了不少员工，因而有人担心员工的快速扩张会引发对企业文化——“六脉神剑”的稀释。针对这个问题，阿里巴巴在招聘时进行了很好的预防。在面试应聘者时，考官最核心的任务就是“看人”。阿里巴巴集团CPO邓康明说：“招聘新员工时，我们主要看他们本身是否诚信，是否能融入企业，是否能接受企业的使命感和价值观。业务问题并不是最重要的。”

综合以上30条价值观可以看出，阿里巴巴价值观的核心是：一起实现创业的梦想，一起实现改变历史的梦想，一起实现创造财富的梦想，一起实现分享财富的梦想。这就要求阿里巴巴在招聘过程中，寻找更多具有相同价值观的人。

由此可见，绩效考评和人才招募是密不可分的。招聘到符合阿里巴巴要求的人，才是进行绩效考核的关键前提。

五、全过程跟踪绩效管理平台

阿里巴巴基于 Oracle PeopleSoft HCM 建立起的电子绩效管理模块使得阿里巴巴的绩效考评更加高效和可靠。利用 Oracle PeopleSoft HCM 电子绩效管理模块，阿里巴巴构建了一个集团统一标准的全过程跟踪绩效管理平台。该平台通过完整、全面的前馈控制和过程控制措施帮助管理人员避免打分偏差的出现。

为了最大限度地杜绝打分偏差的出现，绩效管理平台还提供了相应的后馈控制措施来对已经出现的偏差予以纠正。例如，当某一部门的分数超过一定值或低于一定值时，系统就强制要求相关人员写出说明，彻底改变了以往由于考核系统缺乏纠偏功能，考评人不知道自己是否出现了打分偏差这种局面，为阿里巴巴成功实施价值观考核与业绩考核并重的考核制度提供了有力支持。更为重要的是，绩效管理平台的实施有效提高了阿里巴巴上下级沟通的速度与成效，使集团管理层能够更加明确地定义和设定工作目标，员工也能更加准确地理解公司对他们的要求并完成相关任务。阿里巴巴集团 CPO 邓康明先生表示："Oracle PeopleSoft HCM 的产品理念和架构与我们的人力资本战略非常吻合，利用 Oracle PeopleSoft HCM，我们建立了统一规范的人力资源管理平台，并成功地把阿里巴巴的人力资源管理理念融入人力资源规划、薪酬规划、人力挽留计划、岗位分析、战略性招聘培训管理、职业规划、接班人计划、绩效管理等管理职能之中，形成了具备鲜明阿里巴巴特色、以员工发展为核心的全新人力资源管理模式。"

我们可以这样比喻阿里巴巴绩效体系的运行：阿里巴巴的队伍就像非洲大草原上每天太阳升起就要开始奔跑的羚羊，每天都要跑得比狮子快，才能追上前方的业务指标；价值观考核就像一根长鞭，让羚羊群尤其是汹涌加入的新羚羊不会跑散，知道怎样规范、聪明地与团队一起往前跑；活跃在羊群各部的政委们，则扮演着羊群伙伴的角色，促进羊群各部分奔跑得和谐和有效。

（资料来源：蔡东宏．人力资源管理案例分析指导与训练［M］．北京：经济科学出版社，2015．）

思考和讨论：

1. 绩效评估的核心究竟是业绩还是价值观？两者可以在多大程度上兼顾？
2. 现实中，绩效考评在多大程度上影响员工薪酬和晋升？
3. 阿里巴巴的绩效考核体系对其他组织有哪些借鉴？

第九章　薪酬管理

本章要点

- 薪酬的含义及构成
- 影响薪酬的因素
- 确定和调整薪酬
- 可变薪酬的形式
- 福利的概念、特点及类型

学习用典

中国有许多词语都是关于古代官员薪酬及福利待遇的，例如：高官厚禄、半钱半谷、足薪养廉等。了解这些词语的背景有助于我们理解中国历史上的“公务员”薪酬体系。

我国有据可考的俸禄制度最早可追溯到西周的“分田制禄”，即天子按爵位等级，将土地分封给王室诸侯，各诸侯可在封地自行征税，以给其用，且世卿世禄。春秋以后，“分田制禄”乃向“秩禄制”转变。战国时期，秦国商鞅实行“量功受禄”，规定凡斩敌首级者，奖励军功，进阶爵位，按爵定禄。

之后，秦汉沿袭了“秩禄制”，东汉按半钱半谷发放；魏晋南北朝时，曹魏按“九品中正制”定俸给禄，“秩禄制”向“品位俸禄制”发展；西晋时，官设九品，按品定酬，官员月俸除了米之外还有绢绵；至东晋与南朝时，朝廷授给禄田，令官吏自行收租以代俸禄；及至隋唐，发展并定型“品位俸禄制”；宋代官俸较高，尤以南宋为最，官员俸禄除了钱币之外，还有职田可收租，以及一些公使钱、官给券等变相俸禄；元代对官员依品定俸，俸禄支付以纸钞、银两为主，但元代物价飞涨，到元中期物价上涨近10倍。明朝基本沿用按品给俸，将文武官员分为九品十八级，按级别发放禄米俸钞，但明朝后期官员俸禄较低，可能是历代之最。清代入关以后，沿袭按品定俸制，官员俸禄仅比明代略高。

查阅资料，讨论中国历史上的官员俸禄制度与当时的社会环境、物价水平、治国理念、政府机构设置等因素的相互关系。

第一节　薪酬概述

一、薪酬的含义及构成

（一）薪酬的含义

薪酬（compensation）是指组织对员工所做的贡献——包括他们实现的绩效、付出的努力、时间、学识、技能和经验等所支付的相应酬劳或回报。其实质是一种公平交换，含有劳动补偿和等价交换的意思。薪酬的概念有广义和狭义之分。

1. 狭义的薪酬

狭义的薪酬概念是指外在薪酬，也就是组织针对员工所做的贡献而支付的各种形式的收入，包括工资、奖金、福利、津贴、股票期权以及各种间接货币形式的福利等。外在薪酬是最清晰明确也是使用得最普遍的一种薪酬方式，对员工行为有直接的影响。外在薪酬通常可进一步划分为直接薪酬和间接薪酬。

（1）直接薪酬。直接薪酬也称为货币性薪酬，是指直接以现金形式支付的薪酬，包括基本工资、加班及假日补贴、绩效奖金、长期激励（如利润分红、公司股票购买权或股票期权）等。一般来说，直接薪酬与员工的工作或技能价值及绩效紧密相关。

（2）间接薪酬。间接薪酬也称为福利性薪酬，通常是指组织为员工提供的福利性薪酬，它往往不以货币形式直接支付，而多以实物或服务的形式支付，如养老金、医疗保险、带薪休假，以及各种服务如员工餐厅、交通用车、员工宿舍等。一般来说，福利性薪酬与员工的职位等级有关，而与绩效无关，因此它不是激励性报酬；但如果福利性薪酬是由管理人员来控制的，并用来奖励绩效，则它将转化为激励性报酬。

2. 广义的薪酬

广义的薪酬也称整体薪酬或报酬，是指员工从组织那里获得的作为个人贡献的所有回报。因此，广义的薪酬除了包含外在薪酬外，还包括内在报酬。

内在报酬（intrinsic compensation）通常是指员工由工作本身所获得的心理满足和心理收益。内在报酬包括工作本身、工作环境和组织特征带来的三部分效用。尽管内在报酬运用得远不如外在薪酬普遍，但它是与人类从事的活动分不开的一种报酬。

组织可以通过工作设计、制度、人力资本流动政策等来提高工作的挑战性、成就感及发展机会等，让员工从工作本身得到最大的满足。而内在报酬与外在薪酬的相互配合，才构成了组织完整的广义薪酬体系。

（二）薪酬的构成

1. 直接薪酬

在薪酬体系中，直接薪酬以货币形式支付，可以分为基本薪酬和可变薪酬。

（1）基本薪酬。基本薪酬是指以员工劳动熟练程度、复杂程度、责任以及劳动强度为基准，按照员工实际完成的劳动额度、工作时间或劳动消耗而计付的劳动报酬，如基本工资和职务工资等。

（2）可变薪酬。可变薪酬是薪酬系统中与绩效直接挂钩的经济性报酬，有时也被称为浮动薪酬或奖金。可变薪酬是根据绩效来支付的，这里的绩效包括个体绩效、群体绩效（团队、部门绩效）以及组织绩效。所以，可变薪酬也可以当作以绩效为条件的薪酬，如绩效工资、奖金和红利等。

2. 间接薪酬

间接薪酬即福利，往往具有普遍性，通俗地讲就是“人人都有份”。但间接薪酬也是薪酬体系中非常重要的一部分。

3. 内在报酬

内在报酬也是人们进行工作选择和职业选择的重要因素，同时也成为组织吸引和保留人才的重要手段和工具。

（1）工作本身。工作本身带来的效用包括决策的参与、工作的自主权、工作的趣味、工作的挑战性、工作的成就感和活动的多元化等。

（2）工作环境。工作环境带来的心理效用包括友好的同事关系、领导者的个人品质和风格、舒适的工作条件和良好的团队氛围等。

（3）组织特征。组织特征带来的心理效用包括组织在业界的声望和品牌、组织在产业中的地位、组织高速成长带来的机会与前景等。

实际工作中，在研究薪酬管理的时候，依然更多地集中在直接薪酬即狭义的薪酬上。

二、薪酬的功能

薪酬既是组织对员工贡献的回报，同时也是组织的费用支出，它代表了组织和员工的一种利益交换关系。无论是对员工来说，还是对组织来说，这种经济交换关系都是至关重要的。在这种交换关系中，单位承担的是劳动购买者的角色，员工承担的是劳动出卖者的角色，因此，薪酬的功能可以从员工和组织两个方面来理解。

（一）对员工的功能

1. 保障功能

薪酬是员工以自己的付出为组织创造价值而从组织获得的回报。对于大多数员工来说，薪酬是他们的主要收入来源，它对于劳动者及其家庭生活所起到的保障作用是其他任何收入保障手段所无法替代的。即使在西方发达国家，工资差距对于员工及其家庭的生存状态和生活方式所产生的影响仍然非常大。在现代经济条件下，薪酬对于员工的保障并不仅仅体现在满足员工吃、穿、用、住和行等方面的基本生存需要，同时还体现在满足员工娱乐、教育和自我发展等方面的需要上。

2. 激励功能

员工对薪酬状况的感知可以影响员工的工作行为、工作态度以及工作绩效，即产生激励作用。员工总是期望自己获得的薪酬与同事之间具有一定程度的可比性，从而得到公平感。如果员工能够获得比其他员工更高的薪酬，他就会认为这是对自己能力和价值的肯定。当员工的低层次薪酬得到满足之后，通常会产生高层次的薪酬需求，并且员工的薪酬需求往往是多层次并存的，因此，组织必须注意同时满足员工的不同层次薪酬需求。如果员工的薪酬需要得不到满足，则很可能产生工作效率低下、人际关系紧张、缺勤率和离职率上升、组织凝聚力和员工对组织的忠诚度下降等多种不良后果。

（二）对组织的功能

1. 成本控制功能

薪酬构成是组织的人工成本，过高的薪酬水平会提高产品的成本，进而提高产品的价格，影响产品的竞争力。尽管劳动力成本在不同行业和不同组织的经营成本中所占的比重不同，但对于任何组织来说，薪酬都是不容忽视的成本支出，而且组织支付的薪酬水平直接影响组织在劳动力市场上的竞争力，只有那些保持相对较高薪酬水平的组织，才能够吸引和保留足够多的优秀员工。因此，组织为了吸引、获得和保留人才，必须付出一定的代价；同时，为了提高产品在市场上的竞争力，又必须注意对薪酬成本的控制。

2. 改善经营绩效功能

薪酬能够激励员工，影响他们的工作效率、缺勤率、对组织的归属感以及对组织的承诺度，从而也就直接影响组织的生产能力和生产效率。通过合理的薪酬设计，组织可以向员工传递组织期望的行为、态度和绩效。通过薪酬的影响，员工的工作行为和工作态度以及最终的工作绩效将会朝着组织期望的方向发展，从而改善组织的经营绩效。

3. 塑造组织文化的功能

薪酬影响员工的工作行为和工作态度。薪酬制度可能促进组织塑造良好的文化氛围，也可能与组织现有的价值观形成冲突。薪酬的导向作用要求组织必须建立科学合理并具有激励性的薪酬制度，从而对组织文化的塑造起到积极的促进作用。

三、薪酬管理的原则

（一）合法原则

合法是所有组织经营的基本底线，薪酬管理必须符合相关的法律规定。虽然不同国家法律条款不同，但许多法律都规定了员工必须享受的最低工资、加班工资和福利。我国先后颁布和实施了《中华人民共和国劳动法》《最低工资规定》《中华人民共和国劳动合同法》等有关员工薪酬的法律制度和规定，规定了关于员工福利的法律制度、劳动保护的法律制度、法定休假的法律制度等。

（二）公平原则

公平是薪酬体系的基础，只有在员工认为薪酬体系是公平的前提下，才可能产生认同感和满意度，发挥薪酬的激励作用。在薪酬设计时，要站在公平的角度，运用科学的方法和正确的指导思想来处理不同职位之间、不同技能之间、不同能力之间的员工薪酬水平和薪酬构成，才有利于员工在公平的环境中创造价值。如果员工认为自己获得的报酬不公平，会严重挫伤员工的工作积极性，甚至会采取对组织发展不利的行为。因此，薪酬管理应尽可能做到公平。

（三）激励原则

激励原则强调组织在设计薪酬时必须充分考虑薪酬的激励作用，即薪酬的激励效果。激励原则是指在内部各类、各级职务的薪酬水准上，适当拉开差距，起到薪酬的激励效果，从而提高员工的工作热情，为组织发展做出更大贡献。一定要根据不同的组织战略、不同员工的需要层次来设计薪酬，满足不同员工的激励需求，真正起到激励作用。这需要处理好努力与成绩的关系、成绩与薪酬的关系、薪酬与满足个人需要的关系。

（四）效益原则

效益原则强调组织的薪酬体系必须注重工资费用的收益率，即通过人工费用的合理使用，提高组织经营的整体效益，使组织和员工共同受益。科学管理认为，员工薪酬最大化能促进员工生产效率最大化，员工生产效率最大化能促进组织利润最大化，这就是薪酬管理的效益原则。

四、影响薪酬的因素

影响薪酬的因素有很多，这些因素大致可以分为三类：首先是组织员工个人因素；其次是组织内部因素；最后还有外部社会因素。

（一）个人因素

员工个人因素主要是员工所具备的工作技能、资历水平、工作年限、工作量、工作表现及岗位和职务等。工作技能和资历较高、工作年限比较久、承担的工作量比较大、岗位责任大或职务较高、工作表现也就是工作绩效较好的员工，通常薪酬也会较高。

（二）组织因素

1. 组织经营状况

经营得越好的组织，其员工的薪酬水平越高且越稳定；而经营业绩较差的组织，员工的薪酬相对较低且没有保障。

2. 薪酬政策

薪酬政策是组织分配机制的直接表现，薪酬政策影响着组织利润积累与薪酬分配之间的关系。无论是注重高利润积累的组织，还是注重二者平衡的组织，都会导致薪酬水平的不同。

3. 组织文化

组织文化的核心是组织管理哲学和价值观，它们往往会对薪酬的设计产生非常重要的影响。比如，在崇尚个人主义的组织文化环境下，员工的薪酬差别很大；在崇尚集体主义的组织文化中，员工的薪酬差别较小；在崇尚安全性的组织文化中，员工的工资较低但福利较好；在崇尚物质刺激的组织文化中，则倾向以较高的货币收入来刺激员工积极性的薪酬制度。

（三）社会因素

社会因素对薪酬的影响是全面的，国家的法律法规明确了薪酬的底线，组织在制定薪酬标准时必须严格遵守法律政策。另外，社会因素对薪酬的影响还体现在以下几个方面：首先，一般来说经济发达地区的薪酬要高于经济落后地区的薪酬。处于行业成长期和成熟期的组织的薪酬要高于处于衰退期的组织。其次，物价水平及生活指数高的地区，员工的薪酬水平也较高。再次，当区域内市场上某类人才供大于求时，组织中该类人员的薪酬会相应降低；相反，当市场上某类人才供小于求时，组织中该类人员的薪酬会相应提高。最后，从国家和地区的经济发展来看，经济发展状况良好时，组织的薪酬水平才可能较高。

五、薪酬管理决策

（一）薪酬管理及相关概念

薪酬管理是指组织在经营战略和发展规划的指导下，综合考虑内外部各种因素的影响，确定自身的薪酬水平、薪酬结构和薪酬形式，并进行薪酬调整和薪酬控制的整个过程。

薪酬水平是指组织内部各类职位以及组织整体平均薪酬的高低状况，它反映了组织支付薪酬的外部竞争性。

薪酬结构是指组织内部各个职位之间薪酬的相互关系，它反映了组织支付的薪酬的内部一致性。

薪酬形式是指在员工和组织总体的薪酬中，不同类型薪酬的组合方式。

薪酬调整是指组织根据内外部各种因素的变化，对薪酬水平、薪酬结构和薪酬形式进行相应的变动。

薪酬控制是指组织对支付的薪酬进行测算和监控，以维持正常的薪酬成本开支，避免给组织带来过重的财务负担。

从上述定义可以看出，薪酬管理涉及一系列决策，是一项非常复杂的活动。

（二）薪酬管理的内容

薪酬管理既是一个复杂的过程，也是一个严谨的管理系统。组织薪酬管理的内容主要包括确定薪酬管理目标、选择薪酬政策、制订薪酬计划、调整薪酬结构四个方面。

1. 确定薪酬管理目标

薪酬管理的目标应从组织的人力资源战略目标乃至组织战略目标出发进行推导，主要包括：建立稳定的员工队伍，吸引和留住组织的核心员工；激发员工的工作热情，创造更高的工作绩效；使员工的能力不断得到开发；合理控制人工成本，实现组织效益；努力实现组织目标和员工个人发展目标的协调等。

2. 选择薪酬政策

薪酬政策的选择主要是结合薪酬管理的目标，考虑薪酬管理的任务和手段的选择及组合，具有较强的价值倾向性。薪酬政策包括组织薪酬管理所采取的竞争策略、公平原则、薪酬成本与预算控制方式等内容，从而统一员工对薪酬系统的基本看法有助于配合组织的经营战略，从而促成组织目标和个人目标的实现。薪酬政策的内容包括：组织的薪酬体系构成、薪资模式、福利保险政策、薪酬支付方式、薪资水平等。

3. 制订薪酬计划

薪酬计划是薪酬政策的具体化，包括制定组织预计要实施的员工薪酬支付水平、支付结构（如福利、保险等在薪酬中的构成及政策）、支付方式等重点内容。制订薪酬计划时，要遵循两个原则：与组织的战略目标相协调的原则；增强组织竞争力的原则。

4. 调整薪酬结构

薪酬结构是指组织中各工作或岗位之间各种薪酬的构成及其比例关系。调整薪酬结构是指调整组织工资成本在不同员工之间的分配，职务和岗位工资率的确定，员工基本工资、辅助工资和浮动工资的比例以及绩效薪酬的分配和调整等。

第二节　基本薪酬

基本薪酬

在组织薪酬体系中，基本薪酬是最基础的部分。对于大多数员工来说，这是他们所获得的薪酬中最主要的部分。基本薪酬的设计通常要考虑两个因素：一是内部公平性，这是通过职位评价实现的；二是外部公平性，这是通过薪酬调查实现的。

一、职位评价

职位评价是确定组织内部各职位相对价值大小的过程。它是评价职位而不是评价职位上的员工。让员工积极参与到职位评价非常有必要，因为这样容易让他们对职位评价的结果产生认同，而且职位评价结果要公开。

职位评价的方法有很多，例如排序法、归类法、要素计点法和要素比较法等。在实践中最常用、最复杂，也相对更科学的方法是要素计点法。这是一种量化的职位评价方法，它是根据各个职位在报酬要素上的得分来确定其价值的相对大小。一般按照以下步骤来运用要素计点法：

第一步，确定报酬要素。报酬要素是指在多种不同的职位中都包含的一些对组织有价值的特征，这些特征有助于组织战略实现和目标达成。换句话说，报酬要素就是组织中用来决定职位相对价值的标准。在实际操作中，最常见的报酬要素有责任、技能、能力、工作条件等。

第二步，把各报酬要素划分成不同的等级，并且对各等级含义作出清晰界定。等级划分取决于各职位在该要素上的差异程度，差异越大，划分的等级就越多。

第三步，确定各报酬要素及其内部等级的点值。首先确定总的评价点数，一般来说需要评价的职位越多，总点数就越大，这样才能清楚地反映出各职位之间的差异。然后根据各要素在总体中所占的权重，对总点数进行分配。为了保证评价的客观性，一般要按照一定的规律来分配点数，表 9-1 是要素计点法的点数分配的例子。

表 9-1　要素计点法举例

要素名称	权重（%）	点数	等级划分	等级点数
战略实现责任	25	125	1	25
			2	50
			3	75
			4	100
			5	125
风险控制责任	20	100	1	25
			2	50
			3	75
			4	100
指导监督责任	15	75	1	15
			2	30
			3	45
			4	60
			5	75
沟通协调责任	20	100	1	25
			2	50
			3	75
			4	100
工作伤害	10	50	1	18
			2	34
			3	50
工作环境舒适性	10	50	1	14
			2	26
			3	38
			4	50
合计	100	500		

第四步，对职位进行评价。前面三个步骤其实都是在确定评价尺度，这一步是对照工作说明书，按照已经制定好的标准，确定待评价职位在各报酬要素中所处的等级，把等级对应的点数加总，就可以得到该职位最终的评价点数，比较所有职位的最终评价点数，就可以确定它们的相对价值大小。

要素计点法能够确定各职位之间的价值差距，但是费时费力，成本较高。

二、薪酬调查

通过要素计点法来进行职位评价，可以保证薪酬设计的内部公平性。另外，组织通常还要通过薪酬调查，来确保薪酬设计的外部公平性。薪酬调查是通过各种渠道获得相关组织各个职位的薪酬水平及相关信息的过程。

薪酬调查的步骤如下：

第一步，确定薪酬调查的职位，也就是选择那些具有代表性的职位进行调查。

第二步，确定薪酬调查对象和范围。选择薪酬调查对象时，要坚持可比性原则，最好能选择与本组织有竞争关系或同行业的类似组织，重点考察它们的员工流动去向、招聘来源，薪酬增长状况，不同职位、不同级别的薪酬、奖金和福利情况，以及长期激励措施和未来薪酬的发展趋势。

第三步，确定薪酬调查渠道和方式。薪酬调查的渠道可以是：组织之间的互相调查、委托专业机构进行调查、收集公开信息等。普遍采用的具体调查方式可以是问卷法或座谈法，也可以使用电话调查和网络调查作为补充。

第四步，设计薪酬调查表并开展实际调查。当然，调查表会包含必要的信息。例如，职位基本信息、职位描述、任职者个人信息、调查职位的总体薪酬构成和薪酬水平，以及组织信息等。

第五步，分析薪酬调查结果，形成调查报告。要针对薪酬的统计数据进行分析，一般包括频度分析、居中趋势分析、离散趋势分析以及回归分析等。

薪酬调查结束后，根据调查结果并结合职位评价结果，就可以建立职位市场薪酬水平和职位评价点数或序列等级之间的关系曲线，即建立组织的薪酬曲线。某些组织还会根据自身的薪酬政策对薪酬曲线进行适当的调整，例如采用领先型薪酬或者拖后型薪酬政策时，会将薪酬曲线做适当平移。

三、确定和调整薪酬

（一）设计薪酬结构

薪酬结构设计包括以下三个方面：第一，划分薪酬等级，即回答“设计多少个薪酬等级”的问题；第二，确定每个薪酬等级内部的薪酬浮动范围，即回答“每个薪酬等级幅度多大”的问题，最高值、中间值及最低值是三个关键的数值；第三，确定相邻两个薪酬等级之间的交叉与重叠关系。

1. 划分薪酬等级

划分薪酬等级的依据是通过职位评价所得到的职位的价值等级，如果使用要素计点法完成职位评价，则一般用点数来表示职位的价值等级。把薪酬点数基本相同的不同职位归纳在一起成为一个等级，因此，每一个薪酬等级应包括价值即点数相同或相当的若干个职位。薪酬等级的数量与组织规模有关，规模大的组织薪酬等级数量比规模小的组织要多。

确定薪酬等级的数目时，主要考虑薪酬管理上的便利和各种工作之间价值差异的大小。在组织价值最大的工作和价值最小的工作的职位评价点差异既定的情况下要考虑两个方面：一方面，如果建立职位等级的点值范围太大，即薪酬等级数量较少，那些在工作任务、责任和工作环境等要素上的差别很大的员工因被划到同一级别而支付相同的薪酬，这样就会损害薪酬的内部公平性；另一方面，薪酬等级的划分还必须充分考虑组织内部的管理层级因素，组织内同一管理层级的职位最好能够划分到同一职位等级中，这样既可以体现相同的管理层级对组织价值创造的同一性，又使薪酬管理更加便利。

2. 确定薪酬区间

薪酬区间也称为薪级，就是薪酬等级的幅度，它是指每一个薪酬等级内最低薪酬到最高薪酬的变动幅度，它是组织中处于相同职位等级内的不同员工获得的不同薪酬的范围。同一薪酬等级内的工作具有相同的薪酬标准，但是在相同职位工作的员工对组织贡献和价值的大小，除了受职位本身价值的影响，员工个人的能力、经验、努力程度、绩效水平等因素也对其有影响。因此，在建立薪酬等级之后，我们还应该为每个薪酬等级设计一个合理的薪酬区间，这个区间反映了组织针对某一特定职位，愿意支付给不同绩效或经验的员工的薪酬的合理差距。

确定薪酬浮动范围首先要确定薪酬区间的中间值。中间值通常依据前面已经确定的每个职位等级的市场薪酬水平来确定。这个市场薪酬水平是根据薪酬政策线得出的。薪酬政策线穿过每一职位等级上的这个点，就是该等级薪酬浮动幅度的中间值。薪酬区间的中间值反映了员工经过实践经验的积累或培训完全胜任职位时可得到的薪酬水平。

薪酬区间的中间值确定以后，接下来就要确定区间的最高值和最低值。最高值和最低值分别代表了组织愿意支付给该职位等级的最高薪酬和最低薪酬。在设计薪酬浮动范围时，一般不直接确定薪酬的最高值和最低值，而是先确定等级的薪酬浮动幅度即薪酬带宽，再根据中间值和浮动幅度确定薪酬等级的最高薪酬和最低薪酬。薪酬带宽表示了某个职位等级薪酬区间的最高值和最低值之间相差的比率，组织中不同职位等级的薪酬区间的带宽是不同的。一般来说，在一个组织中，职位价值越小，其对应的薪酬区间的带宽就越小；职位价值越大，其对应的薪酬区间的带宽就越大。另外，高等级的职位由于责任、能力、贡献的要求更高而晋升的空间更小，所以，薪酬的浮动幅度会更大，带宽也更大。当然，带宽与组织文化也相关。越是鼓励拉开收入差距的组织文化，组织的薪酬浮动幅度就会设置得越大；平均主义比较强的组织文化，组织的薪酬浮动幅度就会设置得较小。

此外，在实务操作中，人们还经常对现存区间进行更加细致的划分，将区间内不同的薪酬水平与任职者的个人特征相联系，得到了一些经验性的指导原则。

虽然所有员工的薪酬水平原则上都应限定在薪酬区间内，但是，由于市场突变的原因或为了维持组织内部平衡，一部分职位的薪酬可能需要突破此区间。在这种特殊情况下，可对一部分职位实行超过薪酬区间范围的临时水平。

3. 确定相邻薪酬等级间的交叉

从理论上讲，组织中相邻薪酬等级之间的薪酬区间可以设计成有交叉重叠的，也可以设计成没有交叉重叠的。然而，在实践中，大多数组织倾向于在薪酬结构中设计交叉重叠。相邻薪酬等级之间存在适当的交叉重叠有着重要的功用，表现在这样几方面：职位等级越高，职位的数量越少，人们基于职位的晋升空间也越有限，时间也越长；相应地，基于职位等级晋升来提升薪酬的机会也就越小，时限也就越长，这显然会对薪酬的激励效果产生负面影响。这时，如果存在相邻薪酬等级的交叉，那么在低薪酬等级上的员工也有了获得相邻高薪酬等级上较高水平薪酬的余地和机会，特别是在得不到职位晋升而需要给予较高薪酬激励的情况下，交叉就提供了有效的空间。

但是对于具体的薪酬结构中应设计多大的交叉程度，往往没有通用的标准，这主要取决于组织的具体实际情况。同时，交叉程度的大小也反映了组织的管理倾向。交叉程度越小，表示组织越鼓励低职位等级的员工通过职位的晋升来获得更高的薪酬，从而引导员工去寻求并接受晋升机会或所需的必要培训；相反，交叉程度大，表示组织不鼓励员工致力于职位的晋升，并控制员工晋升的速度。

（二）基本薪酬的调整

组织的工资制度确定以后，还要随组织内外环境的变化不断进行调整，从而保证其激励功能的正常发挥。组织薪酬调整的类型主要有以下几种。

1. 工龄调整

在目前实行的结构薪酬制中，工龄工资是整个薪酬的组成部分之一。工龄的增加意味着工作经验的积累与丰富，代表着能力或绩效的提高。因此，随着员工工龄的增加，其工龄薪酬也应增加。

2. 效益调整

这是组织根据自己的效益情况对薪酬进行调整。当组织的经营效益较好、盈利较多时，为回报员工对组织的贡献，组织会普遍上调全体员工的薪酬，但在经营效益欠佳时可能会再调回。因此，这种调整随组织经营效益的变化而变化，是暂时性的。

3. 生活指数调整

当发生通货膨胀时，尽管职工的薪酬额没有减少，但物价的上涨使其实际购买力下降，从而造成实际收入的减少。为了使员工的生活水平不致因为通货膨胀而恶化，组织常根据物价指数的变动情况对薪酬进行调整。根据物价指数对薪酬进行调整时，可采取两种不同的方法：一种方法是等比例调整，即所有员工的薪酬都在原有基础上按同一比例增加。等比例调整的优点是保持了原来薪酬结构内在的相对级差，使各职务的相对价值与薪酬额间的相对关系保持不变。但用这种方法进行调整时，薪酬越高，增加的薪酬额越多，这就进一步拉大了不同员工间的收入差距，容易使低薪酬者产生不公平感。另一种方法是等额式调整，即不管原来的薪酬高低，一律增加相同数目的薪酬额。这种调整方法容易为员工接受，但却导致等级差比的缩小，使各职务的相对价值与相应薪酬额间的相对关系发生变化，动摇了原来薪酬结构的基础。

4. 奖励性调整

以上几种调整方法是面向全体员工的，不管增加的薪酬额是否相等，所有员工的薪酬均能获得调整。奖励性调整的范围则相对小一些，它是为了奖励那些绩效突出、为组织做出较大贡献的员工，以使他们发扬优点、再接再厉。

第三节　可变薪酬

可变薪酬

可变薪酬也称为激励薪酬或绩效薪酬，它是指组织以员工团队、部门或组织绩效为依据，支付给员工个人的薪酬。可变薪酬能够把员工薪酬和绩效挂钩，鼓励员工为组织、部门或团队绩效作出更大的贡献。

一、可变薪酬的特点

（一）可变薪酬的优点

相对于基本薪酬而言，可变薪酬具有以下三个优点：第一，它是和绩效联系在一起的，因此对员工的激励性就更强。第二，它能够把员工的努力集中在组织、部门或团队认为重要的目标上，更有利于推动整体目标的实现。第三，可变薪酬是根据绩效来支付的，因此可以增强薪酬的灵活性，帮助组织节约成本。

（二）可变薪酬的缺点

但是，可变薪酬也存在明显的不足：第一，绩效评价难度比较大，容易使可变薪酬流于形式。第二，员工为了拿到可变薪酬，可能会给自己设定比较低的目标。第三，有可能会加剧组织内部竞争。因此，组织实施可变薪酬时，一定要建立科学规范的绩效管理体系，以充分发挥可变薪酬的积极作用。

二、个体可变薪酬

个体可变薪酬是以员工个人的绩效表现为基础而支付的薪酬。这种方式有助于员工提高自己的绩效水平，但对促进团队的相互合作却没有帮助。个人可变薪酬主要有计件制、工时制和绩效工资三种形式。

（一）计件制

计件制是最常见的个体可变薪酬形式，它根据员工产出水平和对应工资率来支付相应的薪酬。例如，每生产 1 件产品可以得到 1 元工资，那么生产 20 件产品就可以得到 20 元工资。计件制可以配合基本薪酬，也就是一定的基本薪酬加上计件制，这就是有保障的直接计件制。当基本薪酬为零，只有计件制时，就是完全计件制。

（二）工时制

工时制，就是根据员工完成工作的时间来支付薪酬。最基本的工时制是标准工时制，也就是首先确定完成某项工作的标准时间，如果员工在标准时间内完成工作任务，就按照标准工作时间来支付薪酬。

（三）绩效工资

绩效工资是根据员工的绩效考核结果来支付相应的薪酬。由于有些职位的工作结果很难用数量和时间进行量化，不太适用于计件制和工时制，因此就要借助绩效考核结果来支付可变薪酬。一般绩效工资主要有三种形式：一是绩效调薪；二是绩效奖金；三是特殊绩效认可计划。绩效调薪是根据员工绩效考核结果对其基本薪资进行调整，一般是按年调整。绩效奖金也称为一次性奖金，是根据员工的绩效考核结果发放一次性奖励。根据奖励周期的不同，绩效奖金可以分为月度绩效奖金、季度绩效奖金、半年绩效奖金和年度绩效奖金。特殊绩效认可计划是指个人或部门远远超出工作要求，而且实现了优秀绩效或作出了重大贡献的情况下，额外给予的一种奖励和认可。例如，在公司布告栏上表彰某个员工，或是奖励一次性的度假机会甚至是上万元的奖金等。

三、群体可变薪酬

与个体可变薪酬不同，群体可变薪酬是以团队或组织绩效为依据来支付薪酬。它的好处在于，它可以使员工更加关注团队和组织的整体绩效，增进团队合作，从而更有利于整体绩效的实现。由于当前团队工作方式日益普遍，因此群体可变薪酬也越来越受到重视。但它也存在缺点，例如容易滋生搭便车行为。

一般来说，群体可变薪酬主要有三种具体形式，即利润分享计划、收益分享计划、员工持股计划。

（一）利润分享计划

利润分享计划是对代表组织绩效的某种指标（如组织利润）进行衡量，并以衡量结果为依据来支付员工薪酬。这样做的好处有以下两点：第一，它把员工薪酬和组织绩效联系在一起，可以促使员工从组织角度去思考问题，增强了员工的责任感。第二，利润分享计划所支付的报酬不计入基本薪酬，更有助于灵活地调整薪酬水平。例如，在经营良好时支付较高的薪酬，在经营困难时支付较低的薪酬。

（二）收益分享计划

收益分享计划是组织提供的一种和员工分享因生产率提高、成本节约或质量提高而带来的收益的绩效奖励方式。通常情况下，员工按照一个事先设计好的收益分享公式，根据个人所属部门的总体绩效改善状况而获得奖金。

（三）员工持股计划

员工持股计划是一种在股份公司繁荣发展时期衍生出来的员工激励形式，也就是让员工持有公司股票或者股份。虽然这种形式是针对员工个人的，但由于它是和公司的整体绩效联系在一起的，因此仍可以把它归入群体可变薪酬中。常见的员工持股计划主要有三类：现股计划、期股计划和期权计划。

第四节 福利体系设计

福利

一、福利的概念

福利是组织根据成员身份支付给员工的间接薪酬。福利有以下几层含义：第一，福利的提供方是组织，接受方是员工及其家属。第二，福利是薪酬系统中的重要组成部分，是基本薪酬和可变薪酬之外的那部分薪酬。第三，福利可以采取货币、实物或服务等多种形式发放。四是福利的目的在于提高员工的满意度和归属感。

二、福利的特点

和直接薪酬相比，福利具有以下四个特点：第一，福利以实物或延期支付的形式发放。而直接薪酬往往采取货币支付和限期支付的方式。第二，福利具有准固定成本的性质，不会因为工作绩效的好坏而造成福利上的差异。这一点和直接薪酬不同，直接薪酬具备一定的可变性，与员工个人直接相连。第三，福利具有均等性。一般来说，福利对内部员工而言是一视同仁的，履行了劳动义务的组织员工，都有享受各种福利的平等权利，不会因为职称、职位、层级的高低而有所差别。但这只是针对一般福利而言的，对一些高层次福利，许多组织还是采取了差别对待的方式，例如对高层管理人员有专车配备等。第四，集体性福利，主要通过集体消费，或使用公共物品的方式让员工享有集体消费，体现在通过集体购买、集体分发的方式为员工提供某些生活用品。

三、福利的类型

虽然在现实中不同组织的福利差异很大，但是一般来说福利项目可以分为国家法定福利和组织自主福利两大类。

（一）法定福利

法定福利是国家相关法律和法规规定的福利，具有强制性，所有的组织都必须执行。法定福利为员工提供了工作和生活的基本保障，在员工遭遇失业、疾病、伤残等特殊困难时，可以获得及时救助，从而提高了员工防范风险能力。

当前，我国主要的法定福利包括以下几项内容。

1. 社会保险

也就是通常所说的五险，即基本养老保险、基本医疗保险、失业保险、工伤保险和生育保险。组织要按照员工工资的一定比例为员工缴纳社保费，这些保险的缴纳是强制性的。

2. 住房公积金

住房公积金是用人单位和在职员工共同缴存的长期住房储金。它由两部分构成，即从员工个人每月的工资中扣缴的一部分，以及单位每个月按规定为员工个人缴存的部分。

3. 公休假日

公休假日又称“公休日”，是指法律规定或者依法订立的协议规定的每工作一定时间必须休息的时间。我国目前实行的是每周休息两天的制度。《中华人民共和国劳动法》第 38 条规定：“用人单位应当保证劳动者每周至少休息一日。”

4. 法定休假日

法定休假日，就是员工在法定的节日要享受休假。我国目前法定的节日包括元旦、春节、清明节、国际劳动节、端午节、中秋节、国庆节等，国家每年初都会公布当年的法定休假日。《中华人民共和国劳动法》第 44 条规定，安排劳动者在法定休假日工作的，必须支付正常工资的 3 倍报酬。

5. 带薪休假

员工工作达到规定年限后，可以享受一定时间的带薪休假。《中华人民共和国劳动法》第 45 条规定：“国家实行带薪年休假制度。劳动者连续工作一年以上的，享受带薪年休假。”国务院出台的《职工带薪休假条例》第 3 条明确规定了不同工龄的带薪休假天数：“职工累计工作已满 1 年不满 10 年的，年休假 5 天；已满 10 年不满 20 年的，年休假 10 天；已满 20 年的，年休假 15 天。”

（二）自主福利

除上述法定福利外，许多组织也自愿向员工提供组织自主福利，例如补充养老金、团体人寿险、健康医疗保险；有些组织还为员工及其家属提供各种福利项目，例如为了应对近几年的二胎生育，一些组织提供儿童看护也就是托儿所等。组织自主福利与法定福利的本质区别在于，组织自主福利不具有任何强制性，具体项目也没有规定，完全可以根据自身情况灵活确定。

本章小结

薪酬管理是人力资源管理活动中的重要部分。薪酬是指组织为认可员工的工作与服务而支付给员工的各种直接的和间接的经济收入，包括基本薪酬、可变薪酬和间接薪酬三部分。薪酬管理是指组织在经营战略和发展规划的指导下，综合考虑内外部各种因素的影响，确定自身的薪酬水平、薪酬结构和薪酬形式，并进行薪酬调整和薪酬控制的整个过程。在市场经济条件下，组织的薪酬管理会受到内外部多种因素的影响；同时，组织在制定薪酬管理政策时应当遵循一些基本原则，如合法原则、公平原则、激励原则、效益原则。

基本薪酬设计的步骤如下：首先进行职位分析，界定各职位的工作职责和任职资格要求；接着进行职位评价，确定各个职位相对的价值大小；然后进行薪酬调查，将调查的结果和职位评价的结果结合起来，建立薪酬曲线；最后根据薪酬曲线来确定薪酬等级。职位评价的方法有排序法、归类法、要素计点法和要素比较法。不同的组织要根据实际情况选择相应的方法。

可变薪酬和福利是薪酬的重要组成部分。可变薪酬包括个体可变薪酬和群体可变薪酬。前者主要有计件制、工时制和绩效工资等形式；后者主要有利润分享计划、收益分享计划、员工持股计划等。

作为组织付给员工的间接薪酬形式，福利有着不同于直接薪酬的特点和优势，同时也存在一些问题，如合法原则、公平原则、激励原则和效益原则。

本章习题

本章扩展习题及答案

1. 报酬和薪酬有什么区别和联系？
2. 薪酬管理的含义是什么？有什么样的意义？需要遵循什么样的原则？
3. 薪酬管理的基本决策有哪些？
4. 职位评价的方法有哪些？每种方法的主要特点是什么？
5. 如何确定基本薪酬？
6. 可变薪酬有哪些类型？
7. 福利的项目有哪些？如何进行福利管理？

案例学习

海底捞的薪酬结构

海底捞奉行“服务至上，顾客至上”的理念，以贴心、周到、优质的服务，赢得纷至沓来的客户和社会广泛的盛誉。海底捞能获得这么大的成功，很大一部分原因是海底捞采用了客户中心战略，以提高客户服务质量、服务效率、服务速度来赢得竞争，海底捞希望企业以及他们公司的员工不仅能很好地满足客户的需要，而且能够帮助客户发现一些他们自己尚未明晰的潜在需要并且设法帮助客户去满足这些需要。海底捞为公司建设了一支高效率、高满意度且具有强烈的服务精神的员工队伍。每天跟顾客直接打交道的是普通员工，要想让顾客满意，就必须使自己的员工满意自己的生活状态，并拥有为顾客服务的激情和热情，这样才能不断提高顾客服务水平和工作效率。海底捞视员工为“内部顾客”，并认为内部顾客满意是外部顾客满意的前提。

海底捞的口号是“好火锅自己会说话”，除了可口的饭菜，顾客在等餐时还可获得不限量的免费饮料小吃、修甲和擦鞋服务、专门的泊车服务生、周一至周五免费擦车。时刻为顾客着想，在海底捞就餐时还有为顾客提供的发圈、眼镜布、手机塑料套、围裙等贴心服务。帮助带小孩的顾客照料孩子，使顾客安心就餐。

在人力资源管理中，海底捞体现出全面报酬的思想，为员工提供良好的生活和工作环境，让员工在工作中充满激情和自信面对顾客。

一、海底捞的薪酬结构

海底捞员工的薪酬工资结构可以用下面的公式进行表达：

总工资=基本工资+级别工资+奖金+工龄工资
+分红+加班工资+其他−员工基金

其中，“其他”包括父母补贴和给员工发放电话费。

当然，不同级别员工的组成上是有区别的。

1. 普通员工工资结构

（1）新员工：

总工资=月薪+基本工资+加班费+岗位工资+其他−员工基金

（2）二级员工：

总工资=月薪+级别工资+工龄工资

(3) 一级员工:

总工资=月薪+级别工资+工龄工资+分红

(4) 劳模员工:

总工资=月薪+级别工资+荣誉奖金+工龄工资+分红

海底捞作为一家餐饮企业，具有劳动密集型的典型特征，况且生意又太火爆，底层一线员工的工作强度肯定很大，工作很辛苦。如果企业在工资待遇上不想办法，那么肯定是留不住人的。

比如海底捞的普通员工，从工资结构上就可以看出，没有到一级员工，是无法拿到分红的，分红和公司业绩挂钩，这个级别取决于员工的努力工作和在海底捞的资历。没有分红的员工，其工资就是月薪+基本工资+加班费。因此，普通员工想提高自己的收入，按照海底捞的薪资结构，只有加班评优或者升职。但海底捞普通员工一旦能被评为功勋员工，工资收入极有可能超过管理员工的收入，甚至比大堂经理的还要高。

2. 管理层员工工资结构

(1) 大堂经理:

基本工资+浮动工资+工龄工资

(2) 门店经理:

基本工资+浮动工资+工龄工资

在海底捞，一名员工的月收入结构居然被切分成至少八块，是海底捞喜欢复杂的工资架构吗？当然不是！这八个部分都是海底捞拉动员工做事的心思。

基本工资是鼓励员工全勤；级别工资鼓励员工做更多或更高难度的工作；奖金鼓励员工制定并达到更高的工作标准；工龄工资鼓励员工持续留在企业工作；分红是和公司整体业绩和员工个人收入挂钩；加班工资鼓励员工多做事；父母补贴是让员工的父母鼓励自己的子女好好工作；给员工发放电话费则鼓励员工多和客户沟通。

二、福利制度

除了工资以外，企业给予员工的还包括福利。那么海底捞的福利怎么样了？口碑还是不错的。

1. 员工家庭

海底捞给每个店长的父母发工资，每月200元、400元、600元、800元不等。子女做得越好，他们父母拿的工资会越多。

2. 员工住宿

宿舍与门店距离步行不超过20分钟。宿舍都是正式小区或公寓中的两、三居室，有 Wi-Fi、空调、电脑、电视等。

3. 员工假期

所有店员享有每年 12 天的带薪年假，公司提供回家往返的火车票。

4. 员工股票

给优秀员工配股，一级以上员工享受纯利率为 3.5%的红利。从这里我们看出，海底捞在留住熟练的员工身上花费了很多的心思和成本。

海底捞的四种福利政策取得了较好的效果，既有利于吸引优秀人才，也有利于增强现有员工的安全感和稳定感。

思考和讨论：

1. 运用薪酬理论分析海底捞的薪酬结构及特点。
2. 海底捞的薪酬满足了员工哪些方面的需求？
3. 谈一谈你对海底捞薪酬管理与其顾客满意度的理解。

第十章　劳动关系管理

本章要点

- 劳动关系的含义
- 劳动合同的含义及内容
- 劳动争议处理与离职管理
- 劳动保护与劳动时间
- 员工健康与压力管理

学习用典

2015年4月8日，中共中央、国务院颁布《关于构建和谐劳动关系的意见》。该意见分为：充分认识构建和谐劳动关系的重大意义；构建和谐劳动关系的指导思想、工作原则和目标任务；依法保障职工基本权益；健全劳动关系协调机制；加强企业民主管理制度建设；健全劳动关系矛盾调处机制；营造构建和谐劳动关系的良好环境；加强组织领导和统筹协调8部分26条。

2015年4月，习近平总书记在庆祝“五一”国际劳动节暨表彰全国劳动模范和先进工作者大会上指出：“劳动关系是最基本的社会关系之一。要最大限度增加和谐因素、最大限度减少不和谐因素，构建和发展和谐劳动关系，促进社会和谐。要依法保障职工基本权益，健全劳动关系协调机制，及时正确处理劳动关系矛盾纠纷。”正如习近平总书记所说，劳动关系是最基本的社会关系，社会、组织及劳动者个人都需要努力构建和经营和谐的劳动关系。

第一节　劳动关系

劳动关系

一、劳动关系的含义

劳动关系是指组织和劳动者个人之间，依法签订劳动合同，劳动者成为用人单位的成员，接受用人单位的管理、从事用人单位安排的工作，并从用人单位领取劳动报酬和接受劳动保护的一种法律关系。

劳动关系包含以下三个方面的内容：第一，劳动关系的目的。劳动关系是与劳动过程相联系并在劳动过程中形成的，实现劳动过程是劳动关系的直接目的。第二，劳动关系的主体。劳动关系是以劳动者和劳动力使用者（雇主）为基本主体构成的，但为实现劳动过程，相关的社会组织——组织协调社会生产过程的政府、作为劳动者利益代表的工会组织以及作为雇主利益代表的雇主组织，也是不可或缺的。第三，劳动关系的性质。劳动关系的基本性质是社会经济关系，或者说，劳动关系是以经济关系作为基本构成的社会关系。在现代社会，劳动的社会形式的趋同性使劳动关系成为经济社会最普遍、最基本的社会关系。

劳动关系管理包括劳动合同管理、劳动争议处理、离职管理等内容。

二、劳动合同管理

(一) 劳动合同的含义

劳动合同是劳动者与用人单位之间确立劳动关系、明确双方权利和义务的协议。订立劳动合同的目的是在劳动者和用人单位之间建立劳动法律关系，规定劳动合同双方当事人的权利和义务。《中华人民共和国劳动合同法》(以下简称《劳动合同法》) 第3条规定：订立劳动合同，应当遵循合法、公平、平等自愿、协商一致、诚实信用的原则。依法订立的劳动合同具有约束力，用人单位与劳动者应当履行劳动合同约定的义务。按照《中华人民共和国劳动法》(以下简称《劳动法》) 的规定，订立劳动合同应采取书面形式。

劳动合同管理可以按照劳动合同签订、履行、变更、终止、解除和续订等流程进行管理，劳动合同作为受国家法律保护的内容，其签订的每一个步骤都必须符合法律要求。

(二) 劳动合同的内容

劳动合同的内容是指双方当事人在劳动合同中必须明确各自的权利义务及其他问题。劳动合同的内容是劳动关系的实质，也是劳动合同成立和发生法律效力的核心问题。劳动合同的内容可以分为法定条款和约定条款两部分。

1. 法定条款

法定条款是依据法律规定劳动合同双方当事人必须遵守的条款，不具备法定条款的劳动合同不能成立。《劳动合同法》规定，劳动合同应当具备以下条款：

(1) 用人单位的名称、住所和法定代表人或者主要负责人。

(2) 劳动者的姓名、住址和居民身份证或者其他有效身份证件号码。

(3) 劳动合同期限。

(4) 工作内容和工作地点。

(5) 工作时间和休息休假。

(6) 劳动报酬。

(7) 社会保险。

(8) 劳动保护、劳动条件和职业危害防护。

(9) 法律、法规规定应当纳入劳动合同的其他事项。

2. 约定条款

劳动合同的某些内容是非常重要的，关系劳动者的切身利益，但是这些条款不是在每份劳动合同中都必须具备的，所以法律不能把它作为必备条款，只能在法律中予以特别提示。约定条款包括以下内容：

（1）试用期。试用期是劳动者与用人单位为了相互了解、选择约定的考察期，当事人分别用于考察劳动者是否符合录用条件、用人单位所介绍的劳动条件是否符合实际情况。《劳动法》规定，以完成一定工作任务为期限的劳动合同或者劳动合同期限不满 3 个月的，不得约定试用期；劳动合同期限 3 个月以上不满 1 年的，试用期不得超过 1 个月；劳动合同期限 1 年以上不满 3 年的，试用期不得超过 2 个月；3 年以上固定期限和无固定期限的劳动合同，试用期不得超过 6 个月。试用期包含在合同内。劳动者有法律规定情形之一的，用人单位可以解除劳动合同，但应当向劳动者说明理由。劳动者在试用期内提前 3 日通知用人单位，可以解除劳动合同。

（2）服务期。用人单位为劳动者提供专项培训费用，对其进行专业技术培训的，可以与该劳动者订立协议，约定服务期。劳动者违反服务期约定提前终止劳动合同的，应当按照约定向用人单位支付违约金。违约金的数额不得超过用人单位提供的培训费用。对已经履行部分服务期限的，用人单位要求劳动者支付的违约金不得超过服务期尚未履行部分所应分摊的培训费用。在特定情形下，劳动者可以在服务期内依照法律规定解除劳动合同，用人单位不得要求劳动者支付违约金。

（3）保守商业秘密和竞业限制。用人单位与劳动者可以在劳动合同中约定保守用人单位的商业秘密和与知识产权相关的保密事项。对负有保密义务的劳动者，用人单位可以在劳动合同或者保密协议中与劳动者约定竞业限制条款，并约定在解除或者终止劳动合同后，在竞业限制期限内按月给予劳动者经济补偿。劳动者违反竞业限制约定的，应当按照约定向用人单位支付违约金。

（4）补充保险和福利待遇。根据法律、法规的有关规定和组织的经营发展战略及组织效益，用人单位与劳动者可以选择协商确定补充养老、医疗等保险和适应组织特点的福利待遇，如住房补贴、交通补贴、通信补贴、子女就学、家属安排工作等。

（5）其他事项。用人单位可以针对其他事项在劳动合同中做出约定。如果劳动合同条款做出的具体约定不违反国家法律和行政法规的规定，一经双方商定，均为合法有效，对当事人具有法律约束力。

三、劳动争议处理

劳动争议是发生在劳动者和用人单位之间，双方针对劳动关系的权利义务而产生的分歧或意见不一致。劳动争议的具体范围非常广泛，例如：因确认劳动关系而发生的争议；因订立、履行、变更、解除或终止劳动关系而发生的争议；因辞退、辞职、离职发生的争议；因工作时间、休假、保险福利、培训等而产生的争议；因劳动报酬、工伤医疗费、经济补偿或赔偿金发生的争议等。

在社会现实中，劳动争议难以避免。在发生劳动纠纷时，一般按照协商、调解、仲裁、诉讼的程序进行处理。

（一）劳动争议协商

劳动争议协商是争议双方在发生劳动纠纷后，自行协商，澄清误解，分清责任，达成和解。我国《劳动法》提倡和鼓励劳动争议双方通过协商解决争议；但协商以自愿为前提，双方不愿协商或经过协商无法达成一致意见时，可以选择调解或仲裁。

（二）劳动争议调解

劳动争议调解是组织内部的调节，是借内部第三方的帮助来达成一致的争议处理办法，借助调解委员会或其他保持中立的人，可以把争议消除在尚未激化阶段。

（三）劳动争议仲裁

劳动争议仲裁是指由组织外的第三方进行调解，并作出裁断的行为。仲裁与调解不同，仲裁由固定的第三方担任仲裁委员会；并且调解达成的协议没有强制力，而仲裁作出的裁决具有法律约束效力。因此，仲裁既有调解的灵活、快捷特点，又具有法律强制执行的效力。劳动争议仲裁采取一次仲裁的终局制度，当事人如果对裁决不服，自收到裁决书之日起 15 天内向人民法院起诉，逾期不起诉则裁决书产生法律效力。

（四）劳动争议诉讼

如果当事人不满意仲裁委员会的仲裁结果，依法向人民法院起诉，由法院依法审理并裁决的手段就是劳动争议诉讼。诉讼是劳动争议处理的最后一道程序。

四、离职管理

（一）离职的概念和分类

离职是指员工流出组织的过程。对组织来说，一个员工的离职影响并不大，但重要的是离职率。离职率就是指在一定时期内，离职员工的数量占员工总数的比率。通过对离职率的考察，可以了解组织对员工的吸引力和员工的满意度，也可以发现组织潜在的不利因素。

一般来说，员工离职包括三种情况：第一，自愿离职；第二，非自愿离职；第三，自然离职。自愿离职是因为个人意愿而离开组织的人员流出。非自愿离职是指由于组织或其他客观原因，而并不是出于员工意愿所产生的人员流出。裁员是典型的非自愿离职。自然离职是由于一些不可避免的人力资源损耗而导致的人员流出。员工在职身亡、退休、身体残疾不能继续任职或聘任合同到期为自然离职。

（二）离职管理应注意的问题

一是管理者在日常工作中应该加强对下属员工的观察和关心，及时与员工进行沟通，随时了解员工的需求和心理变化，帮助员工排遣压力和对工作的不良情绪，让员工体会到上级的关心，从而有效降低员工的离职意愿。

二是根据我国《劳动合同法》的规定，员工提前 30 日以书面形式通知用人单位，就可以解除劳动合同；试用期内提前三日通知用人单位，也可以解除劳动合同。当遇到员工递交辞职信后，管理者应该及时与员工进行沟通，了解其辞职原因。对于优秀的员工和核心人员，人力资源部门应该与其直接上级进行沟通，帮助解决问题，在允许的范围内满足其要求，对员工加以挽留；即使挽留不成功，也不应该恶化与该员工的关系，而应该按照公司规章制度对各项事宜进行处理。

三是在用人单位接受辞呈后，离职员工也应该做好交接工作，并完成相关任务。而人力资源部门则需要及时与用人部门协商沟通，寻找适当人员接替离职员工的工作；如果内部没有合适人选，还需要立即着手，从外部招聘。

四是员工正式离职前，人力资源管理部门应该再次与该员工进行深度沟通，咨询其对公司的看法和意见。当即将离职的员工不再顾虑自身利益时，一般会真实表达自己的看法，能够说出很多在职员工中普遍存在的不满和问题。组织应该深入了解这些问题，在未来工作中采取措施加以解决。

第二节　劳动保护

劳动保护

一、劳动保护概述

劳动保护是针对员工在劳动过程中存在的不安全、不卫生的因素，所采取的各种技术措施和组织措施。劳动保护对组织和劳动者来说都非常重要。

没有良好的劳动保护措施，组织就没有安全的生产环境，员工身心健康得不到保障，就不可能持续安心地投入工作。

劳动保护的内容包括劳动时间规定、安全生产技术、职业卫生，以及对特殊劳动群体的保护。其中，劳动时间规定是很重要的一个内容。

二、劳动时间

劳动时间也就是工作时间，也称为法定工作时间，是指劳动者为履行工作义务，在法定限度内，在用人单位从事工作或生产的时间。

（一）工作时间的基本种类

一般来说，工作时间的基本种类有以下六种。

1. 标准工作日

也就是标准工作时间，它是指根据法律规定，在一般情况下普遍适用的、按正常作息办法安排的工作日和工作周的工时制度。例如，我国的标准工作日为：劳动者每日工作 8 小时，每周工作 40 小时，在一周 7 天的时间内工作 5 天。

2. 缩短工作日

缩短工作日是按照法律规定的，在特殊情况下，劳动者的工作时间少于标准工作时间的工时制度。这种工作时间主要是针对从事矿山井下、高温、有毒有害、特别繁重、过度紧张、夜班等工作的劳动者，以及哺乳期内的女职工。

3. 不定时工作日

这是指无固定工作时数限制的工时制度，主要适用于因工作性质和职位职责范围等原因而无法实行标准工作日的劳动者，例如企业里的高层管理人员、外勤人员、销售人员、从事交通运输的工作人员、部分值班人员等。采取不定时工作日，组织应该和劳动者协商，履行审批手续，确保劳动者休息休假权利和兼顾生产工作任务，并参照标准工作日制定相应的薪酬。

4. 综合计算工作日

这是以一定时间为周期集中安排，并综合计算工作时间和休息时间的工时制度。例如，可以按周、月、季度、年为周期综合计算工作时间，但平均日工作时间和平均周工作时间应该和标准工作日基本相同。通常，采取综合计算工作日的有航空、铁路、交通、邮电、物流等行业中因工作性质特殊而需连续作业的劳动者，以及地质、资源勘探、建筑、旅游等受季节和自然条件限制的劳动者。

5. 计件工作日

这是劳动者以完成一定劳动定额为计酬标准的工作时间制度。采用这种工作时间，确定的劳动定额应当符合法律规定，对劳动者超过合理劳动定额以外的工作，都应当算作延长工作时间，对这部分劳动，也应该依法支付延长工作时间的报酬。

6. 弹性工作日

这是在完成规定的工作任务或固定工作时间长度的前提下，自由选择具体的工作时间安排，以代替统一的、固定的上下班时间的一种制度。20 世纪 60 年代，为了解决员工上下班交通拥挤的问题，德国的经济学家提出了弹性工作日。

（二）加班加点管理

在工作时间管理中，要特别强调的是对加班加点的管理。加班加点都是延长劳动时间，使劳动者在法定工作时间之外继续工作。不同的是，加班是劳动者在休息日和法定休假节日工作；加点是劳动者在符合法定标准工作时间的工时之外工作，加点其实就是提前上班或推迟下班。实践中，加班加点统称为加班。

尽管国家法律规定，用人单位由于生产经营需要，可以延长工作时间，但法律对延长工作时间也作了具体的规定。例如，延长工作时间，一般每日不得超过 1 小时，因特殊原因需要的延长工作时间，每日不得超过 3 小时，且每月不得超过 36 小时。并且，法律同时也规定了加班工资的标准：一般加班工资不低于正常工资的 1.5 倍；休息日加班又不能安排补休的，不低于正常工资的 2 倍；法定休假日的加班工资不低于正常工资的 3 倍。

三、员工健康与压力管理

（一）员工健康

员工健康方面存在的问题是多种多样的，有些问题是长期性的，有的则转瞬即逝。但是，所有这些问题都可能影响组织的经营和员工的生产力。

一般来说，员工健康问题属于劳动卫生管理的范围。所谓劳动卫生管理，是指有组织、有计划地采取一系列措施，防止和排除对员工的健康有恶劣影响、存在于工作场所的因素。劳动卫生管理与劳动安全管理一起，负有改善工作环境和工作条件的使命。不过两者比较，劳动卫生的不同之处在于它不像劳动事故那样明显，在大多数情况下它的影响是无形的。加强劳动卫生管理主要有以下作用：维护、促进员工健康，预防疾病，有效地减少员工缺勤，保证生产经营的正常进行；基于改良工作环境的疾病预防措施，能消除员工的不安全感，使其得到精神上的安定，同时还会激发员工的劳动热情，提高工作效率。

职业病是员工健康最主要的问题，有效防止职业病也是劳动卫生管理工作的重中之重。所谓职业病，是指员工的技能状态和健康状况，由于受到生产工艺、作业过程或外界环境因素的不良影响而引起的疾病。许多职业病一旦形成，往往难以治愈，不仅会对组织造成损失，也给受害者及其家属带来负担。

根据我国目前的生产和技术条件，危害员工健康和影响生产经营比较严重的职业病主要有职业中毒、尘肺、热辐射病和热痉挛、日射病、职业性皮肤病、电光性眼炎、噪声性耳聋、职业性白内障、高山病和航空病、振动性疾病、放射性疾病等。

引起职业性毒害的因素有很多，概括起来可分为以下四类：

（1）物理因素。包括不良气象条件（如过高或过低的温度、湿度、气流速度和热辐射等）、不正常的气压、电磁辐射、电离辐射、噪声和振动等。

（2）化学因素。包括生产性毒素和生产性灰尘等。

（3）生物因素。包括微生物、寄生虫及各种兽害等。

（4）劳动过程因素。包括劳动强度大、劳动时间长、长期采取同一体位或个别器官过度紧张等。

有效地预防职业病是一项系统性工程，这其中的关键是消除或尽可能地减少各种危害的因素。要研究生产过程中产生的各种毒气、粉尘、噪声振动、不良照明、射线辐射对人体的危害性和这些不卫生的因素的产生机理、测试技术和控制技术，采取相应措施消除各种职业性毒害，创造舒适卫生的工作环境。除此之外，以下几点也是必须注意的：要依据员工的生理和心理特点，设计和改变操作工艺；可以采取工作再设计措施，使劳动丰富多样；在不卫生因素未能消除的情况下，应为员工配备使用性能可靠的个人防护设备；加强卫生保健的宣传，并定期为员工进行职业病检查；另外，根据工作的性质和特点，让员工做有针对性的工间操也是一种很好的措施。

（二）压力管理

员工健康不仅仅是指良好的身体状况，还包括心理、精神方面的健康。事实上，人在心理、精神方面存在问题，通常也会导致身体的病痛。在现代社会，随着组织间及组织内部竞争的不断加剧，人们感受到的压力空前加大。

在许多情况下，过重的工作压力已影响到了员工的健康状况。如何消除不良压力给员工健康造成的消极后果正引起人们的高度重视。

工作压力主要有两个来源，即环境因素和个人因素。首先，许多外部因素会导致工作压力。这包括工作性质和数量、工作进度、工作速度、工作保障、主管人员的绩效评价、缺少充分的沟通及上下班的路线等。其次，个人因素也影响压力。事实上，没有两个人会对同一工作状态做出相同的反应。一般来说，沉迷于工作，总是感到有一股力量驱使自己必须达到某种结果的员工和过于自尊的员工，会将自己置于更大的压力之下。另外，离婚、生活拮据等非工作问题引起的压力也会增加工作压力。

不管工作压力的来源是什么，它对员工和组织的后果都是严重的。过重的工作压力会使员工感到焦虑、沮丧、发怒、无法放松等，并引起或促发身体疾患，如心血管疾病、头痛等。在某些情况下，还会导致员工人际关系差、精神崩溃，甚至引发事故。压力对组织也有严重的影响。它会导致工作绩效数量和质量下降，缺勤和人员流动增加及产生更多的员工抱怨。当然，压力并不必然导致不良结果，有些人在一定的压力下工作会更有效率。但即使是这样，压力也只能是适度的，且不能是不良的压力。

减缓工作压力，消除对健康的消极影响，员工与组织须共同努力。对于员工个人来讲，有许多种补救的方法，如进行放松性的活动、个人沉思及换一个工作等。

组织在确定和补救工作压力方面也可以发挥重要作用：主管人员要注意监控员工的工作绩效以发现压力症状；要时常通过态度调查确定组织压力来源，特别要注意由主管人员引起的压力；改进挑选和配置程序，确保人与事的有效匹配；提供职业开发计划，使员工从事与其自身能力倾向吻合的工作；建立畅通的沟通渠道，使员工与管理者能充分沟通。

本章小结

劳动关系是指组织和劳动者个人之间依法签订劳动合同，劳动者成为用人单位的成员，接受用人单位的管理，从事用人单位安排的工作，并从用人单位领取劳动报酬和接受劳动保护的一种法律关系。劳动关系管理包括劳动合同管理、离职管理、劳动争议处理等内容。

劳动合同是劳动者与用人单位之间确立劳动关系、明确双方权利和义务的协议。劳动合同的内容可以分为法定条款和约定条款两部分。劳动争议是发生在劳动者和用人单位之间，双方针对劳动关系的权利义务而产生的分歧或意见不一致。在发生劳动纠纷时，一般按照协商、调解、仲裁、诉讼的程序进行处理。离职是指员工流出组织的过程。离职一般来说可以分成自愿离职、非自愿离职和自然离职。组织应当重视离职管理，通过对离职率的考察了解组织对员工的吸引力和员工的满意度，及时发现潜在的不利因素并妥善解决。劳动保护是提升劳动安全的重要手段。它是指组织针对员工在劳动过程中存在的不安全、不卫生的因素采取的各种技术措施和组织措施的总称。劳动保护的内容包括四个部分：劳动时间规定、安全生产技术、职业卫生和对特殊劳动群体的保护。

本章习题

本章扩展习题及答案

1. 劳动关系管理包括哪些内容？
2. 劳动合同主要条款有哪些？
3. 什么是劳动争议？如何处理劳动争议？
4. 离职管理应当注意哪些问题？

案例学习

“张大仙”跳槽案始末

伴随着互联网技术的全面普及和快速进步，以平台经济为主要代表形式的数字经济已经成为社会创新发展和产业升级的新的引擎。平台经济颠覆性地改变了人们的生产和消费方式，对企业管理创新、政府监管创新、社会治理创新乃至法律制度的更新迭代提出了前所未有的挑战。在劳动领域，平台经济的蓬勃发展催生了诸多新型工作方式，其中，网络主播可谓是一种吸睛又吸金的新型工作方式，也创造了移动互联网时代炙手可热的传播现象。

根据艾媒咨询发布的《2018—2019 中国在线直播行业研究报告》，2018 年中国在线直播用户规模达 4.56 亿人，其中 32.0%的用户关注主播跳槽问题。事实上，在各大直播平台平行崛起、竞争激烈，网络主播所携带的粉丝和流量直接构成平台经营利益的背景下，各大平台之间相互挖角、主播违约跳槽事件频频发生，天价违约金索赔的新闻亦层出不穷。网络主播“跳槽”已成为一种较为普遍的社会现象。

2016年8月，被告张某在原告腾讯公司运营的企鹅电竞直播平台注册为主播，签署了平台入驻协议，协议约定原告基于直播平台为被告提供相应的平台技术服务，被告入驻平台作为主播，长期在直播平台开展协议所述的网络主播活动，且其活动需征求原告同意。合作期限为1年，被告在协议期间不与任何其他同类平台开展网络主播活动或开展相关相似的任何形式的合作。双方约定就直播活动收到的礼物所得进行比例分成。

2017年2月1日，原告与被告签订企鹅电竞直播平台主播入驻补充协议，约定有效期至2019年2月1日，在此期间被告排他性地在直播平台开展网络主播活动，未经原告书面同意不得在运营过程中以任何形式引导直播平台现有用户进入其他同类平台。补充协议还约定除礼物比例分成外，原告每月向被告支付3万元作为奖励。如被告违反补充协议中的排他性条款，则原告有权单方解除补充协议及原协议、扣除被告应得的部分或全部收益、要求被告退还已收到的扶植奖励，并要求被告赔偿原告200万元的费用作为违约金。

自2017年8月3日起，被告未经原告同意在第三人的主播平台“斗鱼网”进行直播，并与“斗鱼”公司建立劳动关系。原告腾讯公司于2017年8月9日将被告诉至法院，并将“斗鱼”公司列为第三人，要求：被告立即停止在企鹅电竞之外的其他网络直播平台开展主播活动或相关相似的任何活动；第三人不得以任何方式推广使用被告作为主播的视频内容；被告继续履行入驻协议和补充协议项下内容；被告向原告支付违约金，赔偿原告损失，并返还在企鹅电竞直播平台的全部收益。

广东省深圳市南山区人民法院在（2017）粤0305民初14315号民事判决书中，对本案做出如下判决：①被告张某立即停止在企鹅电竞直播平台之外的其他网络直播平台开展网络主播活动或开展相关相似的任何形式的合作；②被告张某在2019年2月1日之前不得在企鹅电竞直播平台之外的其他网络平台开展网络主播活动或开展相关相似的任何形式的合作；③被告张某向原告支付违约金19973.26元；④被告向原告赔偿损失300万元；⑤驳回原告的其他诉讼请求。2018年12月29日，广东省深圳市中级人民法院在（2018）粤03民终4623号判决书中，做出“驳回上诉，维持原判”的二审判决。

上述案例所涉当事人张某外号“张大仙”，曾是企鹅电竞平台粉丝量高居前列的头部主播，其在协议期间被企鹅电竞的竞争对手斗鱼高价挖走，导致了这场诉讼。根据法院判决结果，“张大仙”的“跳槽”行为违反了其与企鹅电竞的入驻协议，需向平台支付高额违约金并赔偿损失，并需停止与其他平台的合作，这一行为禁止背后意味着比判决数字更大的违约后果。受“张大仙”粉丝流量的影响，这一案件一审判决做出后，引发了媒体的争相报道，成为网络主播“跳槽”的代表案件。

近年来因网络主播“跳槽”引发的法律纠纷并不少见。直播平台与网络主播之间所签署的合作协议中的非竞争条款，与传统劳动法领域的竞业限制制度极为相似，由此产生诸多疑虑：网络主播与平台之间的关系应当如何认定？平台与主播之间约定的非竞争义务是否合理？传统的竞业限制制度是否可以扩张适用至新型工作方式中？竞业限制制度的扩张适用应当如何规制？企业如何通过合理扩张适用竞业限制制度来防范风险？

（资料来源：周宁，杨卫国．竞业限制是否能约束新型工作方式——以网络主播“跳槽”案为例［J］. 中国人力资源开发，2019（4）.）

思考和讨论：

1. 在当前的劳动力市场上，存在哪些新型劳动关系？
2. 查阅资料，理解劳动关系认定的依据。
3. 采访 1~2 位共享员工，了解其对劳动关系的理解。

参考文献

[1] 董克用，李超平．人力资源管理概论［M］.5 版．北京：中国人民大学出版社，2019.

[2] 彭剑锋．人力资源管理概论［M］.3 版．上海：复旦大学出版社，2018.

[3] 陈维政，程文文．人力资源管理［M］.5 版．北京：高等教育出版社，2020.

[4] 赵曙明．人力资源管理总论［M］. 南京：南京大学出版社，2021.

[5] 郑惠珍，杨保军．人力资源管理实务［M］. 北京：经济管理出版社，2021.

[6] 杨涛，许亚平，郝海滨．人力资源管理概论［M］. 北京：清华大学出版社，2018.

[7] 杨河清．人力资源管理［M］.4 版．大连：东北财经大学出版社，2017.

[8] 汪群，李卉．战略人力资源管理［M］. 北京：清华大学出版社，2019.

[9] 周施恩．人力资源管理导论［M］. 北京：首都经济贸易大学出版社，2021.

[10] 宋典，华冬萍．人力资源管理［M］.2 版．苏州：苏州大学出版社，2021.

[11] 陈葆华．现代人力资源管理［M］. 北京：北京理工大学出版社，2017.

[12] 黄玉杰．人力资源管理［M］. 北京：经济管理出版社，2020.

[13] 李亚昆．人力资源管理［M］. 北京：电子工业出版社，2021.

[14] 刘昕．人力资源管理［M］.4 版．北京：中国人民大学出版社，2020.

[15] 秦志华．人力资源管理［M］.5 版．北京：中国人民大学出版社，2020.

[16] 诺伊．人力资源管理：赢得竞争优势［M］.9 版．北京：中国人民

大学出版社，2018.

［17］方振邦，杜义国．战略性人力资源管理［M］.3 版．北京：中国人民大学出版社，2020.

［18］李作学．人力资源管理业务流程与制度［M］．北京：人民邮电出版社，2018.

［19］赵曙明，赵宜萱．人力资源管理：理论、方法、实务［M］．北京：人民邮电出版社，2019.

［20］殷凤春．人力资源管理实践案例分析［M］．北京：电子工业出版社，2021.

［21］胡玲燕．跨文化人力资源管理［M］．武汉：武汉大学出版社，2018.

［22］诸葛剑平．人力资源管理［M］．杭州：浙江工商大学出版社 2020.

［23］冉军．人力资源管理［M］．北京：清华大学出版社，2017.

［24］萧鸣政．人力资源管理研究方法与案例分析［M］．北京：北京大学出版社，2017.

［25］姚裕群．人力资源管理概论：原理　环境　操作．［M］．北京：东北财经大学出版社，2017.

［26］颜爱民．人力资源管理的前沿与热点问题：基于中国本土的案例分析［M］．北京：北京大学出版社，2019.